한 권으로 끝내는
구글 애널리틱스+구글 태그 매니저
실무 활용법

구글 애널리틱스
완벽 입문

한 권으로 끝내는
구글 애널리틱스+구글 태그 매니저
실무 활용법

구글 애널리틱스
완벽 입문

지은이 유성민

펴낸이 박찬규   엮은이 전이주   디자인 북누리   표지디자인 Arowa & Arowana

펴낸곳 위키북스   전화 031-955-3658, 3659   팩스 031-955-3660

주소 경기도 파주시 문발로 115 세종출판벤처타운 311호

가격 28,000   페이지 384   책규격 188 x 240mm

초판 발행 2020년 08월 21일

ISBN 979-11-5839-215-4 (93000)

등록번호 제406-2006-000036호   등록일자 2006년 05월 19일

홈페이지 wikibook.co.kr   전자우편 wikibook@wikibook.co.kr

이 도서의 국립중앙도서관 출판시도서목록(CIP)은

서지정보유통지원시스템 홈페이지(http://seoji.nl.go.kr)와

국가자료공동목록시스템(http://www.nl.go.kr/kolisnet)에서 이용하실 수 있습니다.

CIP제어번호 CIP2019003637

한 권으로 끝내는
구글 애널리틱스+구글 태그 매니저
실무 활용법

구글 애널리틱스
완벽 입문

유성민 지음

위키북스

들어가는 말

어느새 구글 애널리틱스는 이름만 들어도 대부분의 사람이 알 수 있는 데이터 분석 도구로 자리 잡았다. 특히 국내 200대 기업의 70%는 구글 애널리틱스를 사용하고 있을 정도로 그 인기가 엄청나다. 하지만 구글 애널리틱스에 대한 이렇게 뜨거운 관심에도 불구하고, 의외로 구글 애널리틱스를 어려워하는 사람이 많았다.

필자는 120여 개의 크고 작은 업체에서 구글 애널리틱스 관련 강의와 컨설팅을 해왔고, 지금도 구글 애널리틱스로 실무를 처리한다. 또한 '그로스해킹 에이전시, LABBIT'이라는 대행사에서 데이터 분석에 어려움을 겪는 많은 브랜드를 도와주고 있다. 필자가 만난 대부분의 사람은 구글 애널리틱스를 사이트에 설치는 했지만, 그것을 어떻게 활용할지 알지 못했고 나아가 데이터 기반의 비즈니스 의사결정을 하는 데 어려움을 겪고 있었다. 또한 구글 애널리틱스를 처음 공부하려고 하는데, 무엇부터 공부해야 할지 몰라 막막해하는 사람들도 심심치 않게 만났다.

이 책은 그러한 사람들을 위한 책이다. 이 책은 구글 애널리틱스가 제공하는 기능을 전부 열거해 안내해주는 기능 설명서 같은 책은 아니다. 오히려 이 책에서 다루는 내용은 구글 애널리틱스가 제공하는 전체 기능의 약 20%도 되지 않는다. 이 책의 강점은 지금 바로 비즈니스에 적용할 수 있는 실무 기능을 필자의 경험을 바탕으로 이야기로 풀어냈다는 점이다. 단순히 기능을 나열해 설명한 것이 아니라, 실제 수많은 비즈니스 데이터 설정을 보여주고 다양한 예시와 상황으로 기능을 하나씩 실습해 본다.

이 책은 전체 8장으로 구성된다. 1장은 구글 애널리틱스를 본격적으로 시작하기 전 데이터를 바라보는 태도에 관해 설명한다. 2장부터 5장까지는 구글 애널리틱스의 기본 기능을 사례와 함께 자세히 살펴본다. 6장부터 8장까지는 구글 애널리틱스의 한계를 극복하고 개발 지식이 없어도 데이터를 자세히 추적할 수 있는 방법론을 구글 태그 관리자와 함께 알아본다.

이 책이 비즈니스에서 매우 중요한 역할을 해내고 있는 구글 애널리틱스를 학습하고 스스로 공부할 수 있는 시작점이 되기를 바란다.

감사 인사

우선 이 책이 나오기까지 퇴고를 반복하며 완성도 높은 도서로 만들어주신 위키북스의 박찬규 대표님과 위키북스 편집자님들께 감사를 전한다. 그리고 이 책을 쓰는 데 항상 옆에서 힘이 되어준 위어드섹터 식구들인 최재우 대표님, 박유진 UX 디자이너님, 정락규 개발자님, 유준혁 개발자님께 감사를 전한다. 또한 바쁜 시간에도 불구하고, 서평을 써주신 대한민국 최고의 실무 교육 회사 중 하나인 스킬샾의 안덕진 대표님께 특별한 감사의 인사를 전한다. 마지막으로, 항상 곁에서 영감이 되어주는 두 분 부모님과 옆에서 꼼꼼히 문장의 결을 다듬어준 홍지수에게도 감사의 말을 전한다.

1

구글 애널리틱스란?

이번 장에서는 구글 애널리틱스를 본격적으로 시작하기 전에 구글 애널리틱스를 사용해야 하는 이유에 관해 살펴봅니다. 디지털 마케팅 분야의 현업자이거나 디지털 마케터가 되고 싶은 예비 디지털 마케터라면 이미 지겹도록 구글 애널리틱스에 관한 얘기를 들었을 것입니다. 도대체 왜 구글 애널리틱스가 국내에 수많은 스타트업뿐만 아니라 대기업에까지 필수 분석 도구가 되었는지 자세히 살펴봅시다.

1.1 구글 애널리틱스, 도대체 뭔데?

구글 애널리틱스는 2005년 11월에 구글에서 서비스를 시작한 웹 로그 분석 소프트웨어로서, 웹사이트 내에 있는 사용자 행동을 트래킹해 보기 쉬운 보고서의 형태로 제공해주는 애플리케이션입니다. 단순히 한 문장으로 정의를 내리니 어렵게 느껴집니다. 쉽게 예를 들어봅시다

그림 1.1 쇼핑하는 사람들을 고려한 대형매장의 진열대

제가 어떤 대형마트의 지점장이라고 가정해 봅시다. 여러분도 알다시피 마트는 공간이 크고 제품도 많습니다. 대형마트에서는 상품을 많이 팔기 위해 다양한 종류의 제품을 어떻게 진열할지 고객들이 움직이는 경로에 맞게 설정해야 합니다. 가령, 계산대 앞에는 고객들이 가볍게 장바구니에 넣을 수 있는 껌이나 초콜릿 같은 제품이 있습니다. 계산대 앞에서는 다른 제품을 다시 장바구니에 담기 어려우니 비교적 장바구니에 가볍게 넣을 수 있는 제품을 진열해 놓습니다. 그리고 잘 안 팔리는 상품은 사람들의 눈높이 위에 두고 잘 팔리는 상품을 고객들의 시선과 같은 높이에 배치하는 등 다양한 배치 전략이 있습니다. 이렇게 사용자 경로를 유추해서 매출을 더 올리기 위한 다양한 전략을 대형마트는 아주 옛날부터 사용하고 있었습니다.

그림 1.2 계산 직전 가볍게 집을 수 있는 제품을 진열한 진열대

구글 애널리틱스는 위와 같은 사례를 그대로 '온라인'으로 옮긴 것으로 생각하면 이해가 쉽습니다. 웹사이트에 들어오는 사람들의 경로를 파악해 웹사이트에 어떤 사람들이 들어오고, 그 사람들이 어떤 행동을 하고, 어디서 주로 이탈하는지를 데이터로 쉽게 받아볼 수 있습니다. 웹사이트에 들어오는 사용자가 어디서 들어왔고, 어떤 사람들이고, 어떤 행동을 했는지 보여주는 분석 보고서를 구글 애널리틱스라고 부릅니다.

사실 이 구글 애널리틱스가 대한민국에서 유명해진 것은 얼마 되지 않습니다. 제가 구글 애널리틱스를 처음 공부할 당시인 2014년에는 국내 자료가 없어서 외국에 있는 서적이나 유튜브를 찾아보고는 했습니다. 하지만 아주 짧은 시간에 지금의 구글 애널리틱스는 온라인 기반의 비즈니스, 특히 스타트업에서는 없어서는 안 될 중요한 툴이 되었습니다.

다음 이미지는 '시가 총액 기준 포춘지 500대 기업의 구글 애널리틱스 사용률'입니다. 이 기업들의 구글 애널리틱스 사용률은 무려 70%에 육박합니다. 그만큼 구글 애널리틱스는 강력한 인사이트를 제공합니다. 심지어 무료입니다. 그렇다면 이 강력한 구글 애널리틱스를 실제로 맛보기 이전에 구글 애널리틱스를 사용하는 목적과 구글 애널리틱스에서 가장 중요한 개념들부터 살펴봅시다.

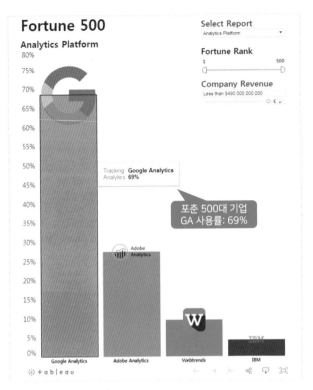

그림 1.3 포춘 500대 기업의 구글 애널리틱스 사용률[1]

이미 들어본 사람도 있겠지만, 개인적으로 디지털 마케팅에서 가장 중요한 단어를 꼽으라고 한다면 바로 '전환'입니다. 전환이라는 단어는 이 책을 읽으면서 필히 기억해야 합니다. 비즈니스가 유도하고자 하는 행동을 웹사이트 방문자가 실제로 행했을 때 그것을 '전환했다.'라고 합니다.

예를 하나 간단히 들어봅시다. 양말 쇼핑몰을 운영 중이라고 가정하면 양말 쇼핑몰의 최종 목적은 무엇일까요? 당연히 양말을 많이 파는 것입니다. 그렇다면 양말을 많이 팔기 위해서는 웹사이트에 들어오는 사람들이 어떤 행위를 해야 할까요? 당연히 양말 웹사이트에 있는 많은 웹 페이지 중 결제 완료 페이지에 도착해야 합니다. 실제로 임의의 웹사이트 방문자가 양말 사이트의 결제 완료 페이지에 도착했을 때 그 사용자를 보고 '전환했다.'라고 표현합니다. 여기서 파생되는 개념이 바로 **전환율**입니다. 100명이 우리 웹사이트에 들어왔는데, 그중 10명이 결제 완료 페이지에 도착했다면 전환율은 10%입니다. 구글 애널리틱스는 이 '전환율'을 높이기 위한 방안을 찾기 위한 데이터 분석 도구입니다. 구글 애널리

---

1 출처: https://engagedly.com/goal-setting-processes-kpi-vs-okr/

틱스를 활용한다면 반드시 이 '전환율'을 기반으로 마케팅 의사결정과 전환율을 높이기 위해 해야 할 활동의 우선순위를 정해야 합니다.

그렇다면 전환율을 높이려면 구글 애널리틱스로 어떤 목적을 달성해야 할까요? 구글 애널리틱스를 활용하는 이유는 수없이 많지만, 크게 3가지로 나눠봅시다.

고품질 사용자 찾기

웹사이트에 들어오는 사람 중 어떤 사람이 비즈니스에 크게 기여할 수 있는 사람인지를 찾아내야 합니다. 가령, 20대 여성의 전환율은 3%이고, 30대 여성의 전환율은 5%라면 비즈니스의 고품질 사용자는 누구일까요? 당연히 상대적으로 전환율이 높은 30대 여성이 될 것입니다. 즉, 첫 번째 구글 애널리틱스를 사용하는 목적은 '고품질 사용자를 찾는 것'입니다.

제가 예전에 분석을 진행했던 브랜드 중 다음 그림에 보이는 가방을 판매하는 쇼핑몰이 있었습니다. 이 쇼핑몰의 대표를 만났을 때 그 대표의 의견은 너무 확고했습니다. "이 가방을 반드시 스포츠를 좋아하는 여성들에게 판매할 것이다."라는 것입니다. 하지만 보다시피 여성들이 좋아할 만한 디자인의 가방으로는 보이지 않습니다.

그림 1.4 여성을 타깃으로 한 어느 가방 브랜드

확신이 강했던 대표를 설득하기가 어려워 그 당시 제안을 하나 했습니다. 남성과 여성에게 각각 100만 원씩 광고를 집행하고, 전환율에 따라 움직이자는 것이었습니다. 결과는 뻔했습니다. 여성들의 전환율은 1.2%, 남성들의 전환율은 4.2%에 달했습니다. 데이터를 보고 나서야 대표님께서는 고집을 꺾고 남성들을 위한 광고 전략을 시작했습니다. 지금 이 가방 쇼핑몰의 메인 배너는 다음 그림처럼 바뀌었고 같은 규모의 광고비로 이전 분기보다 3배의 매출이 증대됐습니다.

그림 1.5 구글 애널리틱스 사용 후 바뀐 모델

고효율 매체 찾기

웹사이트에 들어오는 사람 중에는 네이버를 통해 들어오는 사람도 있을 것이고 페이스북이나 인스타그램 광고를 통해 들어오는 사람도 있을 것입니다. 네이버를 통해 들어오는 사람의 전환율은 4%, 페이스

북을 통해 들어오는 사람의 전환율이 7%라면 당연히 페이스북이 네이버보다 훨씬 더 좋은 '고효율 매체'라는 것을 알 수 있고, 페이스북의 광고비를 더 증액하는 의사결정을 내릴 수 있습니다. 이처럼 구글 애널리틱스를 사용하는 두 번째 목적은 '고효율 매체를 찾는 것'입니다.

그림 1.6 대한민국에 있는 다양한 광고 매체

A/B 테스트

구글 애널리틱스를 사용하는 세 번째 목적은 그로스 해킹[2]의 꽃이라는 A/B 테스트입니다. 예를 들어 쇼핑몰의 상세페이지에서 아무것도 하지 않고 나가는 사람들의 비율인 이탈률이 높다면 상세페이지의 형태를 변경할 필요가 있습니다.

2 　데이터를 기반으로 비즈니스를 성장시키는 사고방식 또는 방법론

전기 마사지기를 판매하는 브랜드가 있었습니다. 그 회사는 마사지기의 전환율이 너무 낮다는 이슈가 있었습니다. 그런데 조사해 보니, 그 회사의 마사지기를 구매한 사람들의 후기가 경쟁사들보다 훨씬 더 좋은 내용으로 가득 차 있었습니다. 그래서 실제 이 제품의 상세페이지에 방문하는 사람들에게 " 리뷰 영역을 더 많이 보여주면 어떨까?"라는 생각을 하게 됐습니다. 그렇게 해서 기존 상세페이지인 A 페이지(원본 페이지[3])와 , 리뷰 영역에 좀 더 쉽게 접근하게 코드를 바꾼 페이지인 B 페이지(대안 페이지[4])를 동시에 노출했습니다. 동시에 노출한다는 말은 100명이 들어왔을 때 랜덤으로 50명에게는 원본 페이지를, 나머지 50명에게는 대안 페이지를 보여준다는 의미입니다. 결과는 놀라웠습니다. 예상대로 대안 페이지의 전환율이 원본 페이지의 전환율보다 12%가 증가했습니다. 이를 A/B 테스트라고 합니다.

이로써 광고에서 자주 쓰이는 클릭률, 노출량과 같은 겉으로만 보이는 지표가 아닌 웹사이트까지 개선할 수 있는 A/B 테스트도 구글 애널리틱스가 도와줄 수 있다는 것이 입증된 셈입니다. 구글 애널리틱스를 사용하는 세 번째 목적은 바로 A/B 테스트를 통한 사이트 경로 흐름 개선입니다.

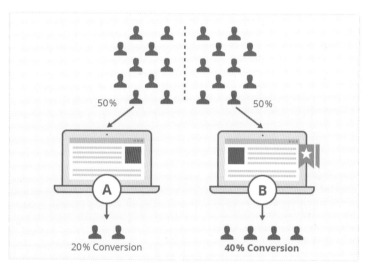

그림 1.7 그로스해킹에서 가장 중요한 A/B 테스트

무료로 제공되는 구글 애널리틱스의 강력함을 한번 살펴봅시다. 하지만 섣불리 구글 애널리틱스를 바로 시작하는 것은 혼란만 더 가중될 뿐입니다. 구글 애널리틱스는 비즈니스의 데이터를 300가지 이상

---

3   테스트의 대상이 되는 수정 시점 전의 원래 웹 페이지
4   가설에 기반해 개선될 것이라 가정하고 만들어놓은 테스트의 대상이 되는 웹 페이지

의 보고서 형식으로 제공하기 때문에 우선순위를 정하지 않고 구글 애널리틱스를 접하면 무엇을 할지 잘 모를 수 있습니다. 그래서 구글 애널리틱스를 사용하기 전에 자신의 비즈니스 목표가 무엇인지를 정확하게 정의해야 합니다. 다음 절에서는 비즈니스의 목표를 정의하기 위한 방법론을 가볍게 살펴봅시다.

1.2 OKR과 KPI

그림 1.8 비즈니스의 목표를 설정하는 OKR과 KPI[5]

구글 애널리틱스를 본격적으로 시작하기 전, 비즈니스의 목표를 정의하기 위해서는 OKR과 KPI라는 단어를 알아야 합니다.

- OKR: Objective Key Results의 준말로서, 비즈니스나 캠페인 기간의 최종 목표를 의미합니다.
- KPI: Key Performance Index(또는 Indicator)의 준말로서, 설정한 OKR이 잘 달성됐는지를 측정하는, 숫자로 치환 가능한 성과 지표입니다.

이렇게 단어의 정의만으로는 다소 이해하기가 어려워 보입니다. 예를 들어 보겠습니다.

---

5 출처: http://samin-dev.apptivo.net/demo/profit/okr-university/methodology-comparison/

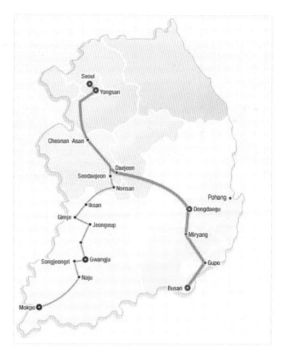

그림 1.9 부산에서 서울까지 아이들을 데리고 간다면?

버스 운전사가 있습니다. 아이들 40명을 태워서 부산에서 서울까지 갈 때 그 버스 운전사의 OKR은 '안전'입니다. 그렇다면 그의 KPI는 무엇일까요? 어떤 지표를 측정해야 '안전'이라는 OKR이 잘 달성됐는지, 아닌지를 알 수 있을까요? 바로 '다치지 않은 아이들의 수'를 센다면 '안전'이라는 목표가 잘 달성됐는지 객관적인 평가가 가능할 것입니다. 따라서 OKR이 '안전'일 때의 KPI는 '다치지 않은 아이들의 수'입니다.

다시 한번 버스 운전사가 아이들 40명을 태우고 부산에서 서울까지 이동한다고 가정해 보겠습니다. 그 버스 운전사의 OKR이 '속도'라면 KPI는 무엇일까요? 바로 '부산에서 서울까지 걸린 시간'일 것입니다. 이제 OKR과 KPI를 충분히 구분할 수 있을 것입니다. 굉장히 단적인 예로 설명했지만, 비즈니스의 OKR이 무엇이냐에 따라 웹사이트에서 어떤 데이터를 우선순위로 봐야 하느냐가 굉장히 많이 달라집니다. 실제 사례를 통해 배워봅시다.

여러분은 샤브샤브를 좋아하시나요? 다음 이미지는 '채선당'이라는 브랜드의 웹사이트입니다.

그림 1.10 다양한 OKR이 공존하는 채선당

이 '채선당'의 웹사이트 OKR은 무엇으로 추측할 수 있을까요? 한번 생각해 봅시다. 보통 OKR을 정의하기 위해서는 이 웹사이트 또는 비즈니스가 왜 존재하는가를 역으로 질문하면 정답이 나옵니다. 채선당은 왜 존재할까요? 첫 번째 이유는 '가맹 점주 확보'입니다. 프랜차이즈 브랜드이기 때문에 창업 신청을 위한 다양한 메뉴가 보입니다. 따라서 채선당의 첫 번째 OKR은 '가맹 점주 확보'가 될 것입니다.

두 번째 OKR은 무엇일까요? 채선당을 검색해서 들어오는 사람들은 그저 매장 위치나 어떤 메뉴가 있는지 알기 위해 검색을 해보기도 합니다. 따라서 채선당의 두 번째 OKR은 '정보 제공'입니다.

아마 조금 감이 올 것입니다. 이제 OKR이 무엇이냐에 따라서 측정해야 하는 페이지의 전환율이나 이탈률이 매우 크게 달라진다는 것을 알 수 있습니다. 그러므로 비즈니스 목표를 정의해두지 않고 구글 애널리틱스를 바로 시작하면 혼란만 가중될 뿐입니다.

일단 '가맹 점주 확보'와 '정보 제공'이라는 2가지 OKR이 있는데, 두 가지 중에 '가맹 점주 확보'만 주요 OKR이라고 가정합시다. 이제 KPI를 지정해야 합니다. KPI를 지정하기 위해서는 'OKR'이 잘 달성되는지 안 되는지를 판단할 수 있는 측정 지표를 추출하면 된다고 앞에서 언급한 바 있습니다. 자신이 채선당에서 창업하고자 하는 사람이라고 생각하고 채선당 웹사이트를 방문해봅시다.

일단 웹사이트에서 '창업 절차'나 '창업 비용'을 간단히 보고, 자기 자산으로 창업이 가능한지 생각해볼 것입니다. 그런 다음 '성공 스토리' 페이지로 이동해 실제로 창업을 성공적으로 해낸 가맹점주의 후기를 자세히 살펴볼 것입니다. 그다음에는 창업이 가능한 '매장 위치'를 간단히 조사해보고 최종적으로 마음에 든다면 '사업 설명회'를 신청한 뒤 사업 설명회를 듣고 나서 '문의 남기기' 버튼을 눌러 문의를 남길 것입니다. 이 일련의 행동을 프로세스로 간략화하면 다음과 같습니다.

[웹사이트 방문 – 창업 절차 – 창업 비용 – 성공 스토리 – 매장 위치 – 사업 설명회 신청 – 최종 문의 남기기]

그렇다면 KPI는 '최종 문의 남기기 버튼 클릭 전환율'이라는 것을 알 수 있습니다. 여기서 목표를 의미하는 'Goal'을 정의할 수 있어야 합니다. 예를 들어 이번 달에 최종 문의 남기기 버튼 클릭 전환율을 구글 애널리틱스로 확인해보니 지난달 대비 10% 감소했습니다.

만약 '최종 문의 남기기 버튼 클릭 수'만 알고 있다면 이전 달보다 전환율이 왜 줄었는지 알 수 있을까요? 저라면 알기 어려울 것 같습니다. 최종 문의 남기기 버튼 클릭 전환율이 줄었다면 이 절차에서 어떤 부분의 전환율이 줄었는지 알 수 있어야 합니다. "이전달보다 사업 설명회 신청 전환율이 줄었는가?", "성공 스토리를 보는 사람들이 줄었는가?", "창업 비용 페이지에서 이탈률이 높아졌는가?" 등을 살펴보기 위해서 각 경로에 목표(Goal)를 설정하고, 각 과정의 전환율을 끌어올림으로써 최종적인 KPI인 '창업 문의 버튼 클릭 전환율'을 끌어올려야 합니다.

그래서 구글 애널리틱스를 사용한 현대 마케팅은 단순히 결과를 보고 마케팅 의사결정을 하는 톱다운(Top-Down) 방식이 아닌 고객들이 브랜드를 경험하는 가장 첫 번째 과정부터 마지막 전환까지 모든 절차의 이탈률과 전환율에 집중하는 보텀업(Bottom-Up) 방식이며, 과정을 중시하는 절차 지향적인 방법론을 사용한다는 것을 알 수 있습니다. 다시 복습해 봅시다. OKR이 가장 상위에 있는 단계이고, KPI는 최종 OKR을 잘 달성시켰는지 아닌지를 평가할 수 있는 지표, Goal은 KPI 달성 전의 일련의 행동을 각각 정의한 것의 묶음이며 나무 모양으로 서로 종속되는 성질을 가지고 있습니다.

표 1.1 OKR, KPI, Goal의 구조적 관계

OKR	가맹점주 확보
KPI	상담 문의 신청 전환율
Goal	사업 설명회 신청 성공 스토리 조회 창업 비용 조회

OKR, KPI, Goal의 구조를 자세히 살펴봤습니다. 이제 구글 애널리틱스를 시작할 준비가 되었습니다.

1.3 구글애널리틱스 데모 계정 맛보기

이 책을 읽는 여러분은 소유권을 가지고 있는 웹사이트가 없을 수도 있고, 웹사이트에 아직 구글 애널리틱스가 설치되어 있지 않을 수 있습니다. 이러한 분들을 위해 구글에서는 구글 애널리틱스를 조금이나마 체험할 수 있게 구글 애널리틱스 데모 계정을 제공하는데, 이 데모 계정은 구글의 가상 쇼핑몰인 Google Merchandise Store의 데이터를 실시간으로 보내고 직접 쌓여 있는 데이터를 볼 수 있게 해줍니다. 다 함께 구글 창에 '구글 애널리틱스 데모 계정'이라고 검색해 봅시다. 그러면 Google Support에서 지원하는 구글 애널리틱스 데모 계정이 나타납니다. 이쪽으로 들어가 봅시다. 데모 계정 검색하기 링크도 함께 남겨두겠습니다.[6]

그림 1.11 GA 데모 계정으로 접근하기 위한 구글 검색

링크를 클릭해 들어간 뒤 상단에 보이는 파란색 글씨 중 [데모 계정 액세스]를 클릭하고, 다시 한번 더 [데모 계정 액세스]를 클릭합니다.

그림 1.12 GA 데모 계정 접근을 위한 첫 단계

---

6 출처: http://vithuuki4.blogspot.com/2018/11/web-site.html

데모 계정 액세스

데모 계정에 액세스하려면 이 섹션 하단에서 *데모 계정 액세스* 링크를 클릭하세요. 링크를 클릭하면 다음 메시지가 표시됩니다.

- 이미 Google 계정이 있다면 해당 계정에 로그인하라는 메시지가 표시됩니다.
- Google 계정이 없다면 계정을 만든 후에 로그인하라는 메시지가 표시됩니다.

아래의 *데모 계정 액세스* 링크를 클릭하면 Google 계정과 관련된 다음 두 가지 작업 중 하나를 Google이 수행하도록 동의하게 됩니다.

- 이미 Google 애널리틱스 계정이 있다면 해당 애널리틱스 계정에 데모 계정을 추가합니다.
- Google 애널리틱스 계정이 없다면 사용자의 Google 계정과 연결된 새 계정이 생성되며, 데모 계정이 새 애널리틱스 계정에 추가됩니다.

데모 계정은 조직 및 계정 연결을 선택하는 애널리틱스의 계정 선택기에서 사용할 수 있습니다.

데모 계정은 단일 Google 계정에서 만들 수 있는 최대 애널리틱스 계정 수에 포함됩니다. 현재 Google 애널리틱스 표준의 경우 Google 계정당 최대 100개의 애널리틱스 계정을 만들 수 있습니다.

언제든지 데모 계정을 삭제할 수 있습니다.

데모 계정 액세스 ☒

그림 1.13 GA 데모 계정 접근을 위한 두 번째 단계

데이터가 쌓여 있는 구글 애널리틱스 계정이 나타납니다.

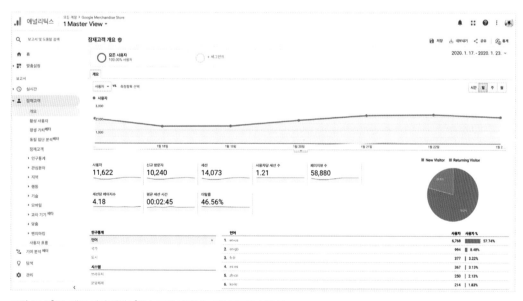

그림 1.14 [GA 데모 계정 액세스]를 누르면 나타나는 가상의 GA 보고서

우선 데모 계정을 처음으로 맛보는 단계이기 때문에 자세한 설정에 대한 설명은 나중에 하고, 왼쪽 최하단에 있는 톱니바퀴 모양의 [관리] 버튼을 클릭해 구글 애널리틱스 홈 화면으로 이동합니다.

그림 1.15 왼쪽 하단 [관리] 버튼을 통해 GA 홈 화면으로 이동

홈 화면으로 이동하면 화면 왼쪽에 간단한 메뉴바가 있고, 화면 정면에 다음과 같이 3개의 열로 구성돼 있습니다. 왼쪽은 '보고서를 보러 이동하는 영역'이고, 정면은 '비즈니스의 특징에 맞게 보고서를 설정하는 영역'입니다.

그림 1.16 구글 애널리틱스 보고서를 조회하는 영역과 설정하는 영역

3개 열은 크게 계정, 속성, 보기의 단위로 나뉘고, 계정-속성-보기 순의 레벨을 가지고 있습니다.

- **a. 계정**: 하나의 비즈니스를 지칭하는 단위로, 구글 계정 하나당 100개의 구글 애널리틱스 계정을 가질 수 있습니다. 즉, 하나의 구글 계정으로 100개의 브랜드를 관리할 수 있습니다.

- **b. 속성**: 속성은 같은 비즈니스라도 다양한 브랜드로 나뉠 때 브랜드 단위로 관리할 수 있는 단위입니다. 예를 들어, NC소프트라는 게임 회사의 브랜드는 리니지, 아이온과 같은 다양한 게임 사이트가 별도로 있으나 하나의 비즈니스에 종속돼 있습니다. 이럴 때는 리니지 속성, 아이온 속성 등과 같이 속성 단위로 관리할 수 있으며 하나의 구글 애널리틱스 계정당 50개의 속성을 가질 수 있습니다. 속성끼리는 서로 데이터가 공유되지 않습니다.

- **c. 보기**: 보기는 보고 싶은 데이터를 '필터링'해서 구분할 수 있게 해주는 단위입니다. 예를 들어, 모바일 사용자만 보고 싶다면 모바일 필터를 따로 걸어준 보기를 만듭니다. 속성 하나당 보기는 최대 25개까지 만들 수 있습니다.

계정, 속성, 보기에 대한 설명은 이 정도로 마무리하고, 우선 데이터를 조회하는 방법을 알아보기 위해 보이는 화면에서 왼쪽 메뉴의 빈 곳을 눌러봅시다. 그러면 보고서로 이동할 수 있는 메뉴가 펼쳐집니다. [보고서] 카테고리의 메뉴는 총 5가지가 있습니다. 5가지를 눌러보면 각각 카테고리에 맞는 상세 보고서가 있는 것을 확인할 수 있습니다. 5가지 메뉴를 살펴봅시다.

그림 1.17 보고서 영역의 대 카테고리

  a. **실시간**: [실시간] 카테고리는 말 그대로 지금, 이 순간 웹사이트에 어떤 사람들이 어디서 들어왔고, 그들이 지금 웹사이트의 "어느 위치에 머무르고 있는지"를 실시간으로 보여주는 보고서입니다.

  b. **잠재고객**: [잠재고객] 카테고리는 웹사이트에 들어온 사람들이 "어떤 사람들인가?"에 집중하는 보고서를 모아둔 카테고리입니다.

  c. **획득**: [획득] 카테고리는 말 그대로 웹사이트에 들어온 사람들이 "어디서 획득됐는가?"에 집중하는 보고서를 모아둔 카테고리입니다.

  d. **행동**: [행동] 카테고리는 웹사이트에 들어와서 "어떤 행동을 하는가?"에 집중하는 보고서를 모아둔 카테고리입니다.

  e. **전환**: [전환] 카테고리는 앞서 설명했듯이, 매우 중요한 보고서고 설정한 주요 Goal을 달성하고 있는지에 대한 지표들을 모아둔 카테고리입니다.

모든 데이터 보고서를 살펴보는 것은 어렵고 내용이 많아 우선은 자주 사용하는 대표적인 보고서만 카테고리별로 하나씩 살펴보겠습니다. 첫 번째로 [실시간 카테고리] – [개요]로 이동합니다.

실시간 개요 보고서

실시간 개요 보고서는 사용자가 현재 몇 명이 들어와 있고, 모바일 사용자의 비율은 그중 몇 퍼센트이며, 현재 웹사이트에서 사용자가 어느 위치에 있는지를 실시간으로 파악하게 해줍니다. 사실 데이터가 어느 정도 쌓이고 나서 맥락으로 인사이트를 뽑아내야 하므로 현업에서는 실시간 카테고리에 있는 보고서를 주요 데이터가 잘 들어오는지에 대한 검사, 방문자가 잘 잡히는지에 대해 검사를 하는 데 많이 사용합니다.

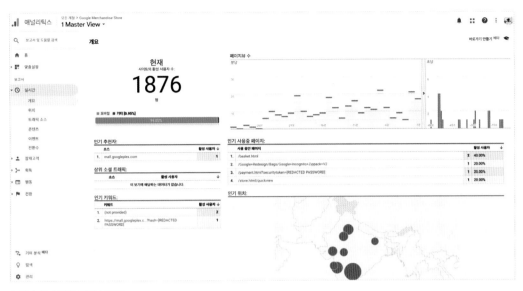

그림 1.18 실시간 개요 보고서

잠재고객 보고서

두 번째는 잠재고객 보고서입니다. [잠재고객] – [인구통계] – [연령]으로 이동해 스크롤을 가장 아래로 내리면 표가 하나 나올 것입니다.

	연령	획득			동작			전환 전자상거래 ▼		
		사용자 ↓	신규 방문자	세션	이탈률	세션당 페이지수	평균 세션 시간	거래수	수익	전자상거래 전환율
		4,595 전체 대비 비율(%): 44.63% (10,296)	**4,034** 전체 대비 비율(%): 43.45% (9,284)	**5,730** 전체 대비 비율(%): 45.69% (12,540)	**48.39%** 평균 조회: 49.71% (-2.65%)	**4.19** 평균 조회: 4.08 (2.81%)	**00:03:04** 평균 조회: 00:02:51 (7.92%)	**4** 전체 대비 비율 (%): 26.67% (15)	**US$349.10** 전체 대비 비율(%): 49.72% (US$702.17)	**0.07%** 평균 조회: 0.12% (-41.64%)
☑	1. 25-34	**1,801** (39.19%)	1,574 (39.02%)	2,265 (39.53%)	47.95%	4.25	00:03:08	1 (25.00%)	US$167.50 (47.98%)	0.04%
☑	2. 18-24	**1,240** (26.98%)	1,111 (27.54%)	1,531 (26.72%)	51.80%	3.71	00:02:44	1 (25.00%)	US$25.00 (7.16%)	0.07%
☑	3. 35-44	**745** (16.21%)	648 (16.06%)	935 (16.32%)	47.49%	4.17	00:02:41	2 (50.00%)	US$156.60 (44.86%)	0.21%
☑	4. 45-54	**400** (8.70%)	352 (8.73%)	499 (8.71%)	42.89%	4.89	00:03:28	0 (0.00%)	US$0.00 (0.00%)	0.00%
☑	5. 55-64	**229** (4.98%)	199 (4.93%)	275 (4.80%)	48.73%	4.10	00:03:51	0 (0.00%)	US$0.00 (0.00%)	0.00%
☑	6. 65+	**181** (3.94%)	150 (3.72%)	225 (3.93%)	45.33%	5.49	00:04:26	0 (0.00%)	US$0.00 (0.00%)	0.00%

그림 1.19 잠재고객 카테고리의 연령 보고서

이 표를 읽는 것은 매우 중요합니다. 구글 애널리틱스에서 제공하는 수백 개의 보고서 중 80%는 이 표형태로 데이터를 제공합니다. 이 표 형태의 데이터를 읽을 줄 알게 되면 구글 애널리틱스에서 제공하는 보고서 중 80%를 읽을 수 있게 된 것입니다. 하나씩 차근차근 살펴봅시다. [연령] 보고서에 들어왔으니 당연히 가장 왼쪽에는 [연령]이라고 표시됩니다.

이렇게 테이블의 가장 첫 번째 열에 있는 것을 데이터를 측정하는 데 기준점이 된다고 해서 측정기준, 영어로는 차원을 뜻하는 Dimension이라고 부릅니다. 그리고 측정기준 옆에 숫자로 표시할 수 있는 모든 지표를 측정의 대상 또는 항목이 된다고 해서, 측정 항목, 영어로는 Metrics라고 부릅니다.

구글 애널리틱스에서 제공하는 모든 표 형태는 이렇게 **측정기준(Dimension)**과 **측정 항목(Metrics)**으로 구성됩니다. 이 2가지 개념을 정확히 구별해서 숙지해야 합니다. 구글 애널리틱스의 고난도 내용을 다룰 때도 측정기준과 측정 항목은 계속 나옵니다.

백문이 불여일견이니, 우선 이 표의 첫 번째 행을 그대로 읽어보겠습니다.

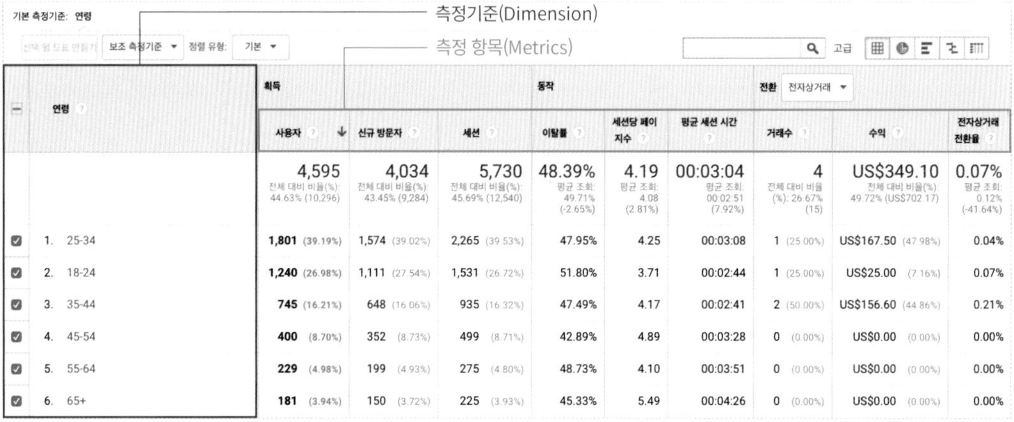

그림 1.20 측정기준(Dimension)과 측정 항목(Metrics)

그 전에 먼저 이 책의 화면 이미지와 독자 여러분이 보는 화면을 통일하기 위해 충분히 오래된 데이터를 조회할 것입니다. 2가지를 설정하겠습니다. 첫 번째는 날짜 설정입니다. 화면의 가장 오른쪽 상단에 날짜가 있을 텐데, 시작 날짜와 끝나는 날짜를 2018년 1월 1일부터 2018년 3월 31일까지로 설정합니다.

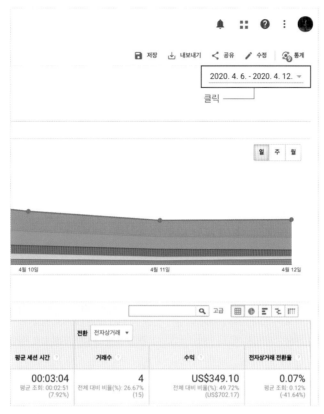

그림 1.21 데이터 조회 날짜를 변경하는 방법 1단계

그림 1.22 데이터 조회 날짜를 변경하는 방법 2단계

그리고 다시 아래로 내려오면 표의 가장 오른쪽 부분에 [전자 상거래]라고 있습니다. 이 [전자 상거래]
부분을 눌러 [목표 1: Purchase Completed] 항목을 선택합니다.

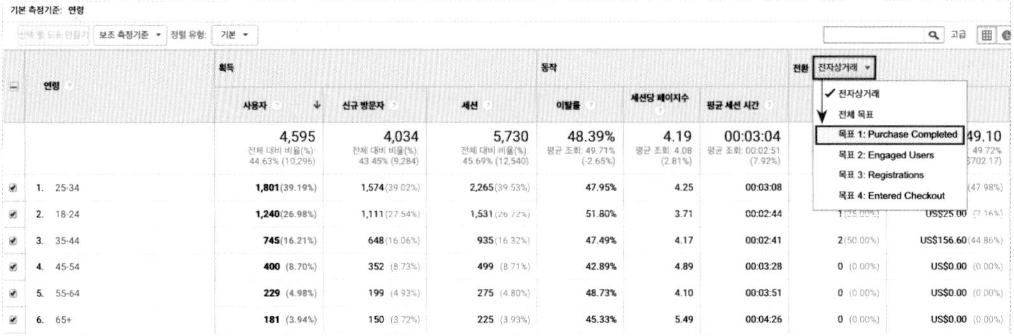
기본 측정기준: 연령

보조 측정기준 ▾ 정렬 유형: 기본 ▾ 고급

연령	획득: 사용자	획득: 신규 방문자	획득: 세션	동작: 이탈률	동작: 세션당 페이지수	동작: 평균 세션 시간	전환: 전자상거래 ▾	
	4,595 전체 대비 비율(%): 44.63% (10,296)	4,034 전체 대비 비율(%): 43.45% (9,284)	5,730 전체 대비 비율(%): 45.69% (12,540)	48.39% 평균 조회: 49.71% (-2.65%)	4.19 평균 조회: 4.08 (2.81%)	00:03:04 평균 조회: 00:02:51 (7.92%)		49.10 : 49.72% $702.17)
1. 25-34	1,801(39.19%)	1,574(39.02%)	2,265(39.53%)	47.95%	4.25	00:03:08		(47.98%)
2. 18-24	1,240(26.98%)	1,111(27.54%)	1,531(26.72%)	51.80%	3.71	00:02:44	1(25.00%)	US$25.00 (7.16%)
3. 35-44	745(16.21%)	648(16.06%)	935(16.32%)	47.49%	4.17	00:02:41	2(50.00%)	US$156.60(44.86%)
4. 45-54	400 (8.70%)	352 (8.73%)	499 (8.71%)	42.89%	4.89	00:03:28	0 (0.00%)	US$0.00 (0.00%)
5. 55-64	229 (4.98%)	199 (4.93%)	275 (4.80%)	48.73%	4.10	00:03:51	0 (0.00%)	US$0.00 (0.00%)
6. 65+	181 (3.94%)	150 (3.72%)	225 (3.93%)	45.33%	5.49	00:04:26	0 (0.00%)	US$0.00 (0.00%)

그림 1.23 목표를 변경하는 방법

이렇게 하면 이 책의 그림과 여러분이 보는 화면이 일치할 것입니다. 이제 첫 번째 행을 읽어보겠습니다.

> "25~34세 연령의 사용자가 2018.1.1~2018.3.31에 웹사이트에 방문한 총방문자 수는 39,173명이고,
> 그중 웹사이트에 처음 방문한 신규 방문자 수는 36,435명이며,
> 이들의 평균 이탈률은 44.53% 정도이고, 평균 4개 이상의 페이지를 살펴보며,
> 25~34세 연령은 웹사이트에 평균 2분 27초 정도 머문다.
> 그리고 총 36,435명 중에서 1,611건의 결제 완료가 발생했기 때문에
> 25~34세 연령의 결제로 이어지는 전환율은 3.03%다."

가 됩니다. 이렇게 데이터를 그냥 읽기만 하면 됩니다.

데이터를 기반으로 의사결정을 하려면 OKR과 KPI를 정립한 후 '전환율'을 기준으로 의사결정을 해야 한다고 앞에서 언급했습니다. 예시의 브랜드에서 결제로 이어지는 전환율이 가장 높은 고품질 사용자는 어느 연령대일까요? 35~44세 연령대의 전환율이 4.37%로 매우 높습니다. 여기서 문제점을 찾아내야 합니다. 전환율이 가장 높은 35~44세 연령대가 전체 사용자 수 중 3순위로, 25~34세 연령대, 18-24세 연령대보다 훨씬 더 적습니다. 전환율이 높은 고품질 사용자가 많이 들어와야 결제 완료로 이어지는 수가 많을 텐데, 고품질 사용자인 35~44세 연령대가 3순위이니 문제가 있습니다. 이렇게 문제점을 발견했다면 이 문제점을 해결하기 위해 무엇을 할 수 있을까요?

집행 중인 광고 타깃의 연령대를 35~44세로 좀 더 높여본다든가, 35~44세가 좋아할 만한 커뮤니티를 찾아서 제휴한다든가, 35~44세가 좋아할 만한 프로모션을 기획한다든가, 35~44세가 좋아할 만한 웹사이트의 UI 구성과 가독성을 확보한다든가 하는 여러 가지 방법이 있을 수 있습니다.

이제 구글 애널리틱스의 힘이 좀 느껴지나요? 이렇게 기본적인 보고서 1개만 보고도 다양한 액션을 취해볼 수 있습니다. 보고서 수백 개를 보면 액션은 수천 개가 될 수도 있습니다. 그렇기 때문에 비즈니스의 목적을 반드시 확립하고 진행해야 합니다. 방향을 설정해놓지 않으면 구글 애널리틱스는 혼란을 가중할 뿐입니다.

채널 보고서

이번에는 [획득] 카테고리로 이동해 [전체 트래픽] – [채널]로 이동해봅시다.

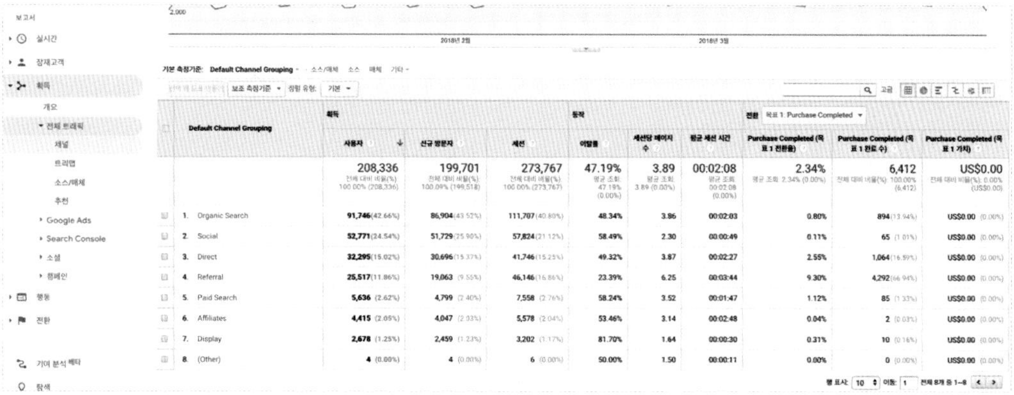

그림 1.24 획득 카테고리의 채널 보고서

측정기준의 이름이 [Default Channel Grouping]이고 그다음 열부터는 측정항목들이 그대로 들어옵니다. [Default Channel Grouping]이란 구글 애널리틱스에서 기본적으로 분류해놓은 채널들을 의미합니다. 한 가지씩 살펴봅시다.

- **a.** Organic Search: 직역하면 자연 검색입니다. 즉, 구글, 네이버, 다음과 같은 검색 엔진에서 잠재고객이 키워드를 스스로 검색해서 웹사이트에 방문하면 Organic Search 채널로 잡힙니다.

- **b.** Social: 페이스북, 인스타그램, 링크드인, 트위터와 같은 소셜 미디어에서 어떤 링크를 타고 웹사이트로 들어오면 Social로 잡힙니다.

- **c.** Direct: 웹사이트에 들어오긴 들어왔는데, 이전 사이트의 URL 정보가 없을 때 Direct 채널로 잡힙니다. 예를 들면 SMS 문자, 즐겨찾기, URL에 직접 타이핑을 통해 웹사이트에 들어오면 Direct로 잡힙니다. Direct에 관해서는 설명할 내용이 많으나, 우선 구글 애널리틱스를 처음 접하는 단계에서는 이 내용만 알고 넘어갑시다.

d. Referral: 제삼의 사이트에서 추천해 웹사이트에 들어온 트래픽입니다. 가령 양말 쇼핑몰이 있다고 가정할 때 양말을 구매한 뒤 제품이 만족스러워서 개인 블로그에 후기를 작성하고, 양말 쇼핑몰의 링크를 달아놓았습니다. 그리고 제삼자가 그 블로그 글에 추천된 양말 사이트 URL을 클릭해서 들어가면 Referral 트래픽으로 잡힙니다.

e. Paid Search: Organic Search와는 달리, 네이버 파워링크와 같은 유료 검색 키워드를 통해 웹사이트에 들어온 트래픽 채널을 의미합니다. 직역하면, 유료 검색 정도로 할 수 있습니다.

f. Affiliates: Referral 채널 중에서도 어떤 사이트는 웹사이트 브랜드와 제휴를 맺었거나 브랜드의 계열사일 수 있습니다. 그래서 "이 Referral 사이트는 별도로 우리 브랜드의 계열사 사이트로 관리하겠다"라고 설정하면 Affiliates 채널에 잡힙니다.

g. Display: 구글 디스플레이 배너 광고를 통해 들어오면 같은 구글 상품이다 보니 자동으로 디스플레이 채널로 들어온 것으로 판단합니다.

h. Other: 위에서 설명한 7가지의 채널이 아닌 경우에는 Other로 잡힙니다.

8가지의 채널을 간단히 설명했습니다. 그렇다면 지금 전환율이 가장 높은 채널은 어디일까요? 9.3%의 높은 전환율을 기록하고 있는 Referral 채널입니다. 어딘가의 사이트에서 추천되어 들어오는 트래픽의 전환율이 매우 높다는 것인데요. 그럼 도대체 어떤 사이트인지, Referral 측정기준을 클릭해봅시다. 그러면 Referral 채널에 집계된 다양한 추천 사이트의 URL이 나타납니다.

그림 1.25 Referral 채널을 클릭했을 때 나타나는 다양한 웹사이트의 도메인

그렇다면 이 중에서 어디가 전환율이 가장 높을까요? 어떤 사이트인지는 모르겠으나, gdeals.googleflex.com이라는 사이트가 전환율이 20%로 매우 높습니다. 이는 100명 중 20명은 제품을 산다는 엄청난 전환율입니다. 그럼 이 경우 어떤 액션을 취할 수 있을까요? 제가 이 Google Merchandise

Store의 마케팅 담당자라면 이 사이트에 당장 들어가서 광고 상품이 있는지, 이 사이트와 제휴를 맺을 방법이 있는지 등을 조사할 것입니다.

구글 애널리틱스, 알면 알수록 무시무시한 도구라는 것이 느껴지나요? 심지어 이 모든 것이 전부 무료입니다.

행동 보고서

이번에는 [행동] 카테고리로 이동해서 [사이트 콘텐츠] − [모든 페이지]로 이동해봅시다.

그림 1.26 행동 카테고리의 모든 페이지 보고서

이번에는 측정기준이 [페이지]입니다. 여기서 간단한 상식 하나 짚고 넘어갑시다. 쇼핑몰 1개를 가지고 있다면, 그 쇼핑몰 1개에는 웹 페이지가 몇 개나 있을까요? 메인 페이지, 제품 A 상세페이지, 제품 B 상세페이지, 장바구니 페이지 등 상품의 개수에 따라 아주 많은 웹 페이지를 가지고 있을 것입니다.

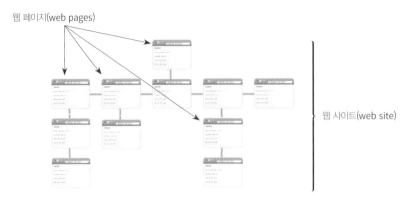

웹 페이지(web pages)

웹 사이트(web site)

그림 1.27 웹사이트와 웹 페이지의 용어 구별[7]

이처럼 웹 페이지를 한 묶음으로 아울러 하나의 웹사이트가 탄생하는 것이며, 웹사이트가 웹 페이지의 상위 개념입니다. 그리고 측정기준인 [페이지]는 웹 페이지 각각의 URL을 반환합니다. 그러면 어느 페이지에서 사람들이 아무것도 하지 않고 나가는 비율, 즉 이탈률이 가장 높은지 또는 페이지에 문제가 있는 것은 아닌지 등을 판단할 수 있습니다.

5번째 행에 있는 /google+redesign/accessories는 어느 페이지인지는 모르겠으나, 다른 페이지에 비해 이탈률이 상대적으로 높습니다. 그러면 해당 페이지에 방문하게 설정한 광고의 타깃 설정이 잘못됐거나 페이지의 로드 속도가 느리거나 페이지의 설득 메시지가 매력적이지 않은 것은 아닌지, 광고 문구와 해당 페이지의 주요 메시지가 일치하지 않는 것은 아닌지에 대한 검토가 필요합니다.

전환 보고서

마지막으로 [전환] 카테고리로 이동해 [목표] – [유입경로 시각화]로 이동해봅시다.

---

7   출처: https://leveltensolutions.com/basic/website-vs-webpage/

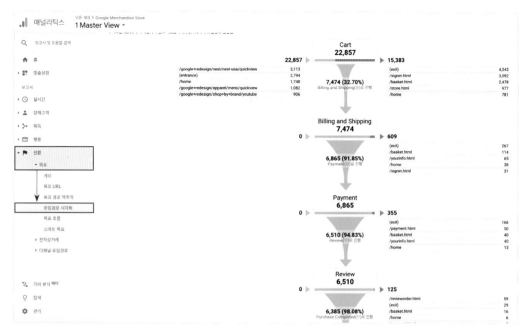

그림 1.28 전환 카테고리의 유입경로 시각화 보고서

유입경로 시각화는 이전까지의 테이블 형식의 데이터가 아닌 시각화된 데이터를 보여줍니다. 'Purchase Completed'라는 목표로 설정을 했을 때 '장바구니 페이지 – 배송 정보 입력 페이지 – 결제 시작 페이지 – 후기 작성 페이지'까지의 경로별 전환율과 이탈률이 나타납니다.

보다시피 장바구니 페이지에서 이탈률이 심각하게 발생하고 있습니다. 이상하게도 장바구니 페이지는 거의 구매 결정을 내린 곳임에도 불구하고 이탈률이 높습니다. 상품 가격이 너무 비싼 것은 아닌지, 장바구니에 담고 다음 단계로 이동하는 버튼이 찾기 어려운 것은 아닌지 등의 UI적, 기획적 측면을 고려해 볼 수 있습니다.

이렇게 해서 데모 계정을 이용해 구글 애널리틱스의 주요 보고서를 살펴보면서 보고서를 읽고 문제점을 찾는 방법을 배웠습니다. 여러분은 비즈니스를 운영함에 있어 충분한 데이터를 기반으로 의사결정을 하고 있나요?

구글 애널리틱스를 이용하면 비용을 들이지 않고 데이터에 기반한 정확한 의사결정을 할 수 있습니다. 물론 사업자의 직감도 비즈니스의 방향을 결정하는 데 있어 중요합니다. 하지만 직감과 데이터를 같이 활용해 방향을 정한다면 좀 더 나은 의사결정을 할 수 있을 것입니다.

1장에서는 구글 애널리틱스의 장점과 데이터에 관해 자세히 살펴봤습니다. 2장부터는 본격적으로 구글 애널리틱스 계정을 만들면서 설정을 시작해 봅시다.

2

구글 애널리틱스
시작하기

구글 애널리틱스의 데이터를 볼 줄 아는 사람은 있어도, 구글 애널리틱스가 어떤 원리로 데이터를 가져오는지, 어떤 방식으로 웹사이트에 방문하는 사용자의 행동을 추적하는지를 잘 아는 사람은 없습니다. 하지만 원리를 이해하면 기억에 오래 남습니다. 이번 장에서는 구글 애널리틱스의 추적 코드를 파헤쳐봅시다.

2.1 구글 애널리틱스 계정 생성과 추적 코드

간단히 구글 애널리틱스의 계정부터 먼저 만들어봅시다. 애널리틱스 계정을 만들기 위해서는 2가지 참고할 사항이 있습니다. 첫째, 구글 애널리틱스는 크롬 브라우저[8]에서 가장 최적화되어 있기 때문에 가능하다면 크롬 브라우저로 인터넷에 접속합니다. 둘째, 구글 애널리틱스는 구글에서 만든 소프트웨어입니다. 그러므로 크롬 브라우저에서 구글 계정에 로그인이 된 상태로 구글 애널리틱스 홈 화면으로 이동해야 합니다. 구글 애널리틱스 홈 화면 링크[9]를 함께 기재했으니 참고하기 바랍니다.

구글 애널리틱스 홈 화면에 들어가면 다음과 같은 화면이 나타납니다.

그림 2.1 구글 애널리틱스 홈 화면

오른쪽 상단에 보이는 [무료 사용] 버튼을 눌러봅시다.

---

8   구글 크롬(Google Chrome)은 구글이 개발한 프리웨어 웹 브라우저다.

9   구글 애널리틱스: https://marketingplatform.google.com/intl/ko/about/analytics/

그림 2.2 오른쪽 상단 [무료 사용] 버튼 클릭

앞서 1장에서 설명한 것처럼 구글 계정 하나당 구글 애널리틱스 계정을 총 100개까지 만들 수 있기 때문에 부담 없이 연습용 계정을 만들 수 있습니다. 버튼을 누르면 계정을 만들 수 있는 창이 나타납니다. 계정 설정 – 측정 대상 – 속성 설정의 총 3단계의 과정을 거칩니다.

계정 이름은 쉽게 알 수 있는 이름으로 정합니다.

그림 2.3 구글 애널리틱스 계정을 만드는 창

일반적으로 계정 이름은 비즈니스 브랜드의 이름을 적습니다. 여기서는 간단하게 '래빗'이라고 만들었습니다.

그림 2.4 구글 애널리틱스 계정 이름 설정

나머지 사항은 우선 넘어가고, [다음] 버튼을 눌러 2번 [측정하려는 대상] 영역으로 이동합니다.

해당 영역은 "당신이 사용할 구글 애널리틱스는 어디서 추적할 것인가?"를 물어보는 영역입니다. 앱은 높은 수준의 개발 지식이 필요하고 구글 애널리틱스를 고급 기능까지 다룰 줄 알아야 하므로 구글 애널리틱스 입문자를 대상으로 하는 이 책에서는 다루지 않습니다. 흔히 볼 수 있는 웹 사이트에 구글 애널리틱스를 설치한다고 가정하고 [웹]을 클릭합니다. 그리고 나서 [다음] 버튼을 클릭합니다.

그림 2.5 웹사이트 추적 전용 구글 애널리틱스 계정 생성

그러면 3번 영역인 [속성 설정] 메뉴가 나타납니다. 이 메뉴에서는 하나씩 세부내용을 적어봅시다.

a. 웹사이트 이름: 웹사이트 이름은 말 그대로 우리 웹사이트의 이름을 적는 영역입니다. 래빗의 경우 계정의 이름(비즈니스 이름)과 브랜드명이 동일하기 때문에 똑같이 '래빗'이라고 적습니다. 하지만 큰 사업체의 비즈니스 브랜드 또는 계열사가 여러 개 있는 경우에는 반드시 하위 단계인 브랜드 이름을 기준으로 적어야 나중에 불편함이 없습니다. 물론 지금 만드는 구글 애널리틱스 계정도 추후 삭제가 가능하니 편하게 적습니다.

b. 웹사이트 URL: 웹사이트의 메인 도메인 URL을 적습니다. http와 보안 환경이 가능한 프로토콜을 지원하는 https를 구분해 적습니다.

c. 업종 카테고리: 이 부분은 설치할 비즈니스 웹사이트가 어느 업종에 소속되어 있는지를 표시해주는 구간입니다. 추후 웹사이트가 구글 검색 엔진에 노출될 때 반영하는 부분이니 최대한 유사한 업종을 찾아서 선택합니다.

d. 보고 시간대: 보고 시간대는 어느 국가를 선택하느냐에 따라 달라집니다. 즉, 구글 애널리틱스의 보고서에 새로운 데이터가 업데이트되는 시간이 달라집니다. [대한민국]으로 설정하면 불편함 없이 데이터를 볼 수 있으니 [대한민국]을 검색해 넣습니다.

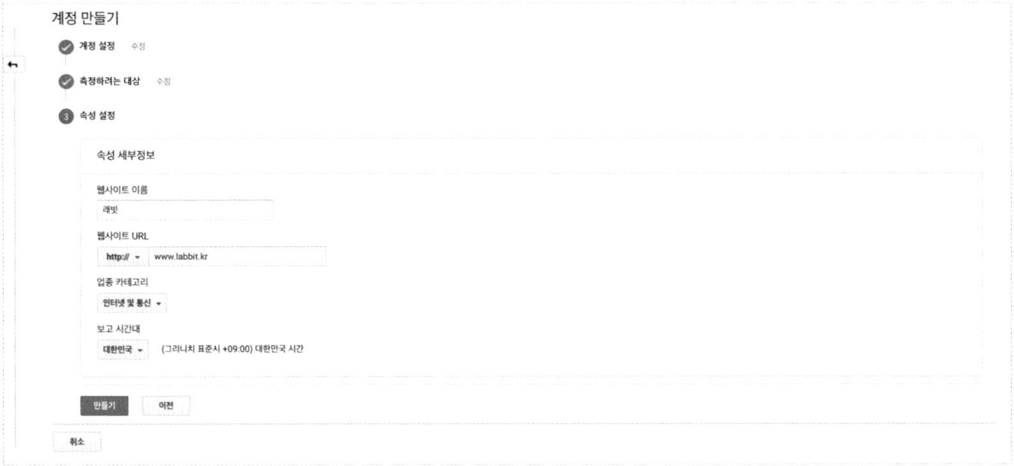

그림 2.6 구글 애널리틱스 속성 정보 입력란

최종 [만들기] 버튼을 누르면 다음과 같은 GDPR 개인 정보 처리 방침 동의에 대한 내용이 팝업창으로 나타납니다. 체크 박스를 모두 체크하고 [동의함] 버튼을 눌러봅시다.

그림 2.7 계정 생성을 위한 데이터 약관 동의

[완료]라는 노란색의 팝업이 나타나면서 다른 위치로 이동합니다. 이제 계정 생성을 완료했습니다. 다음 그림의 이미지와 같은 화면이 나타나면 계정을 성공적으로 만든 것입니다. 계정을 만드니 속성 열에 있는 [추적 코드] 쪽으로 이동했습니다. 복잡해 보이는 코드와 함께 안내 사항이 나와 있습니다. 우선 2가지만 알아봅시다.

첫 번째는 추적 ID입니다. 이 추적 ID는 계정마다 모두 다릅니다. ID는 말 그대로 고윳값이기 때문입니다. 이 추적 ID는 추후 구글 애널리틱스를 고급 수준까지 다루게 되면 구글에서 제공해주는 다양한 소프트웨어와 연동하여 구글 애널리틱스 보고서를 좀 더 정교하게 만드는 데 사용됩니다. 우선은 여기까지만 설명하고 다음 항목으로 넘어갑니다.

그림 2.8 구글 애널리틱스 추적 ID와 추적 코드

추적 ID 바로 아래 영역을 보면, [범용 사이트 태그]라는 항목과 함께 알 수 없는 영어로 된 코드가 나타납니다. 이 코드가 바로 웹사이트에 직접 설치를 진행할 구글 애널리틱스 코드입니다. 이 코드가 무슨 의미인지는 알 필요가 없으나, 그냥 복사해서 붙여넣어 설치하면 된다는 식의 설명은 너무 기계적이니 이 코드의 정체를 알기 위해 개발 상식을 간단히 짚고 넘어가겠습니다.

크롬 브라우저에서 지금 보는 창은 그대로 남겨두고, 새 창을 열어 마우스 오른쪽 버튼을 누른 뒤 [검사] 메뉴를 눌러봅시다.

그림 2.9 크롬 브라우저 마우스 오른쪽 버튼 클릭 후 [검사] 메뉴 클릭

그러면 화면 오른쪽에 참으로 복잡한 컴퓨터 언어가 나타납니다.

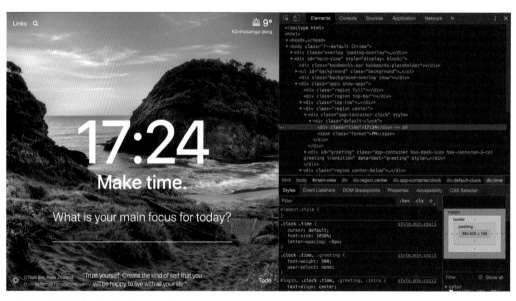

그림 2.10 [검사]를 누르면 나타나는 웹 문서 HTML

사실 이 복잡해 보이는 언어가 웹사이트를 실제로 구성하는 언어입니다. 이 언어를 브라우저가 해석해 우리가 볼 수 있는 화면으로 나타내 주는 것입니다. 컴퓨터가 알아볼 수 있게 웹 문서를 구성하는 언어는 크게 3가지가 있습니다. 언어가 나뉘는 기준은 단순 문법이며 알파벳을 사용합니다. 직관적으로 이해하기는 어려우니 사람에 빗대어 설명해보겠습니다. 사람을 만들려면 먼저 무엇을 만들어야 할까요? 바로 '뼈대'입니다. 무릇 사람이라면 관절이 움직일 수 있는 뼈를 만들어야 합니다. 웹사이트도 마찬가지입니다. 웹 사이트의 레이아웃 뼈대를 만들기 위한 언어가 바로 'HTML'입니다.

뼈대가 완성됐다면 이제 무엇이 더 필요할까요? 눈도 필요하고, 머리카락도 필요하고, 피부도 입혀주고, 옷도 입어야 합니다. 웹사이트도 마찬가지입니다. 텍스트의 크기를 지정하고, 글꼴이나 화면의 멋진 배경 이미지도 보여줘야 합니다. 'HTML'이라는 뼈대가 완성되면 그 레이아웃 위에 디자인을 관장하는 언어 'CSS'가 있습니다. CSS는 웹사이트의 디자인적인 요소를 덧입히는 언어입니다. 이제 사람의 피부까지 모두 완성됐습니다.

그러면 사람이 완성됐을까요? 당연히 아닙니다. 사람에게 가장 중요한 것은 '뇌'입니다. 우리가 뜨거움을 느끼는 것도, 아픔을 느끼는 것도, 무거움을 느끼는 것도 모두 '뇌'에서 명령어를 보내기 때문입니다. 웹사이트도 이런 뇌의 역할을 하는 언어가 있습니다. 웹사이트를 사용하는 사용자의 행동에 따라 명령어를 내려주는 언어를 **'자바스크립트'**라고 부릅니다. 자바스크립트의 예를 하나 들어보겠습니다. 앞의 그림에서 17:24라는 시간을 나타내는 큰 숫자가 60초 후에는 자동으로 17:25로 바뀔 것입니다. 자동으로 명령어를 내려서 바꿔준 것입니다. 이것이 자바스크립트의 예시입니다.

그럼, 프로그래머 100명을 세워두고 자바스크립트 기반의 명령어를 1개씩 만들어보라고 하면 총 몇 개의 명령어가 만들어질까요? 바로 100개입니다. 명령어는 주어진 언어로 정의하기 나름입니다.

정리하자면, 웹사이트는 총 3가지 언어로 구성됩니다. 첫 번째는 뼈대를 관장하는 HTML, 두 번째는 완성된 레이아웃 위에 디자인을 입히는 CSS, 마지막으로 '뇌'의 역할을 관장해 정적인 웹사이트가 동적으로 움직일 수 있게 명령을 내려주는 자바스크립트입니다.

다시 구글 애널리틱스 코드로 돌아와서, 이 구글 애널리틱스 코드는 HTML일까요? 아니면 CSS나 자바스크립트일까요? 정답은 '자바스크립트'입니다. 이 명령어를 군이 한국어로 바꿔 해석하면, "우리 웹사이트에 특정 사용자가 방문하면 그 사람의 데이터를 우리의 구글 애널리틱스 계정으로 쏴라."가 됩니다. 이 구글 애널리틱스 코드의 정체는 바로 **'자바스크립트'**입니다.

구글 애널리틱스의 구동 원리를 가볍게 도식화하면 다음 이미지가 됩니다. 사용자가 우리 웹사이트에 방문하는 순간 사용자의 데이터를 수집하는 구글 애널리틱스 추적 코드 명령어가 발동되고, 수집한 데이터를 앞서 만든 구글 애널리틱스 계정으로 보냅니다.

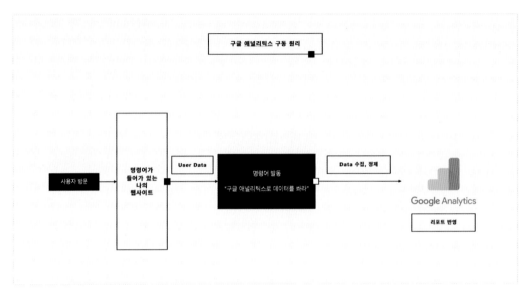

그림 2.11 구글 애널리틱스의 구동 원리

그렇다면 이 자바스크립트 코드인 구글 애널리틱스 추적 코드를 어떻게 웹사이트에 삽입할 수 있을까요? 그에 관해서는 다음 장에서 알아봅시다.

2.2 추적 코드 삽입

추적 코드를 웹사이트에 삽입하기 위해서는 추적 코드를 넣을 만한 웹사이트가 있어야 합니다. 웹사이트의 코드를 수정할 수 있는 권한이 있어야 하기 때문입니다. 자기 웹사이트를 가지고 있지 않은 독자도 있을 테니 간단히 추적 코드 삽입을 실습할 수 있는 블로그를 만들어봅시다. 네이버 블로그는 코드 수정을 지원하지 않아 구글 애널리틱스와 같은 외부 툴을 설치할 수 없습니다. 하지만 다음에서 제공하는 티스토리 블로그는 다행히도 코드 수정을 지원합니다. 추적 코드를 삽입하는 방법은 의외로 간단합니다.

그림 2.12 티스토리 블로그 이동

티스토리 블로그를 검색해 메인 페이지로 이동합니다. 티스토리 블로그 홈페이지 링크[10]도 기재해 두었습니다.

오른쪽 상단 [가입하기] 버튼을 클릭합니다.

그림 2.13 티스토리 홈 화면 우측 상단 [가입하기] 버튼

---

10 링크: https://www.tistory.com/

안내에 맞게 회원가입을 진행하고 스킨을 선택하면 티스토리 블로그가 쉽게 만들어집니다.

그림 2.14 티스토리 계정 생성 1단계 – 개인 정보 약관 동의

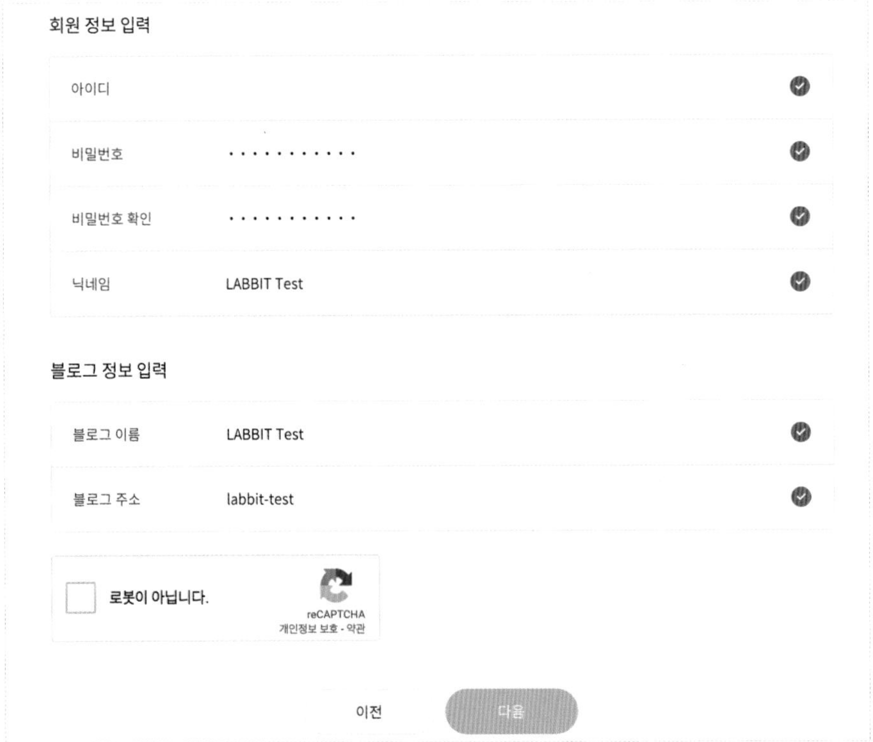

그림 2.15 티스토리 계정 생성 2단계 – 계정 정보 설정

그림 2.16 티스토리 계정 생성 3단계 – 스킨 적용

스킨을 적용한 다음, 회원 가입 완료 페이지가 다음과 같이 나타나면 됩니다.

그림 2.17 티스토리 계정 생성 4단계 – 가입 완료 페이지

완성된 홈페이지에서 오른쪽 하단 [관리] 버튼을 눌러, 티스토리 블로그 관리자로 이동합시다.

그림 2.18 관리자 페이지로 이동

아래 이미지가 티스토리 블로그의 관리자 화면입니다.

화면 왼쪽의 메뉴 탭에서 스크롤을 조금 내리면 [스킨 편집]이라는 링크가 보입니다. 이 메뉴를 클릭합니다.

그림 2.19 왼쪽 메뉴에서 [스킨 편집] 클릭

오른쪽 상단에 보면 [HTML 편집]이라는 메뉴가 있습니다. 이곳에서 티스토리 블로그의 코드를 수정하고 자바스크립트 코드인 구글 애널리틱스 추적 코드를 삽입할 수 있습니다.

그림 2.20 HTML을 수정할 수 있는 html 편집 메뉴 버튼

무슨 내용인지는 모르더라도 티스토리 블로그의 HTML이 있는 것은 확인할 수 있습니다. 이 상태에서 열어두었던 구글 애널리틱스의 [관리] – [속성 열] – [추적 정보] – [추적 코드]로 이동하여 만들어둔 구글 애널리틱스 계정의 추적 코드를 살펴봅시다.

```
1  <!DOCTYPE html>
2  <html lang="ko">
3
4  <head>
5
6    <title>[##_page_title_##]</title>
7    <meta name="title" content="[##_page_title_##] :: [##_title_##]" />
8    <meta name="description" Content="[##_desc_##]" />
9    <meta charset="utf-8" />
10   <meta name="viewport" content="width=device-width, height=device-height,
     initial-scale=1, minimum-scale=1.0, maximum-scale=1.0" />
11   <meta http-equiv="X-UA-Compatible" content="IE=edge, chrome=1" />
12   <link rel="alternate" type="application/rss+xml" title="[##_title_##]"
     href="[##_rss_url_##]" />
13   <link rel="shortcut icon" href="[##_blog_link_##]favicon.ico" />
14   <link rel="stylesheet"
     href="https://t1.daumcdn.net/tistory_admin/static/font/AvenirLTStd/AvenirLTS
     td.css" />
15   <link rel="stylesheet"
     href="https://t1.daumcdn.net/tistory_admin/static/font/SpoqaHanSans/SpoqaHan
     Sans.css" />
16   <link rel="stylesheet"
     href="https://t1.daumcdn.net/tistory_admin/static/font/icomoon/icomoon.css"
     />
17   <link rel="stylesheet" href="./style.css" />
18   <link rel="stylesheet" href="./images/slick.css" />
19   <script
     src="https://cdnjs.cloudflare.com/ajax/libs/jquery/3.3.1/jquery.js">
```

그림 2.21 티스토리 블로그의 HTML을 수정할 수 있는 영역

다음 그림에서처럼 추적 코드를 모든 웹 페이지의 첫 번째 항목으로 붙여 넣으라고 합니다. 겁먹지 말고 이 코드를 복사해 각자의 티스토리 블로그 HTML 파일에서 HEAD를 찾아 붙여넣기를 합니다.

그림 2.22 head의 첫 번째 항목으로 넣을 추적 코드 복사

마지막으로 [적용] 버튼을 누르면 구글 애널리틱스 코드의 설치가 완료됩니다. 우리는 지금 "우리 웹사이트에 들어오는 모든 사람의 데이터를 추적해 구글 애널리틱스 고유의 계정으로 데이터를 처리하라."라는 명령어의 자바스크립트를 티스토리 블로그에 설치한 것입니다.

그림 2.23 추적 코드 붙여넣기 완료 후 적용

추후 추적을 원하지 않는다면 이 HTML 파일에 있는 추적 코드를 단순히 지워버리면 더는 데이터를 보내지 않을 것입니다. 간혹 오프라인에서 강의를 하면 의외로 많은 분이 다른 사이트의 데이터도 추적할 수 있는지 문의합니다. 일단 소유권을 가지고 있지 않은 상태에서 다른 사이트의 데이터를 추적하는 것은 엄연히 불법 행위입니다. 그리고 특정 웹사이트의 HTML을 수정할 수 있는 관리자 권한을 가지고 있어야 구글 애널리틱스를 성공적으로 설치할 수 있습니다. 지금은 티스토리 블로그를 직접 만들어서 관리자의 권한으로 개설했기 때문에 HTML을 수정할 수 있었습니다.

이제 구글 애널리틱스 코드가 성공적으로 설치됐는지 확인해야 합니다. 확인 방법은 크게 2가지입니다.

첫 번째는 티스토리 블로그에 방문한 상태에서 구글 애널리틱스의 [실시간 보고서]로 이동해 내 트래픽이 정상적으로 들어오는지 확인하는 것입니다. 두 번째는 확장 프로그램을 활용해 구글 애널리틱스가 문제없이 설치됐는지 확인하는 방법입니다. 우선 첫 번째 방법부터 살펴봅시다.

첫 번째 데이터 확인 방법: 실시간 보고서

실시간 보고서 확인 방법은 말 그대로 구글 애널리틱스의 실시간 보고서에서 내 트래픽이 집계되는지 확인하는 것입니다. 구글 애널리틱스의 왼쪽 카테고리에서 [실시간] → [개요] 카테고리로 이동합니다.

그림 2.24 [실시간] → [개요] 보고서 이동

실시간 보고서에 방금 만든 블로그의 데이터가 들어오고 있는 것을 확인했습니다. 예제에서는 데스크톱 환경에서 들어왔기 때문에 당연히 데스크톱에서 트래픽이 잡힙니다. 모바일로 들어가면 모바일 트래픽이 잡힐 것입니다.

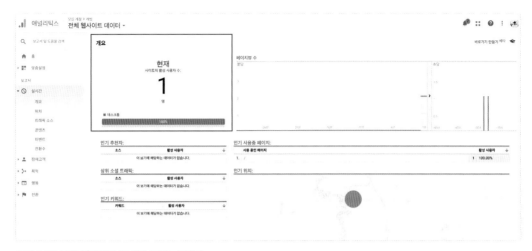

그림 2.25 실시간 [개요] 보고서에 잡히는 트래픽

실시간 보고서에서 [인기 사용 중 페이지] 항목을 보면 웹사이트 내에서 현재 어느 웹 페이지에 있는지 보여줍니다.

'/'처럼 슬래시 하나만 표시된 것은 현재 트래픽이 웹사이트 메인 페이지에 들어와 있기 때문입니다. 구글 애널리틱스에서 웹사이트의 도메인 주소는 슬래시 하나로 표현합니다.

그럼, 다시 티스토리 블로그로 돌아옵니다. 티스토리 블로그 메인 페이지 오른쪽 상단에서 메뉴를 클릭해 [방명록] 쪽으로 이동하겠습니다.

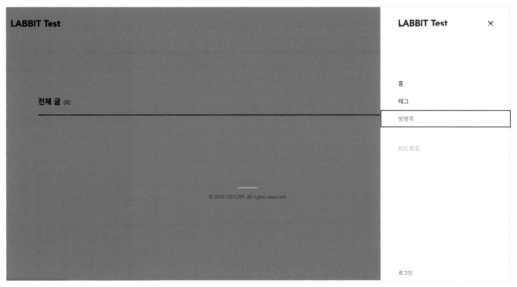

그림 2.26 티스토리 [방명록] 페이지로 이동

방명록 페이지로 이동하는 순간 주소가 바뀌는 것을 확인할 수 있습니다. 다시 구글 애널리틱스의 실시간 보고서로 이동해 봅시다.

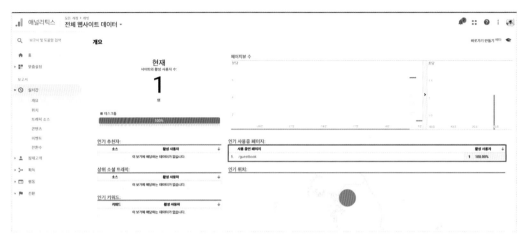

그림 2.27 실시간 보고서에 잡히는 현재 웹 페이지 위치

구글 애널리틱스의 실시간 보고서에 '/guestbook'이라고 표시됩니다. 메인 도메인 다음에 슬래시로 이어지는 부분을 '서브 도메인'이라고 부릅니다. 정리하면, 구글 애널리틱스에서 메인 도메인은 슬래시 하나로 표기되고, 다른 페이지로 이동하면 메인 페이지의 서브 도메인이 나타납니다.

두 번째 데이터 확인 방법: 확장 프로그램

두 번째로 구글 애널리틱스의 정상 설치 여부를 확인할 방법은 구글 애널리틱스를 포함한 구글 소프트웨어 상품의 정상적인 설치 여부 확인을 도와주는 크롬 확장 프로그램을 사용하는 것입니다. 이 크롬 확장 프로그램을 먼저 설치해 보겠습니다.

크롬 브라우저의 오른쪽 상단에 세로로 점 3개가 표기된 부분이 있습니다. 이 메뉴를 클릭합니다.

메뉴를 누르고 난 뒤, [도구 더 보기] → [확장 프로그램]으로 이동합니다.

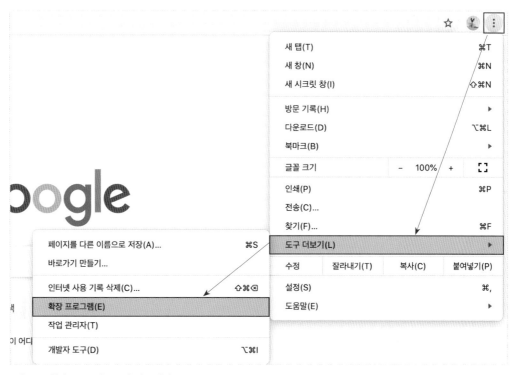

그림 2.28 확장 프로그램 스토어 이동 방법

그러면 현재 사용 중인 확장 프로그램의 목록이 나타나는데, 확장 프로그램을 설치한 적이 없는 사용자는 빈 곳으로 나타날 것입니다. 확장 프로그램이란 크롬 브라우저에서 다양한 사람들이 크롬의 사용 환경을 자신의 사용 용도에 따라 좀 더 편리하게 사용하기 위해 고안된 소프트웨어입니다. 확장 프로그램의 종류는 다양하지만, 여기서는 '구글 애널리틱스가 잘 설치됐는지 확인할 수 있게 도와주는' 확장 프로그램을 설치하기 위해 크롬 웹 스토어로 이동하겠습니다.

화면에서 왼쪽 상단 메뉴 버튼을 눌러 메뉴 창을 펼치면 제일 아래쪽에 [Chrome 웹 스토어 열기]라는 메뉴가 있습니다. 웹 스토어는 말 그대로 확장 프로그램을 무료로 제공하거나 판매하는 상점과 같은 역할을 합니다. 이 메뉴를 클릭합니다.

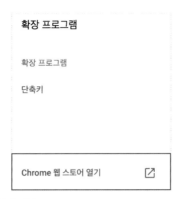

그림 2.29 메뉴창의 [Chrome 웹 스토어 열기] 버튼

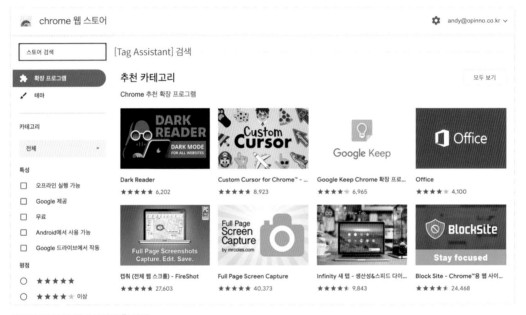

그림 2.30 크롬 웹 스토어의 홈 화면

웃는 모양의 태그 어시스턴트라는 확장 프로그램이 보입니다. 프로그램을 이미 설치한 사용자에게는 [평가하기]라는 버튼이 나타나지만, 설치하지 않은 사용자에게는 초록색의 [설치하기]라는 버튼이 나타납니다. [설치하기] 버튼을 클릭합니다.

크롬 웹 스토어의 다양한 확장 프로그램이 나타나고 왼쪽에 우리가 원하는 확장 프로그램을 찾도록 도와주는 검색창이 있습니다. 이 검색창에 영어로 '태그 어시스턴트'라고 검색합니다.

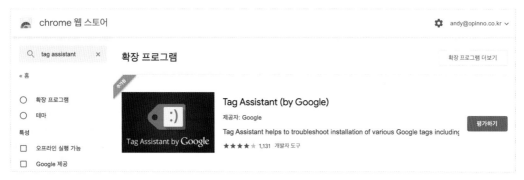

그림 2.31 검색 후 나타나는 태그 어시스턴트 확장 프로그램

설치가 정상적으로 완료되면 크롬 브라우저 메뉴바에 조그맣게 웃는 모형이 나타날 것입니다.

그림 2.32 설치 후 크롬 메뉴바에 나타난 태그 어시스턴트 섬네일

크롬 확장프로그램인 태그 어시스턴트는 구글 애널리틱스 추적 코드가 잘 설치됐는지 여부를 확인해줍니다. 메뉴바에 모형이 나타났다면 다시 티스토리 블로그 메인 화면으로 이동합니다.

이동한 다음 메뉴바에 새롭게 생긴 섬네일을 클릭하면 다음과 같은 이미지가 나타납니다. [태그 어시스턴트]를 처음 사용할 때 앞으로 사용할 기능을 기본으로 설정하는 영역이니 [Done]을 누르고 넘어갑시다.

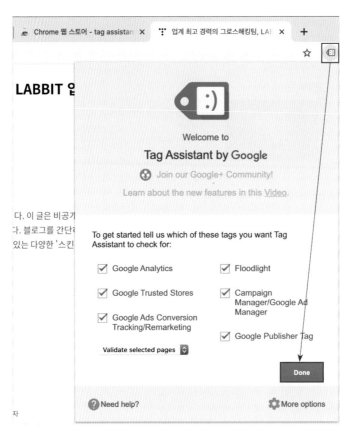

그림 2.33 태그 어시스턴트 사용법 시작 단계

[Done] 버튼을 누르고 나면, [Record]라는 버튼이 나타납니다. 레코드 버튼을 누르면 빨간색으로 버튼의 색이 바뀌면서 추적 코드를 찾기 위한 녹화가 시작됩니다.

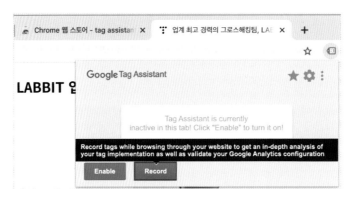

그림 2.34 태그 어시스턴트 사용법 1단계 – 레코드 클릭

이렇게 빨간색으로 안내 창이 나타난 상태에서 티스토리 화면을 새로 고침해 봅시다. 그러고 나서 다시 메뉴 바에 있는 아이콘을 클릭합니다.

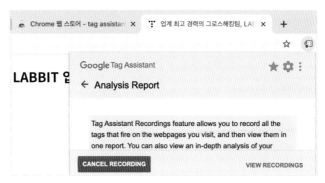

그림 2.35 태그 어시스턴트 사용법 2단계 – 클릭 후 화면 전환

정상적으로 구글 애널리틱스 코드가 설치됐다는 것을 확인할 수 있습니다. 만약 설치 코드에 문제가 있다면 코드의 색이 노란색이나 빨간색으로 바뀌어 오류 내용을 알려줍니다. 실무에서도 오류 내용을 보고 코드에 문제가 있을 때 원인을 찾아내고는 합니다.

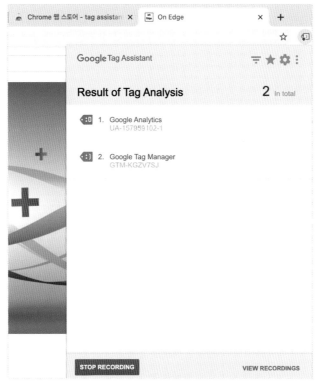

그림 2.36 태그 어시스턴트 사용법 3단계 – 정상적으로 잡히는 추적 코드

대표적인 오류로는 같은 명령어가 2번 설치되거나 잘못된 위치에 설치된 경우가 있습니다. 같은 명령어가 2번 설치되면 중복 트래킹 이슈가 발생할 수 있습니다. 중복 트래킹이 되면 1명의 사용자가 웹사이트에 들어와도 구글 애널리틱스에서는 2명으로 인식하는 등 데이터 자체가 2배로 늘어나 정확한 데이터 트래킹 능력을 잃게 됩니다. 같은 코드가 반복 설치된 것은 아닌지 반드시 확인해야 합니다.

2.3 필터로 정의되는 보기

구글 애널리틱스를 성공적으로 설치했다면 데이터를 받을 준비가 된 것입니다. 하지만 구글 애널리틱스 데이터를 비즈니스 목표에 맞게 관리하기 위해서는 간단한 설정부터 해야 합니다.

예를 들어, 분석을 원하는 회사의 직원이 자사의 웹사이트에 방문해 구글 애널리틱스 데이터에 집계될 수 있습니다. 하지만 구글 애널리틱스는 고객의 데이터를 보기 위한 것이지, 내부 직원의 행동 데이터를 보기 위한 것이 아닙니다. 따라서 내부 직원의 데이터는 구글 애널리틱스 보고서에 집계되지 않게 설정해주는 설정이 필요합니다. 이번 장에서는 보고 싶은 대로 데이터를 보기 위한 [보기]의 정의와 [데이터 필터] 기능을 통해 각 비즈니스에 맞는 보기를 만들 수 있는 방법론을 배워봅시다.

만들어둔 구글 애널리틱스 홈 화면으로 이동합니다. 왼쪽 하단 톱니바퀴의 [관리] 버튼을 눌러 홈 화면으로 이동합니다.

그림 2.37 구글 애널리틱스 홈 화면 이동을 위한 [관리] 버튼

홈 화면 기준으로 왼쪽에 있는 아이콘들은 구글 애널리틱스 보고서를 볼 수 있는 영역이고, 홈 화면 기준 정면에 있는 아이콘은 비즈니스에 맞게 구글 애널리틱스를 설정하는 영역입니다.

그림 2.38 구글 애널리틱스 홈 화면 왼쪽(보고서 영역)과 오른쪽(설정 영역)

설정 영역은 총 3가지 열로 화면이 나뉘어 있습니다. 3가지 열은 각각 [계정], [속성], [보기]로 나뉘어 있습니다. [계정]은 가장 상위 단계에 있는 단위이며, 구글 애널리틱스 계정 하나당 [속성]은 최대 50개 만들 수 있습니다. [속성]은 특정한 1개 계정 하위에 포함된 단위이며, 구글 애널리틱스 [속성] 하나당 [보기]는 25개 만들 수 있습니다. [보기]는 특정한 1개 속성 하위에 포함된 가장 작은 단위입니다.

맨 먼저 구글 애널리틱스 계정을 설정한다면 일반적으로 보기를 최소 3개를 만듭니다. 보기는 말 그대로, '내가 보고자 하는 데이터만 필터링'해서 보여주는 보고서의 가장 하위에 있는 단위입니다. 일단 용도에 맞게 보기는 25개를 만들 수 있으나, 25개의 보기를 모두 만드는 비즈니스는 거의 없습니다. 기본으로 보기는 3개 정도를 만듭니다. 그럼, 3개의 보기부터 만들어 봅시다.

첫 번째 보기: 전체 웹사이트 데이터 뷰

첫 번째 보기는 현재 우리가 보고 있는 [전체 웹사이트 데이터 뷰]라는 이름을 가진 보기입니다. 이미 생성된 보기이기 때문에 새로 만들 필요는 없습니다. 전체 웹사이트 데이터 보기는 '아무 필터링도 거치지 않은' 보기입니다. 앞으로 데이터를 보고 입맛에 맞게 필터를 걸어 다양한 보기를 만들겠지만, 데이터 분석의 기본은 아무런 정제를 거치지 않은 데이터, 즉 Raw Data를 남겨두는 것입니다. 그러므로 기본으로 만들어진 [전체 웹사이트 데이터 보기]에는 아무런 필터를 거치지 않습니다. 이것은 그대로 남겨두고, 두 번째 보기를 만들기 위해 이동합니다.

두 번째 보기: 테스트 보기

이제 두 번째 보기를 만들어 봅시다. 두 번째 보기의 이름은 [테스트 보기]입니다. 두 번째 보기는 앞서 설명한 [전체 웹사이트 보기]와 달리 어떤 데이터 설정을 마쳤을 때 그 데이터가 제대로 집계되는지 검증하기 위한 용도입니다. 이 테스트 보기는 고객이 웹사이트에 들어올 때 생기는 데이터를 받는 것이 아니고, 테스트하는 구글 애널리틱스 관리자의 데이터만 들어올 수 있게끔 설정하는 용도로 만듭니다.

보기 영역에서 파란색 버튼의 [보기 만들기] 버튼을 클릭합니다.

그림 2.39 보기 영역의 [보기 만들기] 버튼

보기의 이름을 [테스트 보기]라고 설정하고 보기의 보고 시간대를 대한민국으로 설정한 뒤, [보기 만들기] 버튼을 클릭합니다.

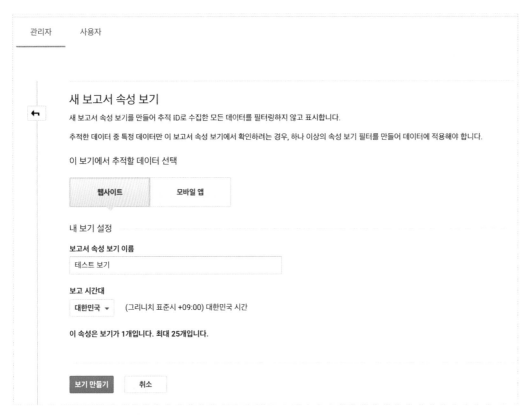

그림 2.40 새로운 보기 이름 설정하기

그러면 보기 열에 [테스트 보기]라는 보기 단위가 한 개 더 추가된 것을 볼 수 있습니다. 이제 보기가 2개 생겼습니다.

그림 2.41 새롭게 추가된 테스트 보기

하지만 이 [테스트 보기]로 이름이 다르다고 해서 기존 [전체 웹사이트 데이터]와 서로 다른 보기일까요? 당연히 아닙니다. 2개의 보기에 어떤 필터 설정도 하지 않았기 때문에 현재 시점에서 테스트 보기와 전체 웹사이트 데이터 보기는 이름만 다를 뿐, 동일한 데이터를 받는 보기입니다.

보기는 필터에 의해 정의되고 변형됩니다. 그렇기 때문에 테스트 보기의 용도에 맞게 '나의 IP 주소에서 들어오는 데이터만 보고서에 들어오게' 필터를 만들어야 합니다. 그래서 [테스트 보기]에는 나의 IP 주소만 포함하는 필터를 만들어야 합니다. [테스트 보기]가 선택된 상태에서 [필터] 쪽으로 이동합니다.

그림 2.42 [보기]의 [필터] 설정 위치

새로운 필터를 추가하기 위해 빨간색 버튼의 [필터 추가] 버튼을 클릭합니다.

그림 2.43 새로운 필터 만들기

필터의 이름은 직관적으로 표현하는 것이 추후 관리하기 쉽습니다. 필터 이름을 '내 IP만 포함시키기 필터'라고 적습니다. 그렇게 하면 두 번째 항목인 필터 유형이 보입니다.

그림 2.44 내 IP만 포함시키는 필터 설정

필터 유형은 [사전 정의됨]과 [맞춤]이 있습니다. [사전 정의됨] 유형은 말 그대로 구글 애널리틱스 사용자들이 자주 사용하는 필터들을 쉽게 조작할 수 있게 준비해놓은 항목입니다. [맞춤] 유형은 구글 애널리틱스 사용자가 직접 원하는 필터를 정의할 수 있는 유형입니다. 아직 구글 애널리틱스에 익숙하지 않다는 가정하에 [사전 정의됨] 필터 유형을 사용하겠습니다.

[사전 정의됨] 필터 유형을 선택하면 3가지 드롭다운 메뉴가 나타납니다. 첫 번째 메뉴에서는 "해당 트래픽만 우리가 지금 보는 보기에 데이터로 받아보겠다."라고 설정하는 트래픽 포함 기준을 선택합니다. 두 번째 메뉴에서는 당연히 해당 사이트의 데이터만 볼 수 있게 설정을 해야 하므로 [IP 주소에서 유입된 트래픽]을 선택합니다. 세 번째 메뉴에서는 [일치]라고 설정하고, 아래쪽에 자신의 아이피 주소를 붙여넣기 합니다. 그렇게 하면 "내 IP 주소와 일치하는 트래픽만 테스트 보기에 포함하겠다."라는 필터가 정의됩니다.

내 IP 주소를 잘 모르고 있다면 모르는 게 없는 구글에 '내 IP 주소'라고 검색해보세요[11].

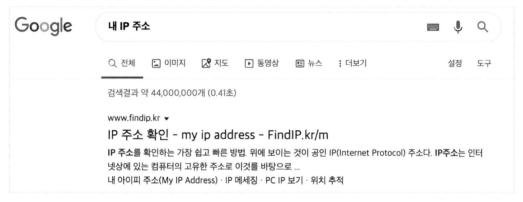

그림 2.45 내 IP찾기

모자이크로 처리된 영역에 나타난 숫자로 된 주소가 내 IP입니다. 이 IP 주소는 여러분이 있는 위치나 연결 중인 와이파이에 따라 다릅니다.

---

11 링크: https://findip.kr/

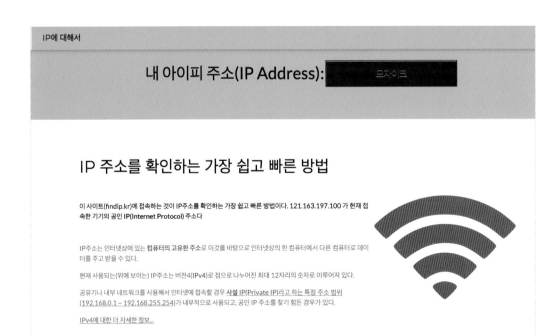

그림 2.46 내 IP가 나타나는 화면

복사한 IP를 그대로 IP 주소창에 붙여넣기 하고 [저장] 버튼을 클릭합니다. 그렇게 하면 [테스트 보기]
에는 '해당 IP에서 들어오는 데이터만 포함하는' 필터가 적용됩니다.

그림 2.47 내 IP만 포함시키는 필터 적용

새로운 필터가 [테스트 보기]에 추가된 것을 볼 수 있습니다. 이렇게 필터가 들어가면 내 IP가 아닌 다른 IP에서 들어오는 사용자의 트래픽은 구글 애널리틱스 보고서에 포함되지 않습니다.

그림 2.48 적용된 필터 내역

이로써, [전체 웹사이트 보기]와 [테스트 보기]의 차이가 생겼습니다. 두 번째 보기까지 생성을 완료했으니 이제 마지막으로 세 번째 보기를 만들겠습니다.

세 번째 보기: 마스터 보기

세 번째 보기는 개념적으로 두 번째 보기로 만든 [테스트 보기]와 반대입니다. 웹사이트에 어떤 고객이 방문할 때 구글 애널리틱스에 우리 자신의 데이터가 들어가기를 원치 않을 것입니다. 내부 담당자가 결제 완료 테스트를 하거나 상세페이지를 방문하는 등 테스트를 목적으로 들어오는 데이터는 보고서에 포함되지 않아야 합니다. 내부 직원의 데이터가 아닌 고객의 데이터만 보기 위해 [마스터 보기]라는 이름의 보기를 세 번째로 만들겠습니다.

[테스트 보기]가 내부 트래픽만 포함하게 해준 보기라면, [마스터 보기]는 내부 트래픽만 제외해주는 보기입니다. 즉, 실제로 고객의 데이터를 조회하고 문제점을 파악해 인사이트를 찾을 보기는 [마스터 보기]입니다. 두 번째 보기와 같은 방식으로 [마스터 보기]라는 이름으로 새롭게 보기를 만듭니다.

그림 2.49 마스터 보기 추가하기

마스터 보기가 만들어지면 이전과 같은 절차로 [필터 추가]를 새롭게 만들어줍니다.

그림 2.50 현재 비어 있는 마스터 보기의 필터 목록

이번 필터 이름은 '내 IP 제외'로 설정하고 테스트 보기와 동일하게 [사전 정의됨] 유형을 선택하겠습니다. 달라지는 부분은 [필터 유형]의 첫 번째 값이 [포함]이 아닌 [제외]라는 것입니다. 이렇게 하면 내부 IP를 제외한 데이터만 해당 [마스터 보기]에 들어오게 설정됩니다.

그림 2.51 내 IP만 제외하는 필터 설정

연습삼아 한 가지 더 해보겠습니다. 필터는 다양한 방식으로 정의할 수 있으나, 상황에 따라 모바일 사용자만 보고 싶은 [모바일 보기]를 만들 수도 있습니다. 사실, 모바일과 데스크톱은 [기기 보고서]에서 별도로 구분해 볼 수 있지만, 보기는 필터에 의해 정의된다는 내용을 조금 더 숙지하기 위해 연습해봅시다.

똑같이 보기를 하나 더 만들고, 이름을 [모바일 보기]로 설정합니다.

그림 2.52 새로운 [모바일 보기] 만들기

필터 추가를 통해 모바일을 통해 들어오는 사용자만 데이터로 잡는 필터를 하나 만들어줍니다.

그림 2.53 [모바일 보기]의 비어 있는 필터 영역

필터 이름을 [모바일 트래픽만 보기 필터]로 설정하고 이번에는 [사전 정의됨] 탭이 아닌, [맞춤] 탭으로 가서 좀 더 상세하게 필터를 정의합니다. 맞춤을 누르면 다양한 옵션이 선택지로 나옵니다. 그중 [제외] 옵션과 [포함] 옵션이 있습니다. 모바일을 보고자 하는 사용자라면 [데스크톱] 제외 필터나 [휴대기기] 포함 필터 중에 무엇을 선택하든 상관 없습니다. 이번 장에서는 두 가지 방법 중 [휴대기기] 포함 필터를 만들어보겠습니다.

그림 2.54 맞춤 영역에서의 모바일 필터 설정

포함 옵션을 누르고 필터 입력란에 기기라고 입력하면 옵션값 아래쪽 [기기 카테고리]라고 나옵니다. 이 영역을 선택합니다.

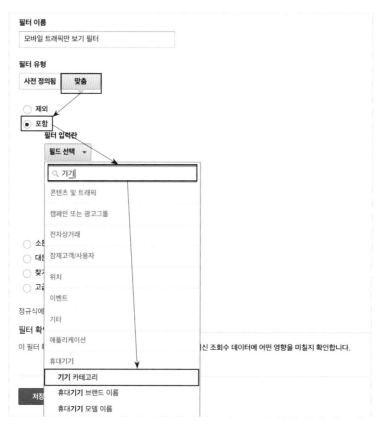

그림 2.55 맞춤 영역에서의 모바일 필터 세부 설정

[기기 카테고리]를 선택하면 아래쪽에 드롭다운 메뉴가 한 개 더 나타납니다. 3가지 메뉴 중 [휴대기기]
메뉴를 선택해 [휴대기기]를 통해 들어오는 사용자의 데이터만 보겠다고 정의할 수 있습니다. [저장] 버
튼을 누르면 필터 정의가 마무리됩니다.

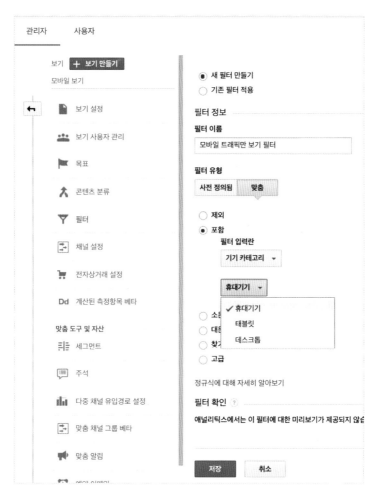

그림 2.56 맞춤 영역에서의 모바일 필터 세부 설정 2

모바일 트래픽만 들어오는 필터가 새롭게 추가된 것이 보입니다. 이렇게 해서 구글 애널리틱스의 데이터를 보기 위한 기본 설정을 완료했습니다. 이번 장에서 다룬 내용은 산업군이나 비즈니스 형태에 상관없이 구글 애널리틱스를 사용한다면 기본으로 알아야 합니다.

그림 2.57 새롭게 들어간 모바일 필터

다음 장에서는 이번 장과 달리, '브랜드나 산업군에 적합하게 구글 애널리틱스를 설정하는 방법'에 관해 자세히 살펴보겠습니다.

3

구글 애널리틱스
세부 설정

구글 애널리틱스를 설치했다고 해서 보고 싶은 데이터를
모두 볼 수 있는 것은 아닙니다. 구글 애널리틱스를 설치하
면 각자 비즈니스에 맞게 기본적으로 설정할 사항들이 있
습니다. 모든 비즈니스에 필수로 적용해야 할 설정은 아니
지만, 일반적인 기준에서 공통으로 사용하는 설정 영역을
우선 살펴보겠습니다.

3.1 구글 애널리틱스 기본 설정

구글 애널리틱스의 세부 내용을 설정하는 영역은 크게 4가지입니다. 첫 번째는 데이터 수집 처리, 두 번째는 세션 설정, 세 번째는 인구 통계 데이터 수집 처리, 마지막은 자연 검색 소스 설정입니다. 이 설정 사항은 앞에서 언급했다시피 필수적인 사항은 아니지만, 데이터를 좀 더 보기 편하게 해주는 가장 기본적인 설정 방법론이며, 구글 애널리틱스 계정 생성 시 가장 먼저 해야 하는 설정입니다. 이 4가지 설정을 미리 해두지 않으면, 다음에 보고 싶은 데이터를 보고자 할 때 문제가 생길 수 있습니다. 각 설정 사항을 하나씩 설명하겠습니다.

데이터 수집 처리

데이터 수집 처리는 추후 구글 광고를 위한 데이터 수집 여부를 결정하는 영역입니다. 구글 광고는 리타깃팅을 지원하는 배너 광고 중 하나입니다. 구글 광고를 위한 데이터 수집 처리란 웹사이트에 들어왔던 사용자에게 다시 한번 광고를 노출할 때 그 사용자의 데이터를 수집해 저장할 수 있게 설정하는 것입니다. 처음으로 구글 애널리틱스 계정을 만들면 이 옵션이 꺼져 있기 때문에 직접 옵션을 켜서 추후 구글 광고를 집행할 때 미리 저장해둔 데이터를 가져올 수 있게 설정합니다. 이 옵션을 미리 켜두지 않으면 나중에 구글 광고를 할 때 리타깃팅을 구현할 수 없습니다.

[속성] 열에 있는 [추적 정보]를 클릭한 후에 [데이터 수집]으로 이동합니다.

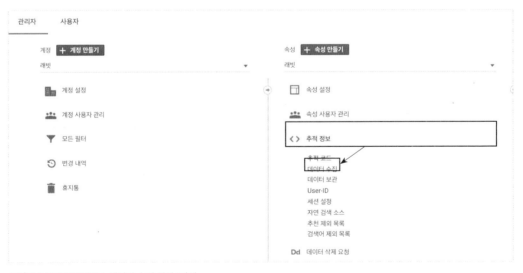

그림 3.1 구글 애널리틱스 데이터 수집 설정 1단계

[리마케팅]이라는 메뉴와 [광고 보고서 기능] 메뉴가 보입니다. 리마케팅은 리타깃팅과 유사하게 쓰이는 단어로서, 바로 앞에서 언급했듯이 추후 구글 배너 광고를 진행할 때 비즈니스와 실제 상호작용이 있었던 사용자의 데이터를 저장하는 것입니다. 광고 보고서 기능은 추후 구글 광고 집행 시 구글 광고의 데이터만 따로 볼 수 있게 설정하는 것입니다.

그림 3.2 구글 애널리틱스 데이터 수집 설정 2단계

간단하게 옵션을 켜서 [저장] 버튼을 누르면 추후 구글 광고 집행 시 광고 데이터도 볼 수 있게 됩니다. 여기서는 구글 애널리틱스의 기본사항을 설정하는 것이므로 구글 광고와 애널리틱스의 연동 방식에 관해서는 자세히 다루지 않고 넘어가겠습니다.

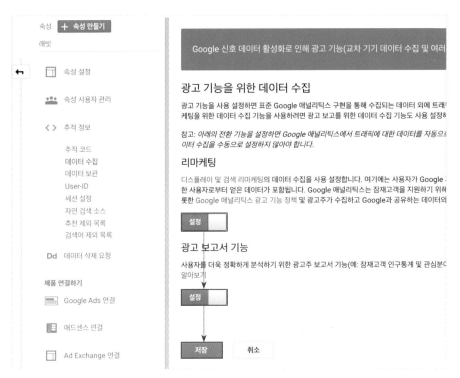

그림 3.3 구글 애널리틱스 데이터 수집 설정 3단계

그다음은 [데이터 보관 시간]을 설정하는 영역입니다. 데이터 보관 시간은 말 그대로 특정 구글 애널리틱스 데이터를 보관하는 기간을 의미합니다. 하지만 비즈니스에 따라 작년 또는 재작년과 지표 추이를 비교 분석하는 경우도 매우 많을 것입니다. [데이터 보관] 탭을 누르면 보관 기간이 26개월로 잡혀 있습니다. 26개월 후에는 특정 데이터가 사라지게 된다는 의미입니다.

[속성] 열의 데이터 수집 바로 아래 메뉴에 있는 [데이터 보관] 항목으로 들어갑니다.

그림 3.4 데이터 보관 설정 1단계

26개월의 기간을 [자동 만료 안 함]으로 바꿔 26개월 이후에도 그동안 쌓인 데이터를 계속 볼 수 있게 설정합니다. 이렇게 하면 26개월 이후에도 특정 구글 애널리틱스 데이터가 사라지지 않으며, 그것을 그대로 가져올 수 있습니다.

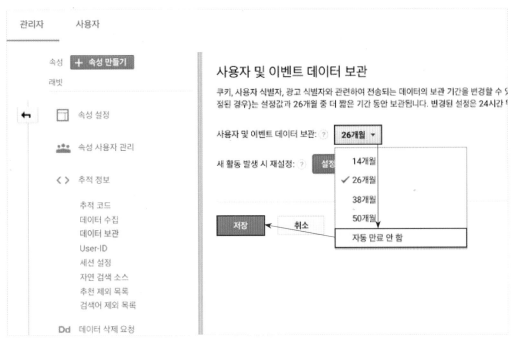

그림 3.5 데이터 보관 설정 2단계

세션 시간 설정

그다음은 세션 시간을 설정하는 영역인데, 여기서 '세션'이라는 개념이 조금 어렵습니다. 우선 세션을 설정하는 곳으로 이동합니다.

똑같이 [속성] 열에서 [추적 정보] → [세션 설정] 쪽으로 이동합니다.

그림 3.6 세션 설정 경로

[세션 설정] 메뉴로 이동하면 현재 세션 만료 시간이 [30분]으로 잡혀있는 것을 확인할 수 있습니다. 여기서 세션이란 '한 명의 사용자가 이벤트를 발생시키는 상호작용의 집합'이라는 의미의 개발 용어입니다. 사전적 의미는 직관적으로 이해하기 어려우니, 가볍게 예를 들어서 설명해 보겠습니다. 지금 당장 이해하기 어렵더라도 너무 걱정하지 마세요. 초급 단계에서 중요한 개념은 아니니 간단히 읽고만 지나갑시다.

가령 세션 시간이 30분이면 한 사람이 A 웹사이트에 들어왔을 때 이 사람이 아무것도 하지 않는 시간이 30분이 넘어가는 순간 이 사람은 이탈한 것으로 간주합니다. 31분째 되는 때에 마우스가 움직이거나 클릭과 같은 사용자의 이벤트가 발생하면 그 사용자는 이 웹사이트에 머무르고 있었던 것이 아니라 다시 방문한 사람으로 잡혀 세션 수가 1에서 2가 됩니다.

일반적으로 콘텐츠 중심의 비즈니스의 경우, 이 세션 시간을 더 길게 늘립니다. 왜냐하면 사용자가 가만히 있는 채로 콘텐츠를 소비할 확률이 높기 때문입니다. 하지만 배달의 민족과 같은 특정 행위(배달 주문)를 발생시키기 위해 들어온 비즈니스의 경우, 세션 시간을 더 짧게 설정합니다. 이런 비즈니스는 가만히 아무것도 안 하고 30분 이상 있을 만한 비즈니스가 아니기 때문입니다.

구글 애널리틱스를 처음 사용한다면 비즈니스의 세션 시간을 정확히는 알 수 없고 산업군별로 적당한 세션 시간이 다르기 때문에 일단은 구글 애널리틱스에서 기본으로 설정된 30분을 그대로 두고 넘어가겠습니다.

인구 통계 데이터 수집 처리

그다음 데이터 기본 설정은 인구 통계 보고서 사용 옵션입니다. 인구 통계 보고서는 데모 계정에서 다뤘던 성별, 연령과 같은 데이터 보고서를 의미합니다. 이 옵션은 구글 애널리틱스에서 기본으로 제공하지 않습니다. 인구 통계 데이터와 같은 사용자 중심의 데이터를 받고 싶다면 구글 애널리틱스에 별도 설정이 필요합니다. 해당 요청을 하는 방법은 간단합니다.

[잠재고객] → [인구통계] → [연령] 쪽으로 이동합니다. 그런 다음, [사용] 버튼을 클릭하면 인구 통계 보고서가 활성화됩니다.

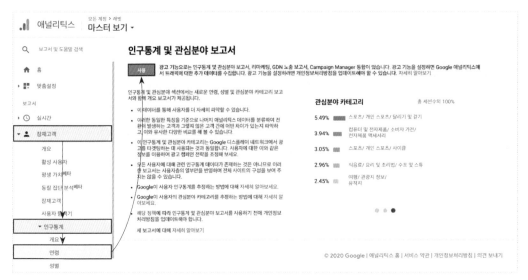

그림 3.7 인구통계 데이터 사용 설정

하지만 이 부분을 처음에 활성화하지 않고 있다가 추후 필요할 때 인구통계 데이터를 수집하지 않는 것으로 나타나 곤란한 상황을 겪는 사람도 많습니다. 따라서 잊지 말고 구글 애널리틱스 계정을 만드는 시점에 인구통계 보고서를 활성화합시다.

[사용] 버튼을 누르면 다음과 같이 설정 완료 창이 나타납니다.

그림 3.8 인구통계 데이터 사용 설정 완료 화면

자연 검색 소스 설정

마지막으로 진행할 설정 영역은 자연 검색 소스 설정입니다. 광고비를 따로 들이지 않고 네이버와 같은 검색 엔진을 통해 특정 사용자가 자연적으로 검색을 통해 들어온 경우 자연 검색 사용자라고 합니다.

하지만 네이버에서 특정 키워드를 검색하더라도 [통합 검색] 영역을 통해 들어오는 사용자가 있고, [이미지 검색] 영역을 통해 들어오는 사용자가 있습니다. 이처럼 검색 엔진을 통해 들어오는 트래픽이더라도 정확히 어떤 영역에서 키워드를 검색해 웹사이트에 들어왔는지를 판단하게 도와주는 설정이 자연 검색 소스 설정입니다.

자연 검색 소스 처리를 미리 해두지 않으면 이미지 검색 영역을 통해 들어온 것인지 그냥 키워드 검색을 통해 들어온 트래픽인지 정확한 구별하기 어려울 수 있습니다. 그래서 때에 따라 정확한 유입 출처를 밝혀야 합니다.

[속성] 열의 [추적 정보] 카테고리에서 [자연 검색 소스] 메뉴로 이동합니다.

그림 3.9 자연 검색 소스 설정 경로

검색 엔진 구별을 위해 [검색 엔진 추가] 버튼을 누릅니다.

그림 3.10 새로운 검색 엔진 등록을 위한 검색 엔진 추가

자연 검색 소스 메뉴를 누르면 4개의 텍스트 입력란이 나타납니다.

그림 3.11 새로운 검색 엔진 등록을 위한 설정 영역

첫 번째는 검색 엔진 이름입니다. 네이버에서 검색하는 사용자들이 정확히 어느 영역에서 들어왔는지 구분하기 위해 이 설정을 진행한다고 가정합시다. 검색 엔진 이름 영역에는 구글 애널리틱스를 사용하

는 사람이 직관적으로 알아보는 것이 좋으니 당연히 '네이버'가 들어가는 것이 좋습니다. 첫 번째 입력 란에는 '네이버'를 적습니다.

그림 3.12 검색 엔진 이름에 [네이버] 설정

두 번째는 [도메인 이름이 다음을 포함]이라는 텍스트 입력란입니다. 네이버에서 어떤 키워드를 검색하 는 순간 도메인 URL에 어떤 문자가 포함되는지 알아보기 위해 잠깐 새 창을 열어 네이버로 이동해 봅 시다. 네이버에서 아무 키워드나 입력한 후, URL을 살펴봅시다.

그림 3.13 네이버에서 키워드 검색 시 나타나는 URL

어떤 키워드를 입력하더라도 URL 첫 부분에는 'search.naver.com'이 있는 것을 알 수 있습니다. 네이버에서는 어떤 키워드를 검색하면 도메인이 'search.naver'라는 문자를 포함합니다. 따라서 두 번째 [도메인 이름이 다음을 포함] 텍스트 입력란에 'search.naver'를 적습니다.

그림 3.14 검색 엔진 구별을 위한 도메인 포함 설정

세 번째는 [검색어 매개변수]라는 텍스트 입력란입니다. 매개변수라는 용어는 개발자에게는 친숙하지만, 비 개발자에게는 매우 어렵게 느껴질 수 있습니다. 매개변수를 정확히 이해하기 위해서는 개발 상식이 필요하기 때문에 여기서 모두 설명하기는 어렵습니다. 이 책에서는 구글 애널리틱스에서 사용되는 매개변수만 설명합니다.

우선 '매개'란 두 가지 주체를 연결해준다는 의미가 있습니다. '변수'란 당연히 변할 수 있는 어떤 수라고 생각하면 됩니다. 지금 설정에서 연결이 필요한 두 가지 주체는 '네이버'와 '구글 애널리틱스'입니다. 매개변수를 설정하면 구글 애널리틱스에 네이버가 검색 엔진임을 알려주는 동시에, 사용자가 검색을 통해 웹사이트에 들어온 경우 그 사용자가 '어떤 키워드를 검색해서 들어왔는지' 구글 애널리틱스 보고서에서 조회가 가능합니다.

그러므로 '네이버'와 '구글 애널리틱스' 두 개의 주체를 연결하는 동시에, 특정 사용자가 검색한 키워드를 추출해 구글 애널리틱스로 전송해야 합니다. 다시 한번 네이버로 돌아가 도메인을 자세히 살펴봅시다.

래빗이라는 키워드를 네이버에 검색했을 때 'query=래빗'이라는 부분이 도메인 끝부분에 포함된 것을 알 수 있습니다.

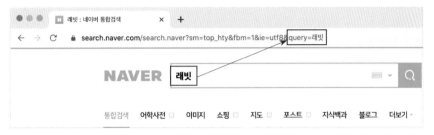

그림 3.15 네이버에서 키워드를 반환하는 매개변수 이름 'query'

여기서 'query'가 바로 사용자들이 검색했을 때 검색어 값을 담아둘 수 있는 하나의 변수입니다. 이 변수를 가지고 추후 설정을 통해 구글 애널리틱스에 연결해주기 때문에 '매개변수'라는 이름이 붙는 것입니다. 즉, 네이버의 키워드를 담아두는 검색어 매개변수는 'query'입니다.

그렇다면 대표적인 국내 검색 엔진 중 하나인 '다음'의 매개변수는 무엇일까요? 새 창을 열어 다음에서도 키워드를 검색해봅시다.

그림 3.16 '다음'에서 키워드를 반환하는 매개변수 이름 'q'

다음은 검색했을 때 도메인은 'search.daum'을 포함하고, 'q'가 검색어를 담아두는 매개변수임을 알 수 있습니다. 사실 이렇게 일일이 검색할 필요 없이, 전 세계 검색 엔진의 매개변수를 모두 정리해둔 표가 있습니다. 구글 검색창에 '자연 검색 소스'라고 검색해 애널리틱스 고객센터로 이동하거나 다음 애널리틱스 고객센터 링크[12]로 이동해봅시다.

---

12 링크: https://support.google.com/analytics/answer/2795821?hl=ko

그림 3.17 자연 검색 소스 정보 안내

애널리틱스 고객센터에 나타나는 자연 검색 소스 정보 창에서 스크롤하면, [기본 검색 엔진 목록]이라는 항목이 나타납니다. 이 표는 전 세계에서 사용되는 검색 엔진의 매개변수를 보기 쉽게 정리한 것입니다. 네이버나 다음도 물론 포함돼 있습니다. 매개변수가 기억 나지 않을 때는 이 표를 참고해 주세요.

기본 검색엔진 목록

엔진	예시 도메인 이름	매개변수
360.cn	http://360.cn/	q
Alice	http://www.alice.com/ http://aliceadsl.fr	qs
Alltheweb	http://www.alltheweb.com/	q
Altavista	http://www.altavista.com/	q
AOL	http://www.aol.com/	encquery, q, query
Ask	http://www.ask.com/ http://search.aol.fr alicesuche.aol.de 등	q
Auone	http://search.auone.jp/	q
Avg	http://isearch.avg.com	q
Babylon	http://search.babylon.com	q
Baidu	http://www.baidu.com/	wd, word
Biglobe	http://biglobe.ne.jp	q
Bing	http://www.bing.com/	q
Centrum.cz	http://search.centrum.cz/	q
Comcast	http://search.comcast.net	q
Conduit	http://search.conduit.com	q
CNN	http://www.cnn.com/SEARCH/	query
다음	http://www.daum.net/	q
DuckDuckGo	http://duckduckgo.com	q

그림 3.18 다양한 검색 엔진의 검색어 매개변수

매개변수에 대한 설명은 이쯤으로 마치고 다시 구글 애널리틱스 창으로 돌아옵니다.

세 번째 텍스트 입력란에 'query'라고 적고 네 번째 입력란은 일단 건너 뛴 뒤 파란색 [저장] 버튼을 누릅니다.

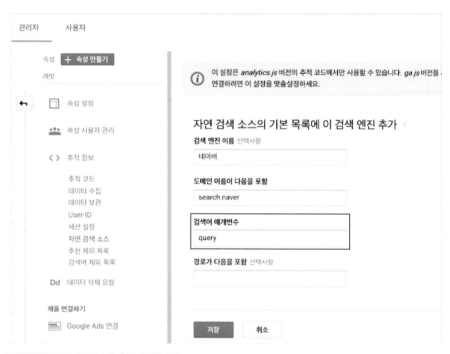

그림 3.19 네이버 검색어 매개변수를 추가 설정한 모습

이렇게 해서 네이버 자연 검색 소스가 검색어 매개변수와 함께 설정됐습니다. 하지만 해당 검색 소스는 본래 설정하고자 했던 네이버의 [이미지 검색 영역]과 [통합 검색 영역]을 구분하지 못합니다.

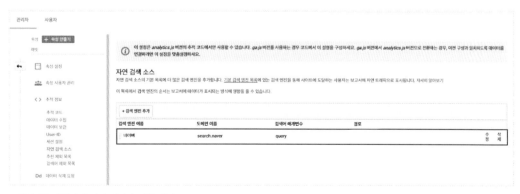

그림 3.20 새롭게 추가된 네이버 검색 엔진

[이미지 검색 영역]을 따로 지정하기 위해 다시 한번 [검색 엔진 추가] 버튼을 누릅니다.

그림 3.21 이미지 검색 영역 추가를 위한 검색 엔진 추가 버튼

이번에는 검색 엔진 이름에 [네이버-이미지 검색]이라고 적고, 도메인 이름과 매개변수는 앞에서 네이버 검색 엔진 소스를 만들 때와 똑같이 설정합니다. 다만, 이번에는 이미지 검색이라는 특수한 경로가 있기 때문에 네 번째 필드 값의 선택 옵션이었던 [경로가 다음을 포함]이라는 텍스트 입력란에 이미지 검색인 경우를 구분할 수 있는 문자를 적어야 합니다.

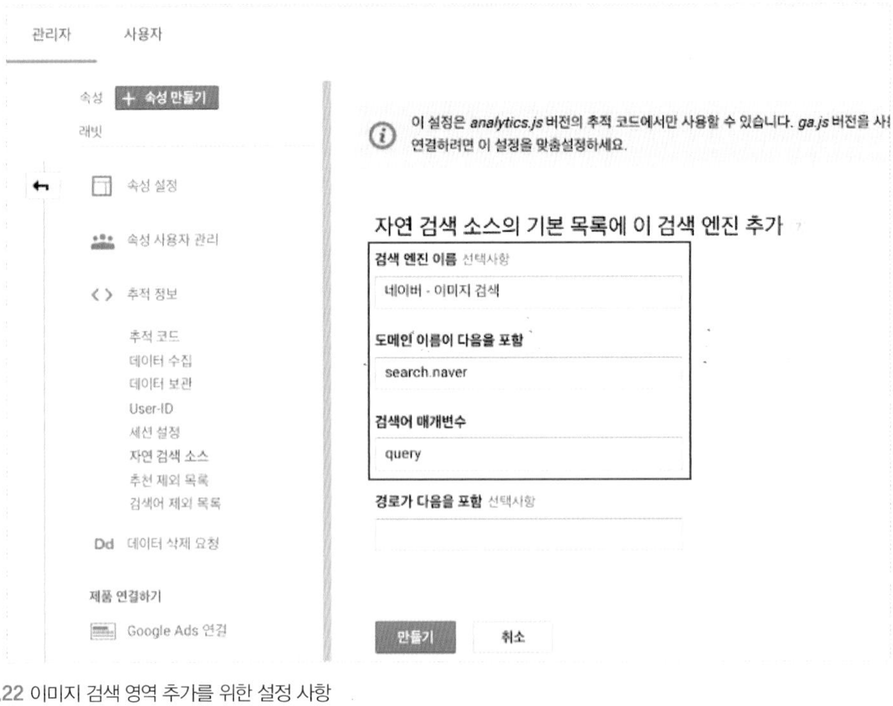

그림 3.22 이미지 검색 영역 추가를 위한 설정 사항

다시 네이버 창으로 돌아와 네이버에 아무 키워드나 검색한 뒤, [이미지 검색] 영역으로 이동합니다. 도메인 URL을 자세히 살펴보면, 이미지 검색 영역에서는 'where=image'라는 문자가 추가로 생긴 것을 알 수 있습니다. 그렇다면 "네이버 이미지 검색 영역은 반드시 'image'라는 키워드가 포함돼 있구나." 라고 이해할 수 있습니다.

그림 3.23 이미지 영역 키워드 검색 시 URL

다시 구글 애널리틱스로 돌아와, 네 번째 텍스트 입력란인 [경로가 다음을 포함] 영역에 'image'라고 적습니다. 이제 해당 채널은 이미지 검색을 통해서만 들어오는 사용자들이 별도로 잡힐 것입니다. 설정을 완료하고 [만들기] 버튼을 누릅니다.

그림 3.24 네이버 이미지 검색 설정이 완료된 모습

네이버 자연 검색 소스와 네이버–이미지 검색 자연 검색 소스가 만들어졌습니다. 그러나 여기서 한 가지 더 주의할 것이 있습니다. 지금 보이는 목록에서 [네이버] 소스와 [네이버–이미지 검색] 소스가 순차적으로 나열돼 있습니다. 이 경우 [네이버] 소스가 상위에 있기 때문에 이미지를 포함하든 포함하지 않든, [네이버] 소스에 모두 다 들어가 버립니다. 그래서 [네이버–이미지 검색] 소스를 먼저 필터링할 수 있게 [네이버] 소스와 [네이버–이미지 검색] 소스의 순서를 바꿔야 합니다.

그림 3.25 추가된 네이버 이미지 검색 엔진과 네이버 검색 엔진

다음 이미지의 표시 부분을 드래그해 네이버–이미지 검색을 먼저 필터링하고, 이미지 검색이 아닌 경우에는 [네이버] 매체로 트래픽이 필터링되게 해 순서를 지정할 수 있습니다.

자연 검색 소스

자연 검색 소스의 기본 목록에 더 많은 검색 엔진을 추가합니다. 기본 검색 엔진 목록에 있는 검색 엔진을 통해 사이트에 도달하는 사용자는 보고서에 자

이 목록에서 검색 엔진의 순서는 보고서에 데이터가 표시되는 방식에 영향을 줄 수 있습니다.

+ 검색 엔진 추가			
검색 엔진 이름	도메인 이름	검색어 매개변수	경로
네이버	search.naver	query	
드래그			
네이버 - 이미지 검색	search.naver	query	image

그림 3.26 순서 변경을 위해 드래그할 영역

다음 화면에 있는 순서로 설정되면 문제가 없습니다.

그림 3.27 순서 변경이 완료된 자연 검색 소스

이렇게 설정하면 같은 네이버 검색 엔진을 통해 들어온 사용자라도 이미지 영역에서 들어왔는지, 통합 검색 영역에서 들어왔는지를 추후 구글 애널리틱스 보고서에서 조회할 수 있습니다. 과제 겸 Daum 검색 엔진도 이미지 영역과 통합 검색 영역을 설정해보면서 감을 익혀보기 바랍니다.

3.2 소스/매체 보고서와 UTM

많은 구글 애널리틱스 전문가가 즐겨 쓰는 보고서 중 하나는 '소스/매체 보고서'입니다. 소스/매체 보고서는 [획득] 카테고리의 [전체 트래픽] 카테고리 내에 있으며, 웹사이트에 들어오는 사람들이 어디서 들어와서 어떤 행동을 발생시켰는지 알려줍니다.

예를 들어, 어떤 브랜드가 네이버 파워링크 검색 광고에 월 1,000만 원을 쓰고 페이스북 광고에 월 1,000만 원을 쓴다고 생각해 봅시다. 소스/매체 보고서를 확인했을 때 네이버 파워링크를 통해 웹사이트에 들어오는 사용자의 결제 전환율이 3%, 페이스북 광고를 통해 들어오는 사용자들의 전환율이 5%였다고 가정합시다.

페이스북 광고에서 들어오는 사람들의 전환율이 네이버 파워링크 광고를 통해 들어오는 사용자들의 전환율보다 2% 높습니다. 그렇게 되면 다음 달에 상대적으로 전환율이 낮았던 네이버 파워링크는 광고비를 감액하고, 감액한 만큼의 광고비를 페이스북 광고에 증액한다는 마케팅 의사결정을 내릴 수 있습니다.

똑같은 2천만 원으로도 어느 매체에 광고를 집행하느냐에 따라서 결과적으로 훨씬 더 많은 매출액을 발생시킬 수 있습니다. 그렇기 때문에 소스/매체 보고서는 "어떤 마케팅 채널에 광고비를 소진할 것인가?"를 정해주는 매우 중요한 보고서 역할을 합니다. 실제로도 구글 애널리틱스를 사용하는 퍼포먼스 마케터들이 가장 좋아하는 보고서가 바로 소스/매체 보고서입니다.

소스/매체 보고서를 간단히 조회해봅시다. 다음은 고객사의 실제 광고를 집행한 데이터가 있는 구글 애널리틱스 계정입니다.

다음 이미지에 표시된 소스/매체 보고서에서 2번째 행을 해석하면, "Facebook의 Post 영역 광고를 통해 들어온 사람이 2천여 명이고 그들의 결제 전환율은 0.9% 정도다."라고 해석할 수 있습니다. 이를 통해 Facebook Post 영역을 통해 들어오는 사람들이 거래로 이어지는 비율을 정확히 측정할 수 있습니다.

	소스/매체	획득			동작			전환 전자상거래	
		사용자 ↓	신규 방문자	세션	이탈률	세션당 페이지수	평균 세션 시간	전자상거래 전환율	거래수
		6,644 전체 대비 비율(%) 100.00% (6,644)	3,504 전체 대비 비율(%) 100.11% (3,500)	9,953 전체 대비 비율(%) 100.00% (9,953)	43.10% 평균 조회 43.10% (0.00%)	2.03 평균 조회 2.03 (0.00%)	00:01:13 평균 조회 00:01:13 (0.00%)	0.74% 평균 조회 0.74% (0.00%)	74 전체 대비 비율(%) 100.00% (74)
1.	criteo_m / display	2,131 (30.57%)	434 (12.39%)	3,858 (38.76%)	68.38%	1.31	00:01:05	0.00%	0 (0.00%)
2.	facebook / post	2,124 (30.47%)	1,755 (50.09%)	2,340 (23.51%)	20.85%	1.66	00:00:49	0.90%	21 (28.38%)
3.	naverbs_m / cpc	689 (9.89%)	416 (11.87%)	938 (9.42%)	3.09%	4.63	00:01:44	2.56%	24 (32.43%)
4.	mobion / display	671 (9.63%)	50 (1.43%)	1,053 (10.58%)	79.77%	1.18	00:01:21	0.09%	1 (1.35%)
5.	naver / organic	279 (4.00%)	119 (3.40%)	316 (3.17%)	0.32%	5.06	00:02:03	0.63%	2 (2.70%)
6.	(direct) / (none)	214 (3.07%)	170 (4.85%)	272 (2.73%)	11.40%	3.03	00:02:41	4.04%	11 (14.86%)
7.	naverbs_pc / cpc	206 (2.96%)	139 (3.97%)	287 (2.88%)	4.18%	3.90	00:01:55	2.79%	8 (10.81%)
8.	naversa_m / cpc	185 (2.65%)	164 (4.68%)	213 (2.14%)	9.39%	1.53	00:01:02	0.94%	2 (2.70%)
9.	naversa_pc / cpc	81 (1.16%)	63 (1.80%)	90 (0.90%)	13.33%	3.43	00:01:48	1.11%	1 (1.35%)
10.	cashwalk / cpc	47 (0.67%)	1 (0.03%)	146 (1.47%)	77.40%	1.26	00:01:11	0.00%	0 (0.00%)

그림 3.28 실제 운영 중인 구글 애널리틱스 계정의 소스/매체 보고서

그런데 여기서 문제가 생겼습니다. 만약 Facebook Post 영역의 소재를 이미지 소재 A, 이미지 소재 B, 동영상 소재 C의 3개의 소재로 나눠 광고를 진행 중이었다고 해봅시다. 여기서 3개의 소재 중 어느 소재에 광고비를 증액해야 할지 감이 잘 안 잡힙니다.

그래서 소스/매체 보고서를 좀 더 구체화하기 위해 A, B, C 소재 각각에 대해 구글 애널리틱스에서 별도로 확인할 수 있게 작업을 진행합니다. 이를 'UTM 링크 변환 작업'이라고 부릅니다. UTM은 Urchin Tracking Module의 약자로서, Urchin이라는 소프트웨어 회사에서 개발한 코드입니다. 사실 이 회사는 구글 애널리틱스를 만든 시초의 회사이기도 합니다. 본론으로 넘어가, UTM은 이미지 소재 A, B와 동영상 소재 C의 링크에 고유하게 식별이 가능한 이름표를 웹사이트 랜딩 페이지 URL에 추가로 붙여 줌으로써 그것들을 구글 애널리틱스 내에서 구분할 수 있게 도와주는 작업입니다.

가령 http://labbit.kr/이라는 웹사이트가 있다고 가정하고, 이 웹사이트에 방문할 수 있게 소재 A, B, C의 광고를 집행한다고 합시다. 사실 Facebook 광고를 하면 자동으로 소셜 미디어 매체로 잡을 수 있기 때문에 랜딩 페이지 URL 설정을 http://labbit.kr/로 해두면 Facebook 광고를 집행해도 소스/매체 보고서에서는 Facebook/social로 잡힐 것입니다. 하지만 어느 소재를 통해 들어온 사용자가 구매를 발생시켰는지 식별이 불가능합니다. 앞서 2장 '자연 검색 소스 설정'에서 2가지 주체를 연결해주는 변수를 '매개변수'라고 했습니다.

이번 상황도 마찬가지입니다. 페이스북 광고 관리자에서 집행하는 소재 A, B, C를 구글 애널리틱스 계정과 연동해 Facebook 광고 중 정확히 어떤 소재에서 들어온 광고인지 식별할 수 있는 '매개변수'를 추가할 수 있습니다. 즉, http://labbit.kr/이라는 URL에 이미지 소재인 A, B와 동영상 소재 C를 추가로 표시해줄 수 있는 'URL 매개변수'를 붙일 것입니다.

구글 창에 UTM이라고 검색해 'Campaign URL Builder'라는 링크를 눌러봅시다. 링크도 함께 기재합니다.

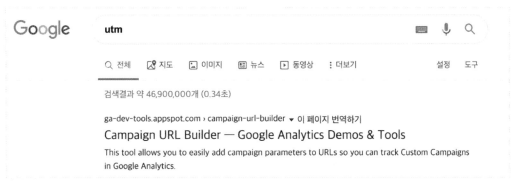

그림 3.29 utm 사용을 위한 url 변환기 링크

링크를 클릭하면 다음과 같은 창이 나타납니다. 이 영역이 구글 애널리틱스를 사용하는 사람이 URL에 추가 매개변수를 붙일 수 있게 하는 링크 변환기입니다.

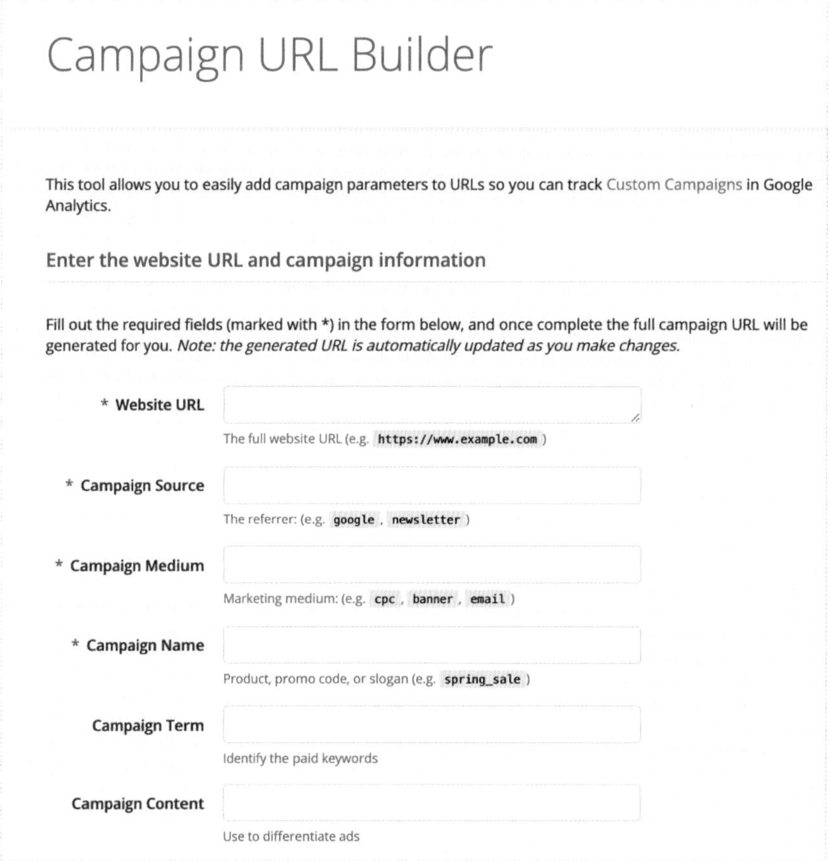

Campaign URL Builder

This tool allows you to easily add campaign parameters to URLs so you can track Custom Campaigns in Google Analytics.

Enter the website URL and campaign information

Fill out the required fields (marked with *) in the form below, and once complete the full campaign URL will be generated for you. *Note: the generated URL is automatically updated as you make changes.*

* **Website URL**	
	The full website URL (e.g. `https://www.example.com`)
* **Campaign Source**	
	The referrer: (e.g. `google` , `newsletter`)
* **Campaign Medium**	
	Marketing medium: (e.g. `cpc` , `banner` , `email`)
* **Campaign Name**	
	Product, promo code, or slogan (e.g. `spring_sale`)
Campaign Term	
	Identify the paid keywords
Campaign Content	
	Use to differentiate ads

그림 3.30 utm 사용을 위한 url 변환기 화면

각 텍스트 입력란을 설명하자면 다음과 같습니다.

a. Website URL: 웹사이트 URL은 말 그대로 이미지 A 광고를 집행하는 경우 그 광고를 사용자가 클릭했을 때 이동하는 웹 주소를 적어주면 됩니다. 여기서는 래빗이라는 URL로 광고 랜딩 페이지를 설정할 것이기 때문에 이 입력란에 http://labbit.kr이라고 적습니다.

b. Campaign Source: 지금 진행하는 캠페인의 소스 영역입니다. 앞서 소스/매체 보고서에 대해서 간단히 언급했습니다. 소스/매체 보고서에서 [소스] 영역의 이름을 정의합니다. 소스는 특정 트래픽이 URL을 타고 들어왔을 때 어디서 들어왔는지에 대한 근원지를 일반적으로 표기합니다. 여기서는 페이스북 광고를 집행할 것이므로 facebook이라고 소스값에 적습니

다. 대소문자를 구별하기 때문에 Facebook이나 facebook, 둘 중 하나로만 입력해야 합니다. 그렇지 않으면 별개의 소스로 인식합니다.

나중에도 자세히 다루겠지만, 매개변수는 소문자로 시작하는 것이 좋습니다. 이 소스값은 필수로 존재하는 값이기 때문에 옆에 빨간색의 별 표시가 돼 있습니다.

c. **Campaign Medium:** 소스/매체 보고서에서 '매체' 역할을 담당하는 영역입니다. 무엇이든 자신이 알아보기 쉬운 식별자로 구성하면 되지만, 일반적으로는 광고 상품의 형태를 적습니다.

예를 들어 클릭당 비용의 검색 광고를 진행한다면 'cpc', 앱 설치 광고를 진행한다면 'cpi', 배너 광고 상품을 진행한다면 'banner' 등 비즈니스 내 모든 이해관계자가 알아보기 쉬운식별자 이름을 적습니다. 이 미디엄 값은 필수로 존재해야 합니다.

d. **Campaign Name:** 캠페인 이름에는 이미지 A, B, C 소재의 광고를 집행한다고 했을 때 해당 광고 소재들이 공통으로 가지는 콘셉트를 적습니다.

예를 들어 여름 세일용으로 광고를 한다면 'summer_promotion', 래빗과 같은 대행사를 통해 광고를 진행한다면 'labbit_campaign' 등으로 담당자가 알아보기 쉬운 이름을 적어 캠페인별 성과를 확인할 수 있습니다. 이 캠페인 이름은 소스/매체 보고서에서는 확인할 수 없고, [획득] → [캠페인] → [모든 캠페인]에서 확인 가능합니다. 해당 캠페인 이름 매개변수는 필수적으로 있어야 하는 값입니다.

e. **Campaign Term:** Term은 Keyword와 동의어로 쓰입니다. 네이버 파워링크 광고나 구글 검색 광고 등을 집행할 때 다양한 키워드를 대상으로 광고를 집행할 것입니다. 키워드별로 이름을 식별할 때는 키워드 명을 모두 적습니다.

예를 들어 '강남역 맛집'이라는 키워드로 검색 광고를 진행하고자 한다면 Campaign Term 영역에 '강남역 맛집'을 적는 것입니다. 지금은 키워드 광고가 아닌 페이스북 광고를 진행할 것이기 때문에 이 칸은 그냥 비워둡니다. 이 매개변수는 추가로 검색 광고와 같이 키워드 추출이 필요할 때 사용하는 선택 값입니다.

f. **Campaign Content:** 캠페인 콘텐츠는 소재 A, B, C를 구별하기 위해 규칙에 맞게 광고 콘텐츠 이름을 적습니다. 보통 image_a, image_b, image_c, video_a 등으로 캠페인 콘텐츠 이름을 붙입니다.

이 매개변수는 추가로 실제 집행하는 광고 콘텐츠를 하위 단계로 분류할 필요가 있을 때 사용하는 선택 값입니다.

다 완성되면 다음 이미지와 같을 것입니다.

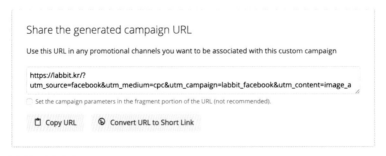

Enter the website URL and campaign information

Fill out the required fields (marked with *) in the form below, and once complete the full campaign URL will be generated for you. *Note: the generated URL is automatically updated as you make changes.*

* Website URL	https://labbit.kr/
	The full website URL (e.g. `https://www.example.com`)
* Campaign Source	facebook
	The referrer: (e.g. `google`, `newsletter`)
* Campaign Medium	cpc
	Marketing medium: (e.g. `cpc`, `banner`, `email`)
* Campaign Name	labbit_facebook
	Product, promo code, or slogan (e.g. `spring_sale`)
Campaign Term	
	Identify the paid keywords
Campaign Content	image_a
	Use to differentiate ads

그림 3.31 utm 매개변수 설정이 완료된 모습

설정이 끝나면 스크롤해서 링크를 자세히 살펴봅시다. labbit.kr 뒤쪽에 utm_source, utm_medium, utm_campaign, utm_content라는 매개변수가 있습니다. 이를 'UTM 매개변수'라고 부릅니다. 그리고 각 매개변수에 facebook, cpc, labbit_facebook, image_a라는 값이 할당돼 있습니다. 이를 '값'이라고 부릅니다.

Share the generated campaign URL

Use this URL in any promotional channels you want to be associated with this custom campaign

https://labbit.kr/?
utm_source=facebook&utm_medium=cpc&utm_campaign=labbit_facebook&utm_content=image_a

Set the campaign parameters in the fragment portion of the URL (not recommended).

📋 Copy URL   🔗 Convert URL to Short Link

그림 3.32 utm 매개변수 설정 시의 URL

매개변수와 값으로 웹사이트 링크에 식별할 수 있는 이름을 붙였습니다. 하지만 링크가 너무 길어서 사용자가 보기에는 가독성이 떨어집니다. 링크를 간단히 만들기 위해 'Convert URL to Short Link' 버튼을 클릭합니다.

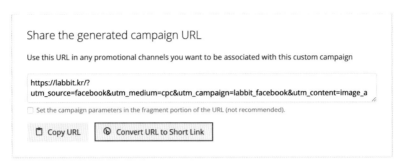

그림 3.33 url 단축 버튼

그러면 링크가 짧게 변환됩니다. 이 짧게 변환된 링크를 집행하는 페이스북 광고의 랜딩 페이지로 설정하면 추후 구글 애널리틱스에서 설정해둔 매개변수별로 소스/매체별 전환율을 파악할 수 있습니다.

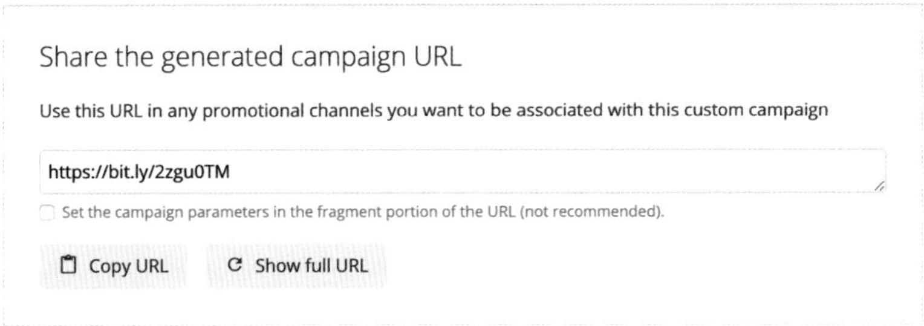

Share the generated campaign URL

Use this URL in any promotional channels you want to be associated with this custom campaign

https://bit.ly/2zgu0TM

☐ Set the campaign parameters in the fragment portion of the URL (not recommended).

📋 Copy URL   ↻ Show full URL

그림 3.34 단축된 URL의 모습

[Copy URL] 버튼을 눌러 링크를 복사하고 새창을 열어 주소창에 이 링크를 붙여 넣어 이동합시다.

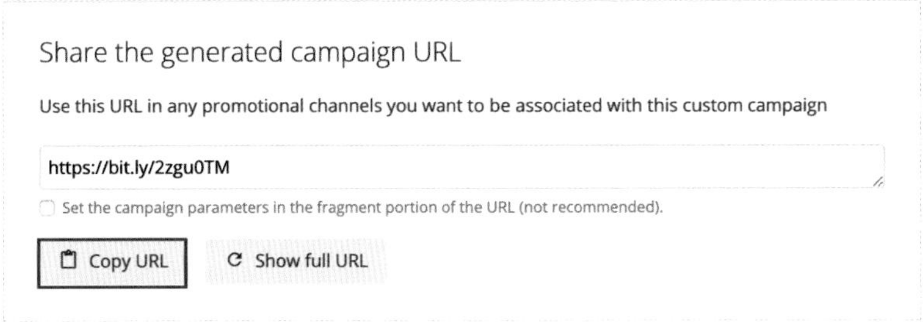

Share the generated campaign URL

Use this URL in any promotional channels you want to be associated with this custom campaign

https://bit.ly/2zgu0TM

☐ Set the campaign parameters in the fragment portion of the URL (not recommended).

📋 Copy URL   ↻ Show full URL

그림 3.35 URL 복사하기 버튼

그러면 압축된 링크가 압축 해제되면서 링크 매개변수가 나타납니다. 이 매개변수들이 잡히면 구글 애널리틱스 소스/매체 보고서, 유료 키워드 보고서, 모든 캠페인 보고서, 광고 콘텐츠 보고서에서 모두 조회 가능합니다. 이제 데이터를 조회하는 방법을 하나씩 열거하면서 설명하겠습니다. 링크 매개변수를 자세히 살펴봅시다.

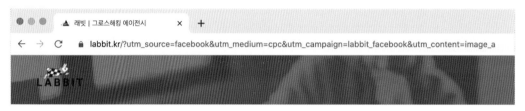

그림 3.36 복사한 URL을 새 주소창에 입력했을 때 다시 펼쳐진 URL

https://labbit.kr/?utm_source=facebook&utm_medium=cpc&utm_campaign=labbit_facebook&utm_content=image_a

랜딩 페이지 URL 뒤쪽에 '?' 기호가 붙으면서 utm_source, utm_medium, utm_campaign, utm_content와 그 변수에 맞는 '값'이 들어 있는 것을 확인할 수 있습니다. 이 값은 모두 구글 애널리틱에서 측정기준으로 제공하는 값입니다. 구글 애널리틱스로 돌아가 매개변수별로 어떻게 데이터를 조회할 수 있는지 살펴봅시다. 구글 애널리틱스 계정을 새로 만들어 데이터가 충분히 쌓이지 않았을 테니 저의 고객사 구글 애널리틱스 데이터를 보면서 설명을 이어가겠습니다.

utm_source/utm_medium별로 데이터 조회하기

[획득] 카테고리에서 [전체 트래픽] → [소스/매체] 보고서로 이동합니다. 소스/매체 보고서는 말 그대로 utm_source/utm_medium 매개변수에 설정한 값별로 트래픽이 얼마나 들어왔는지를 알려줍니다.

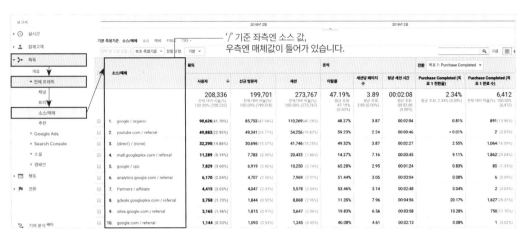

그림 3.37 utm_source/utm_medium별 데이터 조회

utm_source별로 조회하기

두 번째로, 소스별로도 데이터를 볼 수 있습니다. 소스/매체 보고서 상단의 '기본 측정기준'이라는 영역에 5가지 값이 들어 있는데, 여기서 '소스'를 눌러봅시다. 그러면 '매체' 값을 제외한 '소스' 값으로만 데이터를 조회할 수 있습니다.

그림 3.38 utm_source별 데이터 조회

utm_medium별로 조회하기

세 번째는 매체입니다. [소스] 옆에 있는 [매체]를 누르면 측정기준이 매체로 변하면서 매체 값별로 데이터를 볼 수 있습니다.

그림 3.39 utm_medium별 데이터 조회

utm_campaign별로 조회하기

네 번째는 캠페인(Campaign)입니다. [기타]를 누른 후, 측정기준을 [캠페인]으로 잡아 조회할 수 있습니다.

그림 3.40 utm_campaign별 데이터 조회 1단계

캠페인을 넣어주면, 링크 변환 영역에서 설정한 utm_campaign 매개변수의 값별로 행동 데이터를 조회할 수 있습니다.

그림 3.41 utm_campaign별 데이터 조회 2단계

utm_content별로 조회하기

소스/매체 보고서의 [기타] 영역에서 [광고 콘텐츠] 측정기준을 검색하면 utm_content 매개변수의 값별로 데이터를 조회할 수 있습니다.

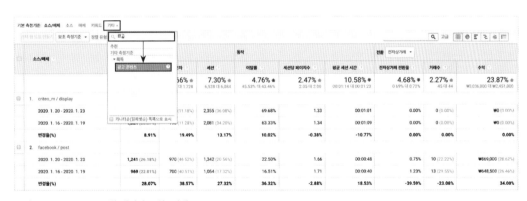

그림 3.42 utm_content별 데이터 조회 1단계

광고 콘텐츠	획득			동작			전환 전자상거래 ▾		
	사용자 ↓	신규 방문자	세션	이탈률	세션당 페이지수	평균 세션 시간	전자상거래 전환율	거래수	수익
	8.00% △	20.66% △	7.30% △	4.76% △	2.47% △	10.58% △	4.68% △	2.27% △	23.87% △
	4,493 대 4,160	2,085 대 1,728	6,528 대 6,084	45.53% 대 43.46%	2.05 대 2.00	00:01:14 대 00:01:23	0.69% 대 0.72%	45 대 44	₩3,036,000 대 ₩2,451,000
1. cretieo_LF									
2020. 1. 20 - 2020. 1. 23	1,448 (29.81%)	239 (11.46%)	2,361 (36.17%)	69.63%	1.33	00:01:01	0.00%	0 (0.00%)	₩0 (0.00%)
2020. 1. 16 - 2020. 1. 19	1,326 (29.65%)	197 (11.40%)	2,083 (34.24%)	63.27%	1.34	00:01:09	0.00%	0 (0.00%)	₩0 (0.00%)
변경율(%)	9.20%	21.32%	13.35%	10.05%	-0.21%	-10.89%	0.00%	0.00%	0.00%
2. (not set)									
2020. 1. 20 - 2020. 1. 23	1,176 (24.21%)	346 (16.59%)	1,661 (25.44%)	53.04%	2.22	00:01:38	0.90%	15 (33.33%)	₩590,000 (19.43%)
2020. 1. 16 - 2020. 1. 19	1,331 (29.76%)	380 (21.99%)	1,948 (32.02%)	50.67%	2.01	00:01:50	0.41%	8 (18.18%)	₩562,000 (22.93%)
변경율(%)	-11.65%	-8.95%	-14.73%	4.68%	10.70%	-11.12%	119.90%	87.50%	4.98%
3. NBmainTD									
2020. 1. 20 - 2020. 1. 23	292 (6.01%)	152 (7.29%)	334 (5.12%)	0.90%	5.60	00:01:53	1.80%	6 (13.33%)	₩522,000 (17.19%)
2020. 1. 16 - 2020. 1. 19	282 (6.31%)	152 (8.80%)	343 (5.64%)	1.46%	5.49	00:01:59	4.37%	15 (34.09%)	₩854,500 (34.86%)
변경율(%)	3.55%	0.00%	-2.62%	-38.38%	1.88%	-5.42%	-58.92%	-60.00%	-38.91%

그림 3.43 utm_content별 데이터 조회 2단계

이렇듯 UTM 매개변수별로 해당 매개변수를 자동으로 가져오는 측정기준이 구글 애널리틱스에 이미 준비돼0 있습니다. 그래서 자신이 보고자 하는 기준으로 광고 성과를 파악하고, 마케팅 의사결정을 원활하게 할 수 있습니다.

한편, 구글 애널리틱스를 사용하는 사람들에게는 한 가지 해결 못 하는 과제가 있습니다. 소스/매체 보고서에 [direct/none]이라고 잡히는 트래픽이 많을 때입니다. 말 그대로 웹사이트에 들어오기 이전의 URL 정보가 없을 때 direct/none이라고 잡힙니다. 대표적인 예로 SMS 문자, 즐겨찾기, URL을 직접 쳐서 들어오는 행위, 이전 URL 정보 유실과 같은 이슈가 direct/none 트래픽을 유발하는 원인입니다.

다이렉트 트래픽을 완전히 다 없앨 수는 없지만, 링크 관리가 제대로 안 된 비즈니스의 경우 소스/매체 보고서에서 direct/none이 가장 많은 트래픽을 차지할 수도 있습니다. direct/none 트래픽의 경우 이전 URL 정보를 알 수 없으므로 어디서 들어왔는지를 트래킹하지 못합니다.

그래서 마케팅 의사결정도 훨씬 더 모호해집니다. UTM 관리를 체계적으로 하면서 링크 작업을 해주는 것이 다이렉트 트래픽을 줄일 수 있는 가장 본질적인 방법이며 지속해서 관리해 개선하는 것이 GA 사용자의 영원한 숙제입니다. 비즈니스 웹사이트 외부에 노출되는 모든 링크는 utm을 사용해야 정확히 어느 매체에서 들어온 트래픽이 대상 비즈니스에서 가장 높은 전환율을 일으키는지 볼 수 있습니다.

3.3 UTM과 채널의 관계

사실 UTM 매개변수는 앞서 URL 변환기에서 봤듯이 자유롭게 작성할 수 있지만, 최소한의 규칙이 있습니다. 해당 규칙은 바로 "구글 애널리틱스가 구분하는 채널과 동일하게 매개변수를 설정해야 한다"는 것입니다.

우선 구글 애널리틱스의 데모 계정에 다시 들어가서 [획득] → [전체 트래픽] → [채널]로 이동합시다. 데모 계정을 들어가는 링크를 첨부합니다.[13]

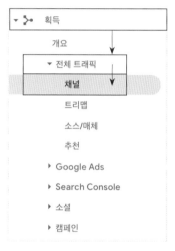

그림 3.44 구글 애널리틱스 채널 보고서 이동

채널 보고서를 보면, 현재 측정기준이 [Default Channel Grouping]이라고 설정되어 있습니다. 이 측정기준은 구글 애널리틱스에서 임의로 구분해놓은 기본 채널 분류 방식을 의미합니다. 그러면 하나씩 살펴보겠습니다. 앞에서 데모 계정에서 살펴보기는 했지만, 복습 겸 한 번 더 살펴봅시다.

---

13 링크: https://support.google.com/analytics/answer/6367342?hl=ko

Default Channel Grouping	획득			동작		
	사용자 ? ↓	신규 방문자 ?	세션 ?	이탈률 ?	세션당 페이지수 ?	평균 세션 시간 ?
	11,233 전체 대비 비율(%): 100.00% (11,233)	**9,878** 전체 대비 비율(%): 100.11% (9,867)	**13,621** 전체 대비 비율(%): 100.00% (13,621)	**45.92%** 평균 조회: 45.92% (0.00%)	**4.30** 평균 조회: 4.30 (0.00%)	**00:02:51** 평균 조회: 00:02:51 (0.00%)
1. Organic Search	**6,499**(55.18%)	**5,693**(57.63%)	**7,447**(54.67%)	53.79%	3.58	00:02:24
2. Direct	**1,978**(16.80%)	**1,782**(18.04%)	**2,299**(16.88%)	34.84%	5.12	00:03:28
3. Referral	**1,694**(14.38%)	**1,112**(11.26%)	**2,085**(15.31%)	30.55%	6.20	00:04:09
4. Paid Search	**497** (4.22%)	**358** (3.62%)	**585** (4.29%)	27.69%	5.90	00:03:32
5. Affiliates	**332** (2.82%)	**292** (2.96%)	**364** (2.67%)	60.71%	2.13	00:01:55
6. Social	**327** (2.78%)	**301** (3.05%)	**340** (2.50%)	58.24%	2.96	00:01:26
7. (Other)	**290** (2.46%)	**201** (2.03%)	**326** (2.39%)	27.61%	5.00	00:02:39
8. Display	**160** (1.36%)	**139** (1.41%)	**175** (1.28%)	80.00%	1.96	00:00:30

그림 3.45 구글 애널리틱스 기본 채널 그룹

a. Organic Search: 직역하면 자연 검색입니다. 즉, 구글, 네이버, 다음과 같은 검색 엔진에서 키워드를 잠재고객이 직접 검색해 웹사이트에 방문하면 Organic Search 채널로 잡힙니다.

b. Social: 페이스북, 인스타그램, 링크드인, 트위터와 같은 소셜 미디어 매체에서 링크를 타고 웹사이트로 들어오면 Social로 잡힙니다.

c. Direct: 웹사이트에 들어오기는 했는데, 이전 사이트의 URL 정보가 없을 때 Direct 채널로 잡힙니다. 예를 들면, sms 문자, 즐겨찾기, URL에 직접 타이핑을 통해 웹사이트에 들어오게 되면 Direct로 잡힙니다.

d. Referral: 제3의 사이트에서 추천되어 웹사이트에 들어온 트래픽입니다. 예를 들어 양말 쇼핑몰이 있고 특정 사용자가 거기서 양말을 구매한 뒤 너무 만족스러워서 블로그에 후기를 작성하고 양말 쇼핑몰의 링크를 달아놓았다고 합시다. 이때 제삼자가 그 블로그 글을 보고, 블로그 글에 추천된 양말 사이트 URL을 클릭해 들어가면 Referral 트래픽으로 잡힙니다.

e. Paid Search: Organic Search와는 달리 네이버 파워링크와 같은 유료 검색 키워드를 통해 웹사이트에 들어온 트래픽 채널을 의미합니다. 유료 검색 정도로 직역할 수 있습니다.

f. Affiliates: Referral 채널 중에서도 어떤 사이트는 웹사이트 브랜드와 제휴를 맺은 사이트이거나 자사 브랜드의 계열사일 수 있습니다. 그래서 "이 Referral 사이트는 별도로 자사 브랜드의 계열사 사이트로 관리하겠다"라는 설정을 하면 Affiliates 채널에 잡힙니다.

g. Display: 구글 디스플레이 배너 광고를 통해 들어오면 같은 구글 상품이다 보니 자동으로 디스플레이 채널로 들어온 것으로 잡힙니다.

h. Other: 위에서 설명한 7가지 채널이 아닌 경우에는 Other로 잡힙니다.

이 채널을 구글 애널리틱스는 어떻게 구별할까요? 바로 UTM 매개변수 중에서 Medium 값을 기반으로 구분합니다. UTM 매개변수에는 Source, Medium, Campaign Name, Term, Contents가 있습니다. 그중 Medium 값이 채널명과 일치할 때 채널 보고서에서 채널별로 설정할 수 있습니다.

채널 이름	채널 분류 조건
Direct	1) Source 값이 direct 이면서, Medium 값이 (not set) 일 때 Direct 채널로 구분합니다. 2) Medium 값이 (none) 일 때 Direct 채널로 구분합니다.
Organic Search	Medium 값이 organic 일 때, Organic Search 채널로 구분합니다.
Social	- Referral URL 이 대표적인 소셜 미디어의 URL 일때, Social 채널로 구분합니다. - Medium 값이, [social , social-network , social-media , sm , social network, social media] 값들을 포함하고 있을 때, Social 채널로 구분합니다.
Email	- Medium 값이, email 일 때, Email 채널로 구분합니다.
Affiliates	- Medium 값이, affiliate일 때 , Affiliates 채널로 구분합니다.
Referral	- Medium 값이, Referral 일 때, Referral 채널로 구분합니다.
Paid Search	- Medium 값이, [cpc, ppc, paidsearch] 일 때, Paid Search 채널로 구분합니다. - Campaign term 매개변수를 자동으로 추출합니다.
Other Advertising	- 나머지 7가지 채널에 해당되지 않을 때, Other Advertising 채널로 구분합니다.
Display	- Medium 값이, [display|cpm|banner] 일 때, Display 채널로 구분합니다. - Campaign Contents 매개변수를 자동으로 추출합니다.

그림 3.46 구글 애널리틱스 기본 채널 그룹을 구분짓는 기준

GA 전문가도 많이 하는 실수

많은 사람이 구글 애널리틱스 UTM 링크 변환을 여전히 사용하지만, UTM Medium 값에서 실수를 많이 합니다. 실수의 유형은 크게 3가지가 있습니다. 이 부분은 구글 애널리틱스를 처음 접하는 사람은 이해하기 어려울 수 있으니, 가볍게 읽고 넘어갑시다.

Medium 값을 대문자로 쓰는 경우

예를 들어 UTM_Source의 매개변수 값을 'Social'이라고 쓰면 구글 애널리틱스는 대소문자를 구별하기 때문에 Social로 들어온 트래픽을 Social 채널에 넣지 않습니다. Medium 값을 넣어주어야 할 때는 'social'이라고 소문자 표기를 해야 합니다.

보통 GA에서는 채널은 대문자로 시작하고, 소스/매체 값은 소문자로 시작합니다. 채널보다는 소스/매체가 더 세부적인 단위이기 때문에 그들의 수준(Level)을 직관적으로 관찰하기 위해서는 대/소문자를 구별해 작성하는 것을 추천합니다. Medium은 소스와 마찬가지로 채널보다는 하위 단계에 있는 측정 기준이기 때문에 소문자로 작성하는 것이 좋습니다.

페이스북, 인스타그램 등 디스플레이 지면 광고임에도 불구하고 Medium 값을 'cpc'로 지정하는 경우

Medium 값을 'cpc'로 지정하면 구글 애널리틱스에서는 자동으로 유료 키워드(Paid Search) 채널로 구분합니다. 페이스북 인스타그램은 말 그대로 이미지나 영상을 기반으로 지면 광고를 집행하기 때문에 당연히 utm_term 매개변수는 비워둘 것입니다.

이럴 경우 매체 값을 'cpc'로 잡으면 [획득] → [캠페인] → [유료 키워드] 보고서에서 '(not set)'을 반환합니다. 디스플레이 광고이기 때문에 당연히 utm_term이 없지만, 아직도 많은 사람이 페이스북/인스타그램과 같은 지면 광고의 Medium 값을 'cpc'로 설정합니다. 페이스북이나 인스타그램이라면 'display' 또는 'social'이 더 적당합니다.

Medium 값에 한글을 적는 경우

URL은 알파벳으로만 구성될 수 있고 URL에 이름표를 달아주는 매개변수도 알파벳으로만 구성돼야 합니다. 한글로 기재할 경우, 문자가 알 수 없는 문자로 인코딩(암호화)되기 때문에 한글 깨짐 현상이 나타납니다. 매개변수 값으로 한글을 쓰는 것은 가급적 피해야 합니다.

새로운 채널을 만드는 방법

구글 애널리틱스가 기본으로 분류해놓은 채널을 제외하고 새롭게 채널을 만들고 싶을 때도 있습니다. 가장 대표적인 예시는 '네이버 파워링크와 같은 검색 광고를 집행할 때', '브랜드 키워드 채널과 일반 키워드 채널을 분리해 보고 싶을 때'입니다. 브랜드 키워드 채널이란 브랜드에 직접 연관된 고유한 형태의 키워드를 의미합니다.

일반 키워드 채널이란 브랜드와 직접적인 관련은 없지만, 잠재고객이 자주 검색하기 때문에 광고 키워드로 설정해놓은 키워드나 브랜드가 속한 산업군에서 공통으로 사용되는 형태의 키워드입니다.

예를 들어 '래빗 양말 쇼핑몰'이 있다고 가정하겠습니다. 여기서 브랜드 키워드는 '래빗 양말' , '래빗'과 같은 이 브랜드에만 고유하게 있는 키워드를 의미합니다. 일반 키워드는 '양말' , '노랑 양말' , '검정 양말'과 같은 일반적으로 쓰이는 형태의 키워드들입니다.

이 경우 검색 광고를 하면 '래빗 양말' , '래빗', '양말' , '노랑 양말' , '검정 양말'과 같이 일반 키워드에도 광고비를 할당할 것이고, 브랜드 키워드에도 광고비를 할당할 것입니다. 그렇지만 브랜드 키워드를 검색해서 들어오는 사용자들과 일반 키워드를 검색해서 들어오는 사용자들의 품질은 엄연히 다를 것입니다.

브랜드 키워드를 검색해서 들어오는 사용자들이 상대적으로 훨씬 더 고품질의 사용자고 제품을 구매할 확률이 높기 때문에 브랜드 키워드 검색을 통해 들어오는 사용자들의 광고 성과가 더 좋은 것이 일반적으로 당연합니다. 하지만 브랜드 키워드 사용자와 일반 키워드 사용자를 하나의 채널에 관리하면 데이터가 섞여서 각 브랜드 키워드 채널별, 일반 키워드 채널별로 전체적인 성과 파악이 어려워집니다. 그렇기 때문에 브랜드 키워드와 일반 키워드 채널을 나눠주는 '채널 설정'을 진행해야 합니다.

채널 설정을 위해 우선 계정을 설정하는 영역으로 이동해야 하므로 다시 왼쪽 하단 톱니바퀴 모양의 [관리] 버튼을 클릭합니다.

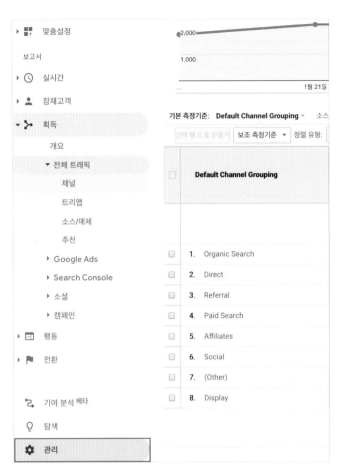

그림 3.47 구글 애널리틱스 기본 채널 그룹

[보기] 열에 있는 [채널 설정] → [브랜드 용어 관리] 영역으로 이동해 우리 브랜드만의 브랜드 용어를
정리해 줍시다.

그림 3.48 브랜드 키워드 등록을 위한 [브랜드 용어 관리] 메뉴 이동

다음 그림이 [브랜드 용어 관리] 영역입니다. 왼쪽에 사각형 박스가 위아래로 2개 있습니다. 위쪽은 브랜드 키워드를 입력하는 곳이고, 아래쪽은 추천 브랜드 용어를 보여주는 곳입니다.

그림 3.49 브랜드 용어 관리 설정 영역

대부분 추천 브랜드 용어는 사실상 도움이 안 되는 경우가 많으므로 상단의 텍스트 박스에 브랜드 키워드만 적어줍니다. 키워드를 추가할 때는 2가지 유의사항만 지켜주세요.

a. 엔터로 줄 바꿈을 해서 키워드의 단위를 인식합니다.

ex) 맥도널드 햄버거 → 하나의 키워드로 인식합니다.

맥도널드

햄버거

→ 이렇게 줄 바꿈을 하면 2개의 키워드로 인식합니다.

b. 띄어쓰기가 있는 것과 없는 것은 동일한 키워드가 아닙니다.

'래빗 양말'과 '래빗양말'은 동일한 키워드가 아니기 때문에 두 개 다 적어야 합니다.

그림 3.50 브랜드 키워드를 한 개씩 넣은 모습

임의로 래빗 양말 쇼핑몰이 있다고 가정하고 브랜드 키워드를 넣어봤습니다. 파란색의 [브랜드 검색어 추가] 버튼을 눌러 브랜드 용어로 입력한 키워드를 옮깁니다.

그림 3.51 브랜드 키워드 등록 후 저장

브랜드 키워드가 들어간 것을 확인했다면 [저장] 버튼을 누릅니다. 다시 한번 정리하자면, 활성 브랜드 용어 쪽에 있는 키워드가 브랜드 키워드 채널에 소속되는 키워드이고, 그쪽에 있지 않은 키워드는 일반 키워드 채널에 집계됩니다.

그림 3.52 브랜드 키워드 채널과 일반 키워드 채널 생성 팝업

그러고 나면 안내 문구가 나타납니다. 브랜드 키워드를 별도로 입력했으니 브랜드 키워드를 통해 들어오는 사용자들의 채널과 브랜드 키워드가 아닌 일반 키워드를 통해 들어오는 사용자들의 채널을 정의해주기 위해 [Yes, set up now] 버튼을 클릭합니다.

그림 3.53 새롭게 생성된 일반 키워드 채널과 브랜드 키워드 채널

이렇게 2개의 채널이 앞에서 구글 애널리틱스에서 미리 설정한 [Default Channel Grouping] 채널에 추가된 것을 확인할 수 있습니다. 채널 생성은 완료됐지만, 새롭게 추가된 채널의 차이를 구분하기 위해 [Generic Paid Search]의 오른쪽에 있는 [연필] 모양 아이콘(수정 버튼)을 눌러서 자세히 살펴봅시다.

그림 3.54 새롭게 설정된 채널 수정 버튼

[규칙 정의] 영역을 살펴보면 [시스템 정의 채널]이 [유료 검색]이기 때문에 일반 키워드 검색을 통해 들어오는 사용자들은 유료 검색의 일부인 것을 알 수 있습니다. 하지만 [검색어 유형]에 [일반]이라는 조건을 1개 더 추가하면 브랜드 키워드를 검색해서 들어오는 사용자들은 해당 채널에 집계되지 않습니다.

그림 3.55 일반 키워드 채널의 설정된 모습

해당 채널의 이름을 알아보기 쉽게 한글로 바꿉니다. 그런 다음 [완료] 버튼을 눌러야 수정 사항이 적용됩니다.

그림 3.56 채널 이름을 알아보기 쉽게 한글로 변경 – 일반 키워드 채널

브랜드 키워드 채널도 마찬가지로 한글로 바꾸고, 검색어 유형에 브랜드가 들어 있는지 확인합니다.

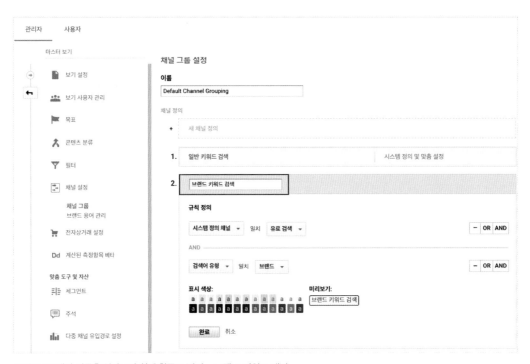

그림 3.57 채널 이름을 알아보기 쉽게 한글로 변경 – 브랜드 키워드 채널

최종적으로 [저장] 버튼을 누르면 브랜드 키워드 채널과 일반 키워드 채널이 추가된 부분이 적용되고 추후 트래픽이 들어왔을 때 해당 채널별 유입자 수를 [채널 보고서]에서 확인할 수 있습니다.

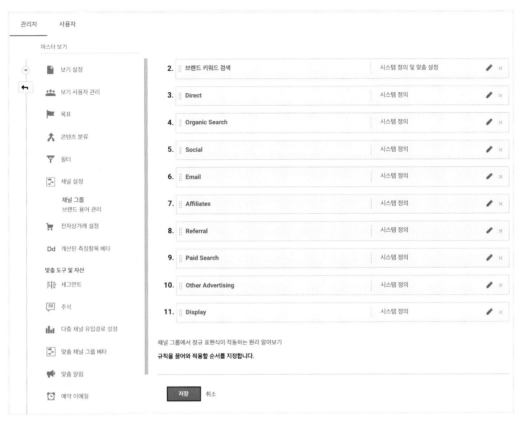

그림 3.58 수정 후 최종 저장 버튼 클릭

다소 어려운 내용을 다룬 3장이었습니다. 완벽히 이해하기가 어렵다면 가볍게 넘어가고 다음에 다시 한번 3장을 살펴보면 됩니다. UTM은 실무에서도 매우 중요하게 다루기 때문에 UTM 사용 규칙에 대해서는 충분히 숙지합시다. 다음 장에서는 구글 애널리틱스에서 가장 중요한 '목표 설정'에 관해 자세히 살펴보겠습니다.

4

전환율 관측을 위한
목표 설정

디지털 마케팅에서 가장 중요하게 사용되는 개념은 1장에서 다룬 '전환(Conversion)'입니다. 다시 한번 '전환'의 의미를 언급하고 넘어갑시다. '전환'이란 비즈니스가 목표로 하는 고객의 행동을 실제로 고객이 행했을 때 "그 사용자가 '전환'했다."라고 말합니다. 쇼핑몰이라면 '구매' 행위가 가장 중요한 고객의 전환 행동이 될 것입니다.

LABBIT과 같은 대행사라면 고객이 상담을 위해 'DB 문의를 남기는 행위'가 가장 중요한 전환 행동이 됩니다. 그 밖의 최종 전환 행위에 영향을 끼치는 '장바구니 담기', '회원 가입' 등의 다양한 고객 행위도 '전환했다.'라고 표현합니다.

구글 애널리틱스에서는 이러한 전환 행동을 데이터로 트래킹하기 위해 일련의 설정 과정을 거치는데, 이를 '목표 설정'이라고 부릅니다. '목표 설정'이라는 일련의 설정 과정을 거치고 나면 데모 계정에서 본 것처럼 다양한 고객의 행위를 직접 정의하고 전환율을 관측해 많은 인사이트를 얻을 수 있습니다.

앞에서 만든 구글 애널리틱스 보고서를 보면 아직은 목표별 전환율을 측정할 수 없습니다. 아직 브랜드 웹사이트에 맞게 '목표 설정'을 해주지 않았기 때문입니다. 목표를 별도로 만들어야 데모 계정에서 본 것처럼 전환율을 측정할 수 있습니다. 따라서 비즈니스에 맞게 올바른 목표를 설정하는 것은 구글 애널 리틱스에서 가장 중요한 작업입니다. 이번 장에서는 목표 설정에 관해 자세히 살펴보겠습니다.

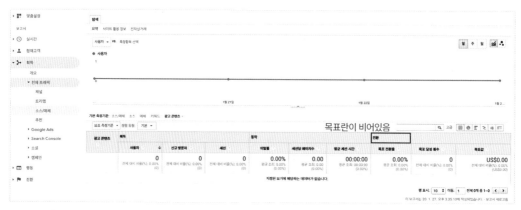

그림 4.1 새로 만든 계정에 비어 있는 목표란

4.1 목표 설정

예를 들어, 'labbit.kr'이라는 도메인의 쇼핑몰이 있고, 이 쇼핑몰에서 결제를 완료하면 labbit.kr/thankyou라는 도메인의 '결제 완료 페이지'에 도착한다고 가정합시다. 이 labbit 쇼핑몰에서 가장 중요한 '결제 완료'라는 고객의 행위를 트래킹하기 위한 목표 설정을 실습해봅시다.

하단 톱니바퀴 영역을 클릭하고, [보기] 열의 [목표]로 이동합니다.

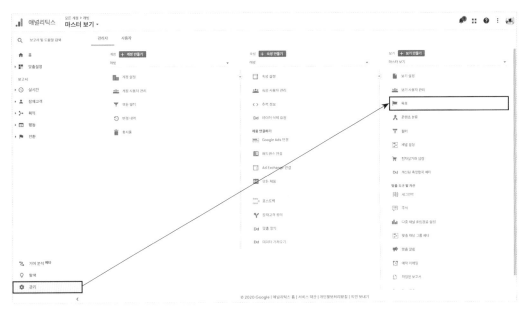

그림 4.2 목표 설정 이동 경로

[새 목표]라는 빨간색 버튼을 눌러 목표를 생성할 수 있습니다.

그림 4.3 새 목표 만들기

목표를 만드는 단계는 목표 설정 → 목표 설명 → 목표 세부설정의 3단계로 나눕니다.

목표 설정에는 2가지 선택 창이 있습니다. 템플릿과 맞춤 설정입니다. 템플릿은 그저 사용의 편의성을 위해 구글 애널리틱스에서 이름만 제공해주는 것이기 때문에 딱히 의미는 없습니다.

그림 4.4 템플릿과 맞춤 설정

여기서는 알아보기 쉬운 목표를 설정하기 위해 [맞춤 설정] 옵션을 누르고 [계속] 버튼을 눌러 [목표 설명] 메뉴로 이동합니다.

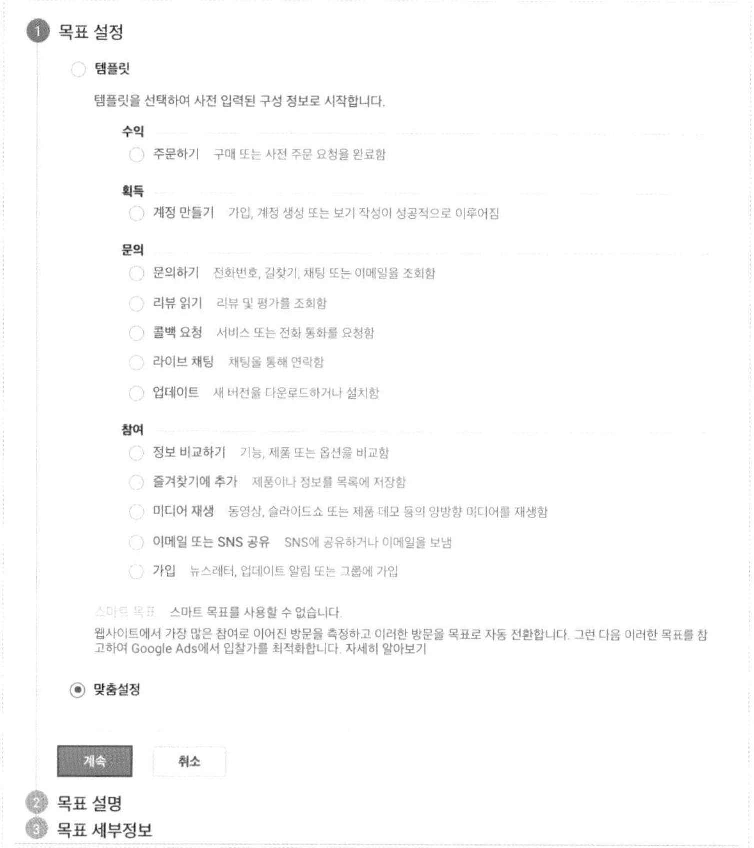

목표 설정

○ 템플릿

템플릿을 선택하여 사전 입력된 구성 정보로 시작합니다.

수익
○ 주문하기 구매 또는 사전 주문 요청을 완료함

획득
○ 계정 만들기 가입, 계정 생성 또는 보기 작성이 성공적으로 이루어짐

문의
○ 문의하기 전화번호, 길찾기, 채팅 또는 이메일을 조회함
○ 리뷰 읽기 리뷰 및 평가를 조회함
○ 콜백 요청 서비스 또는 전화 통화를 요청함
○ 라이브 채팅 채팅을 통해 연락함
○ 업데이트 새 버전을 다운로드하거나 설치함

참여
○ 정보 비교하기 기능, 제품 또는 옵션을 비교함
○ 즐겨찾기에 추가 제품이나 정보를 목록에 저장함
○ 미디어 재생 동영상, 슬라이드쇼 또는 제품 데모 등의 양방향 미디어를 재생함
○ 이메일 또는 SNS 공유 SNS에 공유하거나 이메일을 보냄
○ 가입 뉴스레터, 업데이트 알림 또는 그룹에 가입

스마트 목표 스마트 목표를 사용할 수 없습니다.
웹사이트에서 가장 많은 참여로 이어진 방문을 측정하고 이러한 방문을 목표로 자동 전환합니다. 그런 다음 이러한 목표를 참고하여 Google Ads에서 입찰가를 최적화합니다. 자세히 알아보기

◉ 맞춤설정

[계속] [취소]

② 목표 설명
③ 목표 세부정보

그림 4.5 맞춤 설정 선택

목표 설명 단계에서는 구체적인 목표 이름과 목표의 유형을 분류할 수 있습니다. 목표 이름은 구글 애널리틱스를 사용하는 주체가 쉽고 직관적으로 알 수 있게 자유롭게 적습니다. 이번 실습에서는 '구매 완료'라고 목표의 이름을 설정하겠습니다.

그림 4.6 목표 이름 설정

여기서 [목표 유형] 메뉴와 [이름] 메뉴 사이에 있는 [목표 슬롯 ID] 메뉴는 추가하는 목표의 순서를 지정하기 위해 쓰이는 ID입니다. 목표 ID 1/목표 세트 4까지 있으며, '/'를 기준으로 목표 ID 1~20까지 있습니다. 다양한 보고서를 통해 목표 전환율을 조회할 때 이 목표 번호가 순서대로 표기됩니다.

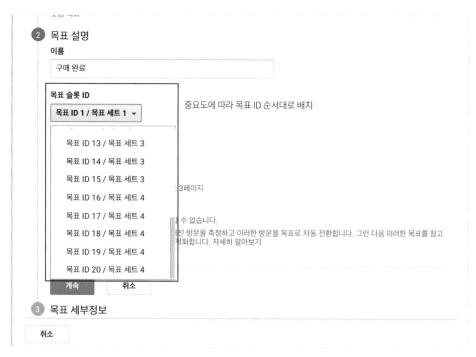

그림 4.7 목표 슬롯 설정

목표 세트는 4개까지 있으며 세트당 목표가 5개 들어가서 목표를 그룹화해 관리할 수 있습니다.

우선 결제 완료 목표가 가장 중요한 목표이니 [목표 ID 1/목표 세트 1]로 설정하고 진행하겠습니다.

목표 슬롯 ID
목표 ID 1 / 목표 세트 1 ▾

그림 4.8 목표 슬롯 설정 2

그 아래에 [목표 유형]이라는 영역이 나옵니다. [목표 유형]은 말 그대로 웹상에서 사용자 행위를 분류하는 4가지 카테고리입니다. 이 4가지를 순서대로 알아봅시다.

- **도착 목표**: 지정한 URL에 사용자가 도착했을 때 도착 목표가 발생합니다.
- **시간 목표**: 웹사이트에 들어와서 지정한 시간을 넘으면 목표가 달성됩니다.
- **세션당 페이지수/화면 수 목표**: 웹사이트에 들어와서 지정한 개수의 웹 페이지를 조회하면 이 목표가 발생합니다.
- **이벤트 목표**: 웹사이트에 들어와서 클릭, 스크롤과 같은 상호작용이 발생하는 순간 이벤트 목표가 발생합니다.

구매 완료 페이지에 사용자가 도착하면 그 사용자는 [구매] 행위를 완료한 것입니다. 즉, [구매 완료] 페이지에 '도착'해야 목표가 완료됩니다. 그렇기 때문에 이번 가정에서는 목표 유형을 [도착]으로 선택합니다.

그림 4.9 목표 유형 설정

보다시피 목표는 보기당 최대 20개까지 생성 가능하며, 삭제는 불가능하지만 수정은 가능합니다. 삭제가 불가능하기 때문에 목표를 너무 어지럽게 설정하면 데이터를 조회하기가 불편합니다. 일반적인 경우라면 가장 핵심적인 목표(결제 완료, 장바구니 등)의 목표 번호를 앞번호로 지정하고, 상대적으로 중요도가 낮은 목표 행위(스크롤, 페이지뷰 3회 이상 등)는 뒷번호부터 설정합니다.

'/'를 기준으로 오른쪽 영역은 목표 세트라 불리며 단순히 목표들의 집합입니다. 구글 애널리틱스에서 제공하는 보고서 중 일부 보고서는 이 목표 세트별로 보고 싶은 목표를 한곳에 모아 조회할 수 있습니다.

다음 단계는 목표 세부 설정입니다. 결제 완료 도착 목표로 유형을 정의했으니, 당연히 어디에 도착하는지에 대한 웹 주소(URL)를 적어야 합니다. 앞부분의 예를 다시 가져와 보겠습니다.

그림 4.10 목표 세부정보 설정 창

'http://labbit.kr/'에서 결제를 완료한 사람이 'http://labbit.kr/thankyou' 페이지에 도착한다고 가정해 봅시다. 그러면 최종 목표 도착란에 /thankyou만 써주면 모두 완료됩니다. 구글 애널리틱스에서 메인 도메인은 '/'(슬래시) 하나로 표기한다는 점을 잊지 말아야 합니다. 쇼핑몰의 메인 도메인은 'http://labbit.kr'이므로 이 부분은 구글 애널리틱스에서 '/'(슬래시) 하나로 생략 가능합니다.

그림 4.11 도착 URL 설정

구글 애널리틱스에서 메인 도메인은 '/'로 표기하기 때문에 메인 페이지 다음에 오는 URL 정보만 입력하면 됩니다. 그다음에 저장 버튼만 누르면 도착 목표 설정이 완료됩니다. 여기서는 중요한 부분만 설명하고 부차적인 부분은 이 장 후반에 다룰 것이기 때문에 아래쪽에 나와 있는 [값] 영역이나 [유입경로] 영역 부분은 제외하겠습니다.

그림 4.12 최종 [저장] 버튼 클릭

목표가 한 개 새롭게 추가된 것을 확인할 수 있습니다. 목표는 설정된 시점부터 데이터가 쌓이기 때문에 목표 설정 이전 시점에 결제 완료가 발생했어도 해당 데이터를 불러올 수는 없습니다. 따라서 구글 애널리틱스를 만드는 시점에 바로 설정해야 하는 것이 목표 설정입니다.

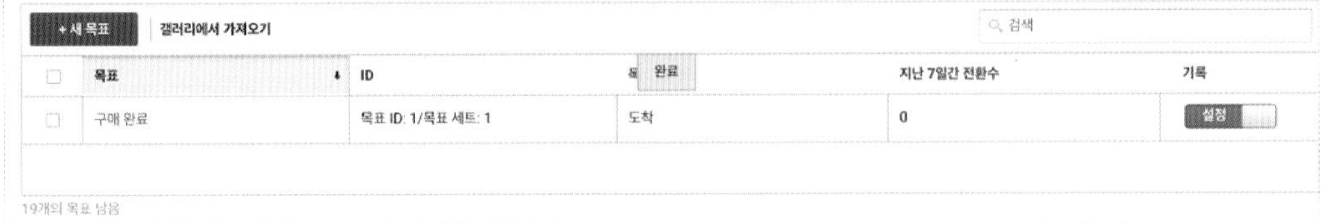

그림 4.13 새롭게 추가된 [구매 완료] 목표

두 번째로 1개 더 목표를 만들어 보겠습니다. 이번에는 '웹사이트에 5분 이상 머무른 사용자가 있다면 전환을 발생시키는' 목표를 생성하고 싶습니다. 똑같이 [새 목표] 버튼을 클릭합니다.

그림 4.14 새로운 목표 만들기

앞서 진행했던 것과 마찬가지 방법으로 맞춤 설정을 누르고 목표 설명란으로 이동합니다.

그림 4.15 맞춤 설정 선택

목표의 이름을 '5분 이상 체류'로 알아보기 쉽게 정의했습니다. 해당 목표는 결제 완료 등 쇼핑몰에서 상대적으로 중요도가 낮은 목표라고 판단해 목표 슬롯의 목표 번호를 20으로 지정하겠습니다.

그림 4.16 목표 슬롯 선택

5분 이상 머무른 사용자를 목표로 설정합니다. 4가지의 목표 유형 중 당연히 '시간' 유형이라고 짐작할 수 있습니다. '시간' 유형을 선택합니다.

그림 4.17 목표 이름, 목표 유형 설정

시간을 누르면 상당히 직관적으로 부등호와 함께 시간 설정을 할 수 있습니다. 5분 이상 체류자를 파악하기 위해서는 시간을 4분 59초 이상으로 설정해주면 됩니다. 이렇게 설정하면 웹사이트에 들어온 사용자가 5분 이상 머물면 전환을 발생시킵니다. 설정이 끝났으면 [저장] 버튼을 눌러 목표를 생성해줍시다.

그림 4.18 5분 이상 체류 목표 설정을 위한 시간 설정

이렇게 해서 5분 이상 조회 목표도 설정을 완료했습니다. 벌써 목표 2개가 생겼습니다. 아직 새로 만든 계정이라 데이터는 없지만, 추후 데이터가 쌓이면 설정된 목표를 통해 보고서에서 다양한 측정기준을 가지고 전환율을 조회할 수 있을 것입니다.

그림 4.19 새로 만들어진 [5분 이상 체류] 목표

4.2 단계별 전환율을 파악하기 위한 유입 경로 목표 설정

지금까지 특정 URL을 입력해 웹사이트의 결제 완료 페이지나 장바구니 페이지에 들어오는 행동을 전환 목표로 설정하여 다양한 측정기준별로 목표 전환율을 관찰하는 방법을 알아봤습니다. 그렇다면 결제 완료 페이지에 도착하는 전환율만 가지고 있다고 가정했을 때 지난달 대비 전환율이 왜 떨어졌는지, 또는 왜 증가했는지를 파악할 수 있을까요? 아마 쉽게 파악하기 힘들 것입니다.

이러한 부족함을 메울 수 있는 방식이 [유입 경로 목표 설정]입니다. 단순히 [결제 완료] 페이지에 도착하는 것뿐만이 아니라, [장바구니 페이지], [상세페이지], [결제 시작 페이지] 등 쇼핑몰에서 사용자들이 구매를 위해 거치는 기본 경로별로 이탈률과 전환율을 파악하고 싶을 때 [유입 경로 목표 설정]을 진행합니다.

우선은 직접 설정하기 전에 유입 경로 목표 설정이 어떻게 실제 데이터로 표현되는지 보기 위해 구글 애널리틱스 데모 계정으로 이동합시다. 구글 애널리틱스 데모 계정에 들어오면 화면을 모두 통일시키기 위해 보고서에서 [2018.1.1 – 2018.3.31]로 날짜를 바꿉니다.

그림 4.20 구글 애널리틱스 데모 계정 – 날짜 변경

그리고 [전환] → [목표] → [유입경로 시각화] 보고서로 이동합니다.

그림 4.21 유입 경로 시각화 이동 경로

아래로 스크롤하면 구글 애널리틱스 데모 계정에서 제공하는 가상 쇼핑몰인 Google Merchandise의 쇼핑몰 구매 경로별로 전환율과 이탈률이 나오는 것을 볼 수 있습니다. 이 유입 경로 설정은 단순히 [도착] 목표를 만들어준다고 자동으로 나타나는 것이 아니라 별도의 설정이 필요합니다.

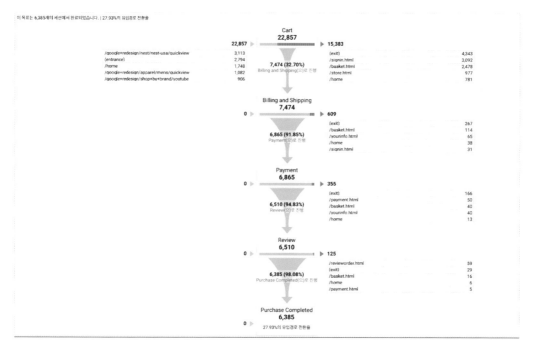

그림 4.22 구글 애널리틱스 데모 계정에 설정된 유입 경로 시각화 모습

유입 경로를 제대로 실습하기 위해서는 쇼핑몰 사이트가 필요합니다. 여기서는 필자가 만든 가상의 쇼핑몰을 가지고 유입 경로 시각화 목표를 만드는 방법을 실습할 예정입니다.

예제에서 사용할 간단한 가상 쇼핑몰 링크[14]를 첨부합니다. 해당 링크에 들어가면 다음과 같은 메인 화면이 나타날 것입니다.

14 링크: http://coa200.cafe24.com/

그림 4.23 가상 쇼핑몰의 메인 페이지

이렇게 가상 쇼핑몰에 접속하고 나서, 새 창을 열어 앞에서 만든 구글 애널리틱스 계정의 홈 화면으로 이동합니다.

유입 경로 목표 설정도 결국에는 목표를 설정하는 것이므로 [보기] 열의 [목표]로 이동합니다.

그림 4.24 유입 경로 목표 설정 이동 경로

[새 목표] 버튼을 눌러 새로운 목표를 만들어 봅시다.

그림 4.25 새 목표 만들기

우선 결제 완료 페이지에 유입 경로 시각화 목표도 함께 설정할 것이므로 목표의 이름을 [결제 완료(유입 경로 포함)]라고 정의했습니다. 당연히 결제 완료 페이지가 최종 목적지가 될 것이기 때문에 목표 유형은 [도착]으로 설정합니다.

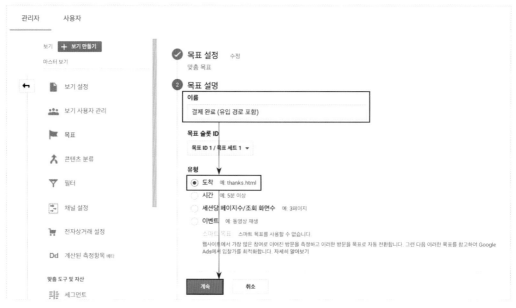

그림 4.26 유입 경로 목표 이름 설정

결제 완료 페이지를 'coa200.cafe24.com/thankyou'라고 가정하고, 최종 목적지에 메인 도메인을 생략한 '/thankyou'를 기재했습니다.

그림 4.27 유입 경로 설정

아래쪽을 보면 이번에 실습할 [유입 경로] 버튼이 있습니다. 해제된 유입 경로 옵션을 켜봅시다.

그림 4.28 유입 경로 설정 클릭

유입 경로의 단계가 나옵니다. 현재는 단계가 하나밖에 없으나, 아래쪽에 있는 [다른 단계] 버튼을 눌러 추가 단계를 설정할 수 있습니다.

그림 4.29 유입 경로 단계 추가

쇼핑몰이므로 단계를 2개 더 추가해 [상세페이지] → [장바구니 페이지] → [결제 정보 입력 페이지]로 경로를 만들었습니다.

그림 4.30 가상 쇼핑몰 기준의 유입 경로 설정

그런데 문제가 생겼습니다. 1단계에 적어야 할 상세페이지의 URL이 여러 개인데, 여러 상세페이지를 한 줄에 표시할 수 없기 때문입니다.

우선 메인 페이지에서 상품을 하나 선택해 해당 상품 상세페이지의 URL을 살펴봅시다.

- 상품 A(상품명: LABBIT 유성민 이사)의 URL:

  http://coa200.cafe24.com/product/detail.html?product_no=11&cate_no=1&display_group=2

그림 4.31 상품 A의 상세페이지 URL

그리고 다시 메인 페이지로 돌아가 다른 상품의 URL도 살펴보겠습니다.

- 상품 B(상품명: 그로스마켓 유성민 대표)의 URL:

  http://coa200.cafe24.com/product/detail.html?product_no=12&cate_no=1&display_group=2

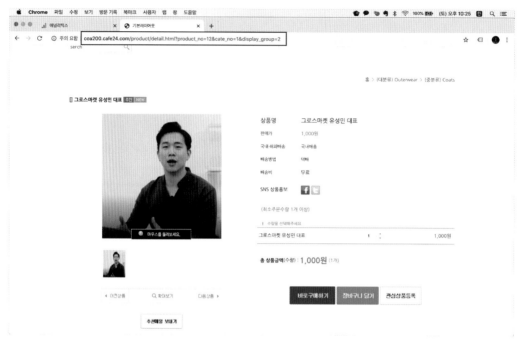

그림 4.32 상품 B의 상세페이지 URL

상품 A와 상품 B의 URL이 육안상으로는 비슷해 보이지만, 특정 부분에서 확실히 다릅니다. 두 개의 차이점이 무엇인지 비교해 봅시다.

- **상품 A**: http://coa200.cafe24.com/product/detail.html?product_no=11&cate_no=1&display_group=2

- **상품 B**: http://coa200.cafe24.com/product/detail.html?product_no=12&cate_no=1&display_group=2

상품 A의 경우 product_no 뒤에 오는 숫자가 '11'이고, 상품 B의 경우 '12'입니다. 상세페이지 도착을 유입 경로의 단계로 추가해야 하는데, 하나의 상세페이지 URL만 기재해줄 수는 없습니다.

그래서 상세페이지가 공통으로 가지고 있는 규칙을 구글 애널리틱스가 알아볼 수 있게 기재해야 하는데, 이 규칙을 정의할 수 있는 언어가 바로 '정규식'입니다. '정규식'을 활용해 그 규칙성만 정의할 수 있다면 상세페이지가 100개, 200개라고 해도 성공적으로 유입경로를 설정할 수 있습니다.

여기서 잠깐, 구글 애널리틱스 이야기를 벗어나 정규식에 관해 간단히 설명하겠습니다.

4.3 정규식을 활용한 유입 경로 설정

정규식이란 본래 개발자들이 사용하는 언어의 일종으로, 주로 URL의 일부를 일치시키거나 검색하는 데 사용되는 특수 문자이며, 모든 문자에 적용되는 하나의 규칙입니다. 정규식은 총 4개의 카테고리에서 세분화되어 총 11개의 기호로 구성됩니다. 이어서 11개 기호에 관해 자세히 설명합니다.

정규식은 크게 4가지 카테고리로 나뉘며, 11개의 기호를 갖고 있습니다. 4가지 카테고리의 이름은 다음과 같습니다.

- **a.** 임의문자 기호
- **b.** 앵커
- **c.** 그룹화
- **d.** 기타

각 카테고리별로 정규식 기호를 하나씩 설명하겠습니다.

표 4.1 정규식 – 임의 문자 기호

1. 임의문자 기호

기호	설명	예시
.	글자나 숫자, 또는 기호 등의 단일 문자	goo.gle은 gooogle, goodgle, goo8gle과 일치합니다.
*	이전 항목이 0개 이상 포함됨을 의미합니다.	기본 이전 항목은 이전 문자입니다. goo*gle은 google, goooogle과 일치합니다.
+	플러스 기호는 이선 항목이 최소 하나 이상 포함된다는 점을 제외하고, [*]와 같은 의미를 가집니다.	goo+gle은 goooogle과는 일치히지만, google과는 일치하지 않습니다.
?	이전 항목이 0개 또는 1개가 포함됨을 의미합니다.	labou?r는 labor 및 labour 모두와 일치합니다.
|	[or] 검색을 할 수 있습니다.	a|b는 a 또는 b와 일치합니다.

표 4.2 정규식 – 앵커 기호

2. 앵커

기호	설명	예시
^	해당 입력란의 시작 부분과 데이터가 일치해야 합니다.	^site는 site와 일치하지만, mysite와는 일치하지 않습니다.
$	해당 입력란의 끝 부분과 데이터가 일치해야 합니다.	site$는 site와 일치하지만, sitescan과는 일치하지 않습니다.

표 4.3 정규식 – 그룹화 기호

3. 그룹화

기호	설명	예시
( )	기본 설정을 수락하는 대신, 괄호를 사용해 항목을 새로 만듭니다.	Thank(s|you)는 Thanks, Thankyou와 일치합니다.
[ ]	대괄호를 사용해 일치하는 항목 목록을 작성합니다.	[abc]로 a, b, c가 포함된 목록이 만들어집니다.
–	대시를 대괄호와 함께 사용하면 목록이 확장됩니다.	[A–Z]는 영문 알파벳 대문자 목록을 나타냅니다.

표 4.4 정규식 – 기타 기호

4. 기타

기호	설명	예시
₩	정규 표현식 문자를 일반 문자로 전환합니다.	mysite₩.com에서 마침표가 와일드카드로 인식되는 것을 방지합니다.

기호별로 이러한 정규식들이 있지만, 정규식 기호의 의미를 안다고 해서 바로 활용하기는 어렵습니다. 숙련된 개발자들도 정규식이 혼란스러울 때가 있을 정도로 복잡하기 때문입니다.

바로 정규식을 적용하기는 다소 어려우니 최고의 치트키인 '.*'를 사용합시다. 해당 표를 보면서 설명을 읽어봅시다. '.'은 단일 숫자, 문자, 기호 등 아무 형식이나 들어갈 수 있고, '*'는 이전에 무엇이든 상관없이 0개에서 무한대까지 반복시킬 수 있기 때문에 '.*'를 사용하면 쉽게 페이지 URL을 묶을 수 있습니다. 이 정규식 '.*'를 한글로 직역하면 "무엇(숫자, 기호, 문자)이 몇 개 와도 좋다."라는 의미가 됩니다. 그러면 상품 A의 URL과 상품 B의 URL을 비교해 규칙성을 찾아봅시다.

- 상품 A의 URL:

    http://coa200.cafe24.com/product/detail.html?product_no=11&cate_no=1&display_group=2

- 상품 B의 URL:

    http://coa200.cafe24.com/product/detail.html?product_no=10&cate_no=1&display_group=2

2개의 URL을 비교해보니, 둘 다 'detail'이라는 키워드를 공통으로 포함하고 있습니다. 'detail'이라는 키워드가 '상세페이지'를 대표하는 키워드이니, 여기서는 "detail이라는 문자 키워드를 포함하면 모두 상세페이지로 간주하겠다."라는 가정 아래 유입 경로 2단계의 정규식을 포함 조건으로 적습니다.

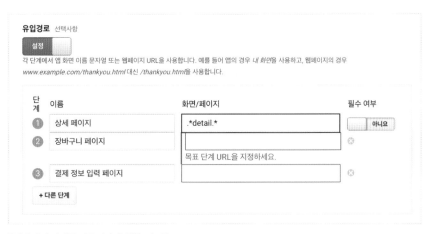

그림 4.33 상세페이지 전체를 적용시키기 위한 정규식

이렇게 하면 'detail' 앞뒤에 무엇이 와도 좋다는 의미의 정규식이 완성되며, 달리 말하면 "detail 키워드를 포함하는 URL은 모두 상세페이지 단계다."라고 말하는 것과 같습니다. 이렇게 보니 정규식이 그렇게까지 어렵지는 않은 것 같습니다.

그다음, 장바구니 페이지와 결제 정보 입력 페이지는 1개밖에 없으므로 URL 그대로 적습니다.

그림 4.34 나머지 경로까지 설정이 완료된 유입 경로 모습

이렇게 장바구니와 결제 정보 입력 페이지 URL을 복사한 다음, 메인 도메인을 생략하면 유입 경로 설정이 모두 마무리됩니다.

오른쪽 상단 필수 여부 역시 중요한 개념입니다. [필수 여부] 옵션이 켜져 있으면 반드시 이 경로를 만족한 사람들만 데이터에 잡힙니다. 예를 들어, 필수 여부가 켜져 있는 상태에서 '장바구니 페이지'부터 단계를 시작하면 그 사용자의 데이터는 잡히지 않습니다. 하지만 다양한 경우의 수를 고려해야 하므로 필수 여부 옵션을 해제하고 목표를 설정하는 것이 정확성은 다소 떨어져도 데이터 유실을 방지할 수 있습니다.

그림 4.35 필수 여부 옵션

유입 경로 시각화 보고서는 정확한 보고서는 아니고, 그 추세를 판단해야 합니다. 사용자의 쿠키 존속 여부, 세션 상황, 브라우저의 상태, 기기의 종류에 따라 데이터가 잡힐 때도 있고 안 잡힐 때도 있기 때문에 정확한 데이터 추적은 어렵습니다. 그 추세를 판단한다는 것에 유입 경로 시각화의 의의를 둡니다.

이제 유입 경로 목표 설정까지 성공적으로 마무리했습니다. 사실 유입 경로까지만 할 줄 알아도 구글 애널리틱스의 절반은 마스터했다고 해도 과언이 아닙니다. 그만큼 구글 애널리틱스에서 전환율을 관측하는 목표 설정은 매우 중요한 단계입니다. 이제 그다음으로 중요한 '세그먼트'에 대해 다음 장에서 자세히 살펴봅시다.

이번 장에서 배운 유입 경로는 다른 쇼핑몰을 참고해 직접 연습해 보면 쉽게 익숙해질 수 있을 것입니다.

고객 관찰을 위한
세그먼트와 맞춤 보고서

구글 애널리틱스에는 데이터 보고서를 조회하는 기능이 있지만, 많은 사람이 구글 애널리틱스가 제공하는 전체 서비스의 단 20% 정도밖에 활용하고 있지 못합니다. 구글 애널리틱스의 고급 기능을 활용하면 더욱더 유의미한 인사이트를 뽑아낼 수 있습니다. 이번 장에서는 구글 애널리틱스 세그먼트와 구글 애널리틱스 맞춤 보고서 기능, 구글 데이터 스튜디오에 관해 자세히 살펴봅니다.

5.1 세그먼트 정의

세그먼트(Segment)를 그대로 직역하면 '덩어리'라는 뜻으로, 마케팅에서는 '공통적인 성질이나 형태를 보이는 사용자 집단'을 의미합니다. 구글 애널리틱스에서는 소스/매체 보고서, 연령/성별 보고서 등 다양한 측정기준을 통해 데이터를 볼 수 있지만, 필요에 따라 어떤 공통적인 고객의 데이터만 필터링해서 보고 싶을 때가 있습니다. 예를 들면 '결제를 완료한 사람들의 행동 패턴을 보고자 할 때', '네이버 검색을 통해 들어온 사람들의 행동 패턴을 보고자 할 때' 등이 있습니다. 세그먼트를 정의해 그 데이터를 보면 기존의 전체 사용자를 대상으로 거시적으로 데이터를 보는 것과는 또 다른 인사이트를 얻을 수 있습니다.

세그먼트는 크게 2가지 기능을 합니다.

첫 번째는 앞서 언급한 특정 집단의 데이터를 집중적으로 보고 인사이트를 찾아내는 기능입니다. 또 다른 세그먼트를 정의해 2개 세그먼트를 비교해 조회할 수도 있습니다. 예를 들어, 네이버 검색을 통해 들어온 사용자와 구글 검색을 통해 들어온 사용자의 데이터 변동 추이를 비교 분석할 수 있습니다.

두 번째는 정의한 세그먼트를 구글 광고(Google Ads)와 연동해 구글 광고에서 추후 리마케팅을 구현할 데이터를 미리 저장할 수 있는 기능입니다. 예를 들어, 장바구니에 물건을 담은 사람을 구글 애널리틱스에서 별도의 세그먼트로 정의해놓으면 추후 구글 광고에서 '장바구니에 물건을 담은 사람'에게 다시 한번 광고를 노출할 수 있는 리마케팅을 지원합니다. 하지만 이 책은 구글 애널리틱스를 주로 다루므로 세그먼트의 두 번째 기능인 '리마케팅'에 대해서는 다루지 않습니다.

구글 검색 창에 '구글 애널리틱스 데모 계정'을 입력하고 데모 계정으로 접속해 봅시다. 데모 계정 링크도 첨부합니다.[15]

---

15 데모 계정 링크: https://support.google.com/analytics/answer/6367342?hl=ko

Google
구글 애널리틱스 데모 계정
전체
이미지
뉴스
동영상
지도
더보기
설정
도구
검색결과 약 18,100개 (0.36초)
support.google.com › analytics › answer
데모 계정 - 애널리틱스 고객센터 - Google Support
Google 애널리틱스 데모 계정은 모든 기능을 사용할 수 있는 Google 애널리틱스 계정으로 Google 사용자 누구나 액세스할 수 있습니다. 이 계정을 사용하면 ...
데모 계정 액세스 · 데이터의 출처 · 데모 계정 활용 방법

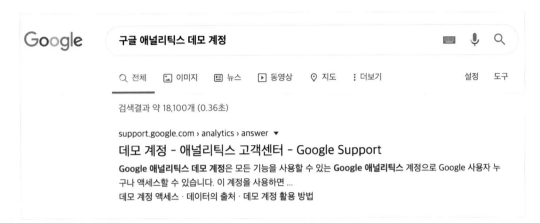

그림 5.1 구글 애널리틱스 데모 계정 접근 방법

[데모 계정 액세스]를 2번 눌러 구글 애널리틱스에서 제공하는 데모 계정으로 이동합니다.

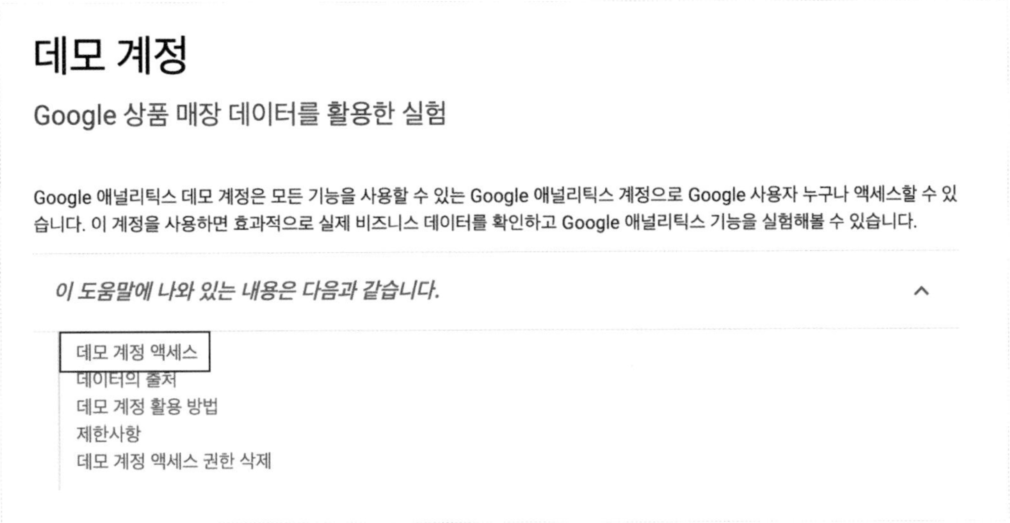

데모 계정
Google 상품 매장 데이터를 활용한 실험
Google 애널리틱스 데모 계정은 모든 기능을 사용할 수 있는 Google 애널리틱스 계정으로 Google 사용자 누구나 액세스할 수 있습니다. 이 계정을 사용하면 효과적으로 실제 비즈니스 데이터를 확인하고 Google 애널리틱스 기능을 실험해볼 수 있습니다.
이 도움말에 나와 있는 내용은 다음과 같습니다.
데모 계정 액세스
데이터의 출처
데모 계정 활용 방법
제한사항
데모 계정 액세스 권한 삭제

그림 5.2 구글 애널리틱스 데모 계정 접근 방법 2

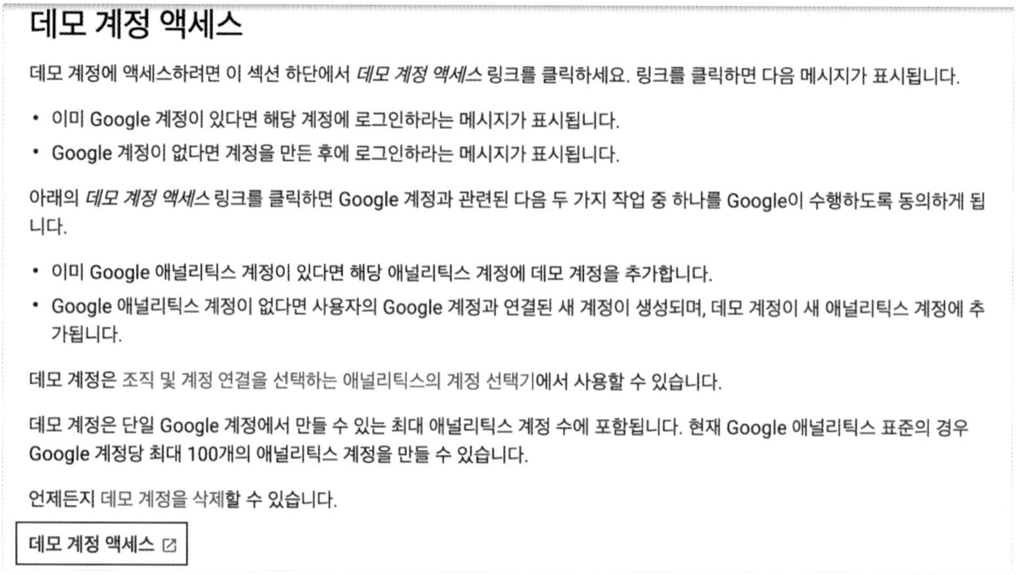

데모 계정 액세스

데모 계정에 액세스하려면 이 섹션 하단에서 *데모 계정 액세스* 링크를 클릭하세요. 링크를 클릭하면 다음 메시지가 표시됩니다.

- 이미 Google 계정이 있다면 해당 계정에 로그인하라는 메시지가 표시됩니다.
- Google 계정이 없다면 계정을 만든 후에 로그인하라는 메시지가 표시됩니다.

아래의 *데모 계정 액세스* 링크를 클릭하면 Google 계정과 관련된 다음 두 가지 작업 중 하나를 Google이 수행하도록 동의하게 됩니다.

- 이미 Google 애널리틱스 계정이 있다면 해당 애널리틱스 계정에 데모 계정을 추가합니다.
- Google 애널리틱스 계정이 없다면 사용자의 Google 계정과 연결된 새 계정이 생성되며, 데모 계정이 새 애널리틱스 계정에 추가됩니다.

데모 계정은 조직 및 계정 연결을 선택하는 애널리틱스의 계정 선택기에서 사용할 수 있습니다.

데모 계정은 단일 Google 계정에서 만들 수 있는 최대 애널리틱스 계정 수에 포함됩니다. 현재 Google 애널리틱스 표준의 경우 Google 계정당 최대 100개의 애널리틱스 계정을 만들 수 있습니다.

언제든지 데모 계정을 삭제할 수 있습니다.

데모 계정 액세스 ☒

그림 5.3 구글 애널리틱스 데모 계정 접근 방법 3

그러면 가상 데이터가 제공되는 구글 데모 계정으로 접속됩니다.

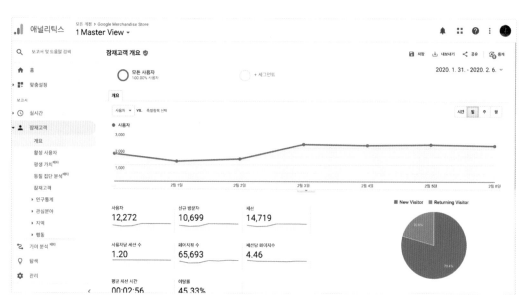

그림 5.4 구글 애널리틱스 데모 계정 홈 화면

독자와 이 책의 화면을 통일하기 위해 [2018.1.1~2018.3.31]로 날짜를 지정합니다.

그림 5.5 구글 애널리틱스 데모 계정 날짜 변경

그다음, 왼쪽 보고서 영역에서 [획득] → [전체 트래픽] → [소스/매체] 보고서로 이동합니다.

그림 5.6 소스/매체 보고서 이동

소스/매체 보고서의 모든 사용자를 기반으로 사용자들의 트래픽을 시각화한 그래프로 보여줍니다.

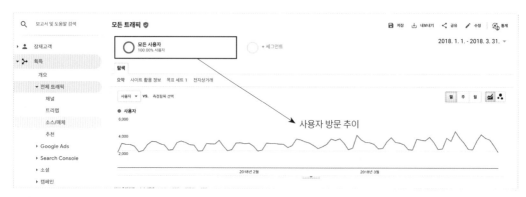

그림 5.7 모든 사용자의 방문 추이

그리고 아래쪽에는 해당 기간의 모든 소스/매체 데이터의 방문 수와 전환율이 표시됩니다.

	소스/매체	획득			동작			전환 전자상거래		
		사용자	신규 방문자	세션	이탈률	세션당 페이지수	평균 세션 시간	전자상거래 전환율	거래수	수익
		208,336 전체 대비 비율(%): 100.00% (208,336)	**199,701** 전체 대비 비율(%): 100.09% (199,518)	**273,767** 전체 대비 비율(%): 100.00% (273,767)	**47.19%** 평균 조회: 47.19% (0.00%)	**3.89** 평균 조회: 3.89 (0.00%)	**00:02:08** 평균 조회: 00:02:08 (0.00%)	**2.27%** 평균 조회: 2.27% (0.00%)	**6,220** 전체 대비 비율(%): 100.00% (6,220)	**US$1,234,19** 전체 대비 비율(%): (US$1,234
☐	1. google / organic	**90,626** (41.70%)	85,753 (42.94%)	110,269 (40.28%)	48.27%	3.87	00:02:04	0.77%	847 (13.62%)	US$133,132.39
☐	2. youtube.com / referral	**49,883** (22.95%)	49,341 (24.71%)	54,256 (19.82%)	59.23%	2.24	00:00:46	< 0.01%	1 (0.02%)	US$32.47
☐	3. (direct) / (none)	**32,295** (14.86%)	30,696 (15.37%)	41,746 (15.25%)	49.32%	3.87	00:02:27	2.52%	1,054 (16.95%)	US$166,549.92
☐	4. mall.googleplex.com / referral	**11,289** (5.19%)	7,783 (3.90%)	20,433 (7.46%)	14.27%	7.16	00:03:45	8.37%	1,710 (27.49%)	US$297,973.90
☐	5. google / cpc	**7,829** (3.60%)	6,919 (3.46%)	10,250 (3.74%)	65.28%	2.95	00:01:24	0.81%	83 (1.33%)	US$11,394.53
☐	6. analytics.google.com / referral	**6,170** (2.84%)	4,707 (2.36%)	7,969 (2.91%)	51.44%	3.05	00:03:04	0.01%	1 (0.02%)	US$10.99
☐	7. Partners / affiliate	**4,415** (2.03%)	4,047 (2.03%)	5,578 (2.04%)	53.46%	3.14	00:02:48	0.04%	2 (0.03%)	US$20.98
☐	8. gdeals.googleplex.com / referral	**3,758** (1.73%)	1,844 (0.92%)	8,068 (2.95%)	11.35%	7.96	00:04:56	20.27%	1,635 (26.29%)	US$412,630.46
☐	9. sites.google.com / referral	**3,165** (1.46%)	1,815 (0.91%)	5,647 (2.06%)	19.83%	6.56	00:03:58	13.58%	767 (12.33%)	US$193,249.44
☐	10. google.com / referral	**1,144** (0.53%)	1,093 (0.55%)	1,245 (0.45%)	40.08%	4.61	00:02:13	0.08%	1 (0.02%)	US$17.94

그림 5.8 소스/매체별 사용자 수와 전환율

어쩌면 구글 자연 검색자의 방문 추이만 별도로 보고 싶을 수 있습니다. 구글 자연 검색자는 소스/매체 보고서에서 'google/organic'으로 표기되는 사용자들이지만, 이들의 변화 추이를 직관적으로 파악하기가 어렵습니다. 그래서 이번에는 '구글 자연 검색을 통해 들어온 사용자'만 세그먼트로 정의해 보겠습니다.

상단의 [모든 사용자] 옆에 [+세그먼트]라는 표시가 있습니다. 이 부분이 세그먼트를 새롭게 만들 수 있는 영역입니다. 세그먼트 버튼을 누릅니다.

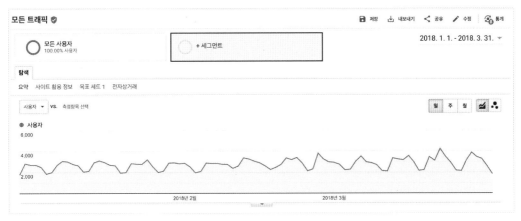

그림 5.9 새로운 세그먼트 만들기

버튼을 누르면 다음과 같은 창이 나타납니다. 왼쪽은 새로운 세그먼트를 만드는 영역이고, 오른쪽의 다양한 목록에는 이미 구글 애널리틱스에서 필요할 만한 세그먼트를 정의한 것입니다. 여기서는 웹사이트에 방문한 전체 사용자, 즉 [모든 사용자]를 기준으로 데이터를 보고 있기 때문에 모든 사용자 부분이 체크돼 있습니다.

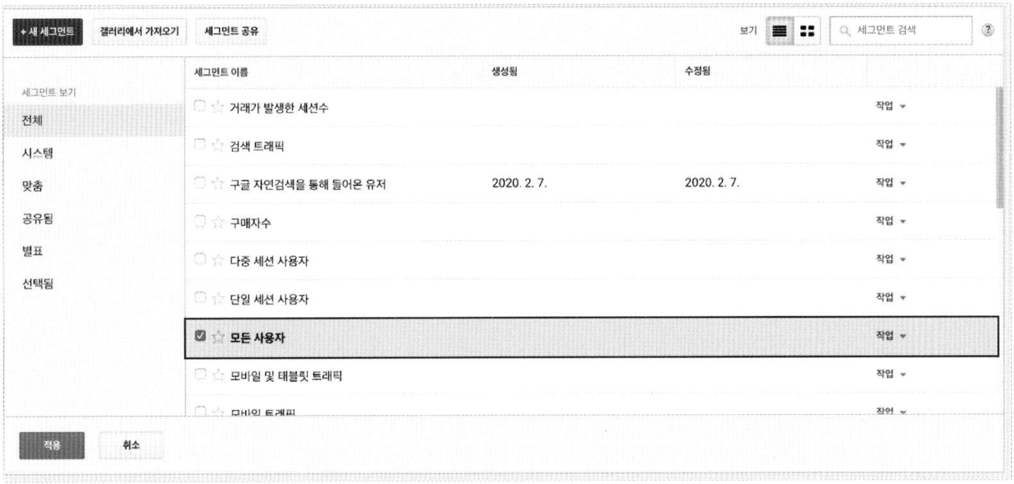

그림 5.10 [모든 사용자]로 설정된 세그먼트

미리 정의된 세그먼트들을 보면서 다양하게 활용해 봅시다. 미리 정의된 세그먼트로도 편리하게 유의미한 데이터를 볼 수 있지만, 브랜드에 맞는 새로운 세그먼트도 만들 줄 알아야 합니다. 따라서 여기서는 구글 자연 검색자 세그먼트를 정의하는 새로운 세그먼트를 만들어 보겠습니다.

왼쪽 상단에 있는 [새 세그먼트]라는 빨간색 버튼을 누릅니다.

그림 5.11 [새 세그먼트] 버튼

새 세그먼트 만들기를 누르면 조금 복잡해 보이는 설정 화면이 나타납니다. 왼쪽에는 인구 통계, 기술, 행동 등 세그먼트를 조건에 맞게 정의할 수 있는 목록이 있습니다. 오른쪽에는 각 목록별로 쉽게 정의할 수 있게 필드 값을 배치해두었습니다.

직관적으로 알 수 있는 이러한 기능들은 혼자서도 충분히 실습이 가능합니다. 하지만 지금은 직접 세그먼트를 정의하는 것을 연습할 것이므로 [고급] 기능을 통해 세그먼트를 만들어 보겠습니다.

왼쪽 카테고리 영역에서 [고급]의 [조건]으로 들어갑니다. 조건 영역에서는 구글 애널리틱스에서 수십 개의 측정기준을 기반으로 '값'을 정의함으로써 원하는 조건을 만들어 세그먼트를 정의합니다.

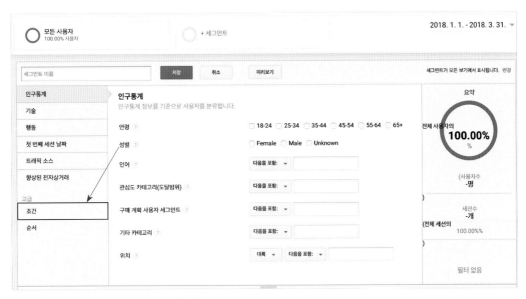

그림 5.12 직접 세그먼트를 정의할 수 있는 [고급] 영역

우선 왼쪽 최상단의 [세그먼트 이름]에는 세그먼트의 이름을 다양한 이해관계자가 알아볼 수 있게 정의합니다. 나중에도 알아보기 쉽게 '구글 자연 검색자'라고 직관적인 세그먼트 이름을 적습니다.

그림 5.13 조건별 세그먼트를 만들 때의 요소 설명

그다음 보이는 화면에는 칸이 3개가 있습니다.

- **a.** 첫 번째 칸은 측정기준입니다. 구글 애널리틱스에서 제공하는 측정기준(Dimension)을 기반으로 조건을 정의할 수 있습니다.

- **b.** 두 번째 칸은 '수식' 영역입니다. [다음을 포함], [다음과 같음]과 같은 측정기준과 입력할 값의 상관관계를 수식으로 표현할 수 있습니다.

- **c.** 세 번째 칸은 앞에서 정의한 측정기준에 대한 '값'을 넣어주는 영역입니다.

그리고 가장 오른쪽에 있는 그림은 세그먼트를 정의할 때마다 그 세그먼트의 대략적인 규모가 얼마고, 전체 방문자 대비 사용자가 정의한 세그먼트가 몇 %의 비율을 차지하는지를 말합니다. 그럼, 실습을 통해 더 자세하게 알아봅시다.

구글 자연 검색자 세그먼트를 만들어 봅시다. 구글 자연 검색자는 구글을 통해 들어오는 사용자이기 때문에 소스의 값은 'google'이 될 것입니다. 하지만 소스가 'google'인 사람 중에서는 구글 광고를 통해 들어오는 사용자 'google/cpc 또는 google/display'도 있고 다른 별도의 구글 사이트에서 넘어오는 사용자 'google/referral'도 있을 것입니다.

하지만 여기서 원하는 것은 구글 자연 검색자입니다. 자연 검색자이기 때문에 소스값에는 'google'이 들어갈 것이고, 매체 값에는 'organic'이 들어갈 것입니다. 즉, 구글 자연 검색자를 정의하기 위해서는 2개의 조건이 필요합니다. 일단 첫 번째 조건부터 정의합시다.

첫 번째 조건은 소스입니다. 첫 번째 칸에서 '소스'를 검색하면 [소스]라고 표시된 초록색 측정기준이 나타납니다. 참고로 측정기준은 초록색으로 표시되고, 측정항목은 파란색으로 표시됩니다. [소스]를 선택합니다.

그림 5.14 자연 검색자 세그먼트 생성을 위한 [소스] 측정기준 검색

첫 번째 측정기준을 [소스]로 두고, [다음을 포함] 수식 조건을 넣은 다음 '값'을 넣습니다. 직접 입력할 수도 있으나, 세 번째 칸에 마우스 커서를 올리면 현재 구글 애널리틱스 계정에서 실제로 잡힌 다양한 소스가 목록으로 나타납니다. 여기서 [google]을 선택합니다.

이렇게 첫 번째 조건이 완성됩니다. 우선, '구글을 통해 들어온 사용자'에 대한 세그먼트 정의는 끝났습니다. 이제 또 하나의 조건을 추가해야 합니다.

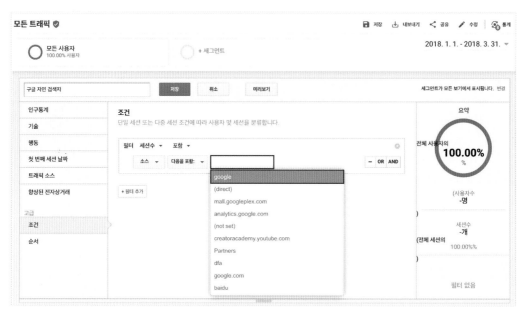

그림 5.15 구글 자연검색자 세그먼트 생성을 위해 [소스] 측정기준에 [google] 값을 배치하는 모습

하나의 조건을 더 추가하는 데는 'OR 조건' 또는 'AND 조건'이 있습니다. 여기서는 2개의 조건을 모두 만족해야 구글 자연 검색자를 정의할 수 있기 때문에 [AND]를 눌러 조건을 추가 정의합니다. 두 조건을 동시에 만족하지 않아도 되는 세그먼트를 정의할 경우에는 당연히 [OR] 조건을 사용하면 됩니다.

그림 5.16 organic 사용자를 생성하기 위해 조건을 추가하는 [AND] 버튼

이번에는 측정기준이 소스가 아니라, organic 값을 넣어주기 위한 [매체]를 선택합니다.

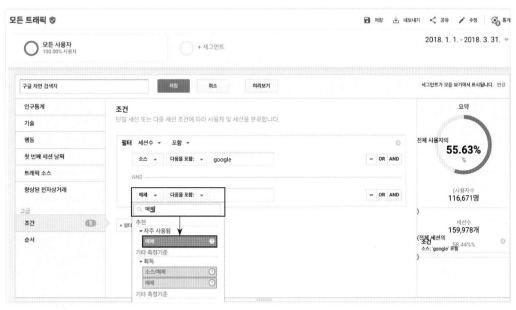

그림 5.17 [매체] 측정기준 추가하기

그다음에 세 번째 칸에 마우스 커서를 가져다 놓으면 [organic]이 보입니다. 이 [organic]을 선택해 넣습니다. 물론 사용자가 원하는 매체 값을 직접 입력해도 괜찮습니다.

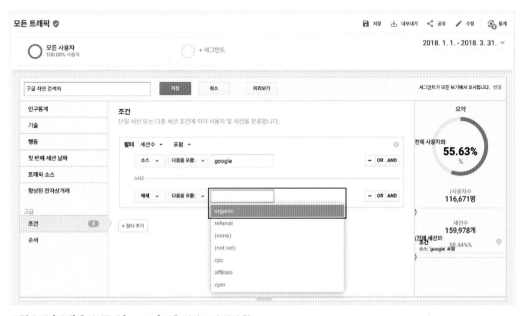

그림 5.18 [매체] 측정기준에 [organic] 값을 넣어 조건 생성 완료

이렇게 설정을 마치면 '구글 자연 검색자'라고 이름 붙인 세그먼트가 정의되는 것을 알 수 있습니다. 구글 자연 검색자라고 정의한 이 세그먼트는 '소스값이 google이면서, 매체 값이 organic인 조건을 만족하는 사용자'입니다. 이렇게 정의를 마치니 오른쪽 영역에 구글 자연 검색자가 총 10만 명 정도 되고 전체 사용자 대비 42% 정도를 기록하는 것을 볼 수 있습니다. [저장] 버튼을 눌러 세그먼트를 저장합니다.

그림 5.19 소스 값이 'google'이며, 매체 값이 'organic'인 구글 자연 검색자 세그먼트

이제 '모든 사용자'였던 세그먼트가 '구글 자연 검색자'로 표기가 된 것을 볼 수 있습니다. 또한, 하단의 꺾은선 그래프는 구글 자연 검색자의 트래픽 추이를 보여줍니다.

이렇게 되면, 구글 자연 검색을 통해 들어오는 사용자가 기간별로 어느 정도 증감 추이를 보이는지 직관적으로 비교할 수 있습니다.

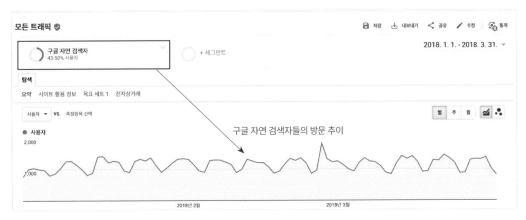

그림 5.20 구글 자연 검색자의 방문 추이

여기서 잠시 본론에서 벗어나 한 가지 기능을 더 설명하겠습니다. 현재 화면에서 오른쪽 상단 날짜 쪽으로 이동해 [비교] 기능을 켜봅시다. [이전 기간]에 대비해 비교 체크 박스를 켜면 지금 보는 기간과 그 전 기간의 데이터를 비교해 조회할 수 있습니다.

예를 들어, 2018년 1월 1일부터 3월 31일까지의 3개월 데이터를 보고 있을 경우 비교 기능을 체크하면 이전 3개월의 데이터를 가져옵니다(2017.10.1~2017.12.31).

그림 5.21 트래픽 증감 파악을 위한 비교 기능

이때 스크롤을 내려 소스/매체 보고서를 보면 이전 3개월과 이번 3개월의 데이터를 비교해 볼 수 있습니다. 구글 자연 검색자의 방문량이 2017년 연말 대비 15% 줄었다는 것은 브랜드 인지도가 감소한 것이라고 해석할 수 있습니다.

동시에 방문자 수는 15% 줄었지만, 전자상거래 전환율이 31% 증가했다는 것은 '매출'이 KPI일 때는 꽤 긍정적인 요소입니다.

그림 5.22 트래픽 증감 파악을 위한 비교 기능 2

방문자 수가 감소하기는 했지만, 전환율이 크게 늘었기 때문에 매출이 KPI라면 훨씬 더 고품질 사용자들만 방문해서 구매가 발생했다는 긍정적인 상황이라고 해석할 수 있습니다.

하지만 위에서 언급했듯이, '브랜드 인지도 증가'가 목적이라면 KPI가 '자연 검색자의 증가율'일 것이므로 15%의 방문자 수 감소는 브랜드 인지도 증가가 KPI인 상황에서는 부정적인 현상으로 해석할 수 있습니다.

이처럼 데이터는 진행 중인 마케팅 캠페인 또는 비즈니스의 방향성에 따라 같은 데이터라도 긍정적으로 해석할 수도 있고 부정적으로 해석할 수도 있습니다. 이런 특성을 데이터가 '다차원적인 성격을 가진다'라고 말합니다.

마지막으로 세그먼트를 한 개 더 만들어보겠습니다. '결제를 완료한 사람'을 대상으로 세그먼트를 생성해보는 것입니다. 결제를 완료한 사람을 정의하기 위해서는 우선 '결제 완료'라는 목표가 설정돼 있어야 합니다. 이번 장에서는 세그먼트에 관한 내용을 주로 다루므로 결제 완료 목표를 설정하는 방법에 대해서는 4장을 참고하세요.

우선 데모 계정의 소스/매체 보고서로 이동합니다.

그림 5.23 새로운 세그먼트 생성을 위해 소스/매체 보고서로 다시 이동

이전에 구글 자연 검색자 세그먼트를 새로 만들어준 것처럼 [모든 사용자] 옆에 있는 [세그먼트 생성]을
클릭합니다.

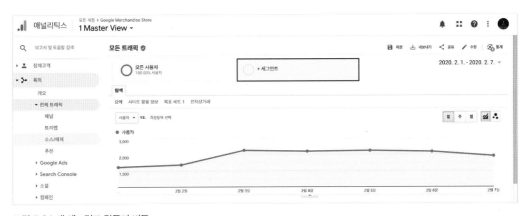

그림 5.24 새 세그먼트 만들기 버튼

똑같이 빨간색의 [새 세그먼트] 버튼을 눌러 세그먼트를 새롭게 정의합니다.

그림 5.25 [새 세그먼트] 버튼 클릭

새로운 세그먼트에 '결제 완료자'라고 이름을 붙여주고, [고급] 영역의 [조건] 쪽으로 이동합니다.

그림 5.26 [조건] 영역으로 이동

앞에서는 소스/매체 기준을 검색했지만, 이번에는 결제 완료라는 목표를 검색해볼 것입니다. 구글 애널리틱스 데모 계정의 결제 완료 목표의 이름은 [Purchase Completed]이기 때문에 [Purchase Completed]를 왼쪽 네모 칸 영역에서 검색하면 다음 그림과 같이 나타납니다.

그러면 해당 목표에 대한 측정 항목 3가지가 나옵니다. 3개 다 비슷해 보이지만, 사실 조금 다릅니다. Purchase Completed 목표 완료 수, 목표 시작 수, 목표 가치로 3가지가 나오는데, 예제에서는 결제 완료자를 정의할 것이므로 결제 완료자를 정의할 방법을 고민해보면 답이 쉽게 나옵니다.

그림 5.27 [Purchase Completed] 검색

'결제 완료자는 데모 계정에서 정의한 Purchase Completed 목표를 적어도 1번은 달성시킨 사람'입니다. 그래서 위에 보이는 메뉴 중 첫 번째 영역에 측정 항목인 [Purchase Completed(목표 1 완료 수)]를 넣습니다.

그러면 네모 칸이 바뀌면서 3번째 네모 칸에 비교 연산자(부등호)가 나타납니다. 목표 완료 수가 0보다 커야 적어도 1번은 결제 완료라는 목표를 달성시킨 사람일 것이므로 초과를 의미하는 부등호 [>]를 선택합니다.

그림 5.28 [Purchase Completed] 검색 후 부등호 추가

그리고 나서 다음 이미지와 같이 마지막 3번째 칸에 0을 입력하면 앞에서 정의한 세그먼트는 'Purchase Completed 완료 수가 적어도 0보다 큰 사람', 즉 결제를 한 번이라도 발생시킨 사용자로 정의됩니다.

화면 오른쪽을 보면 예상 데이터가 나옵니다. 세그먼트 이름을 입력하고 [저장] 버튼을 눌러 마지막으로 세그먼트를 정의합니다.

그림 5.29 [Purchase Completed] 완료 수가 0보다 큰 고객 세그먼트 정의

다음 그림을 보면 2018년 1월 1일부터 2018년 3월 31일까지의 결제 완료자 세그먼트의 트래픽 추이를 볼 수 있습니다. 오른쪽 끝에 결제 완료자가 급증한 날을 직관적으로 볼 수 있습니다. 그럴 경우 이때 진행한 마케팅 캠페인이 무엇이었는지 살펴본 다음, 다음 마케팅 캠페인에도 결제 완료자가 급증할 수 있게 예전에 진행한 캠페인의 성격을 반영해 진행해 볼 필요가 있을 것입니다. 이렇게 추이 보고서를 가지고도 충분히 인사이트를 얻고 비즈니스를 성장시킬 수 있습니다.

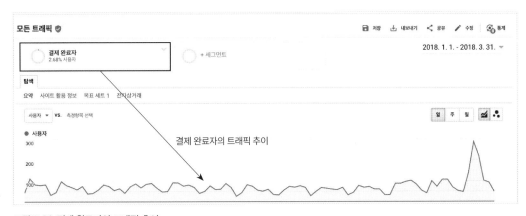

그림 5.30 결제 완료자의 트래픽 추이

아래쪽에 있는 표 형식의 숫자 데이터로 수치를 확인할 볼 수도 있지만, 결국 데이터는 '맥락'으로 해석돼야 합니다. 단순히 '결제 전환율 2%'는 의미가 없지만, '전주 대비 결제 전환율 10% 증가'는 의미가 있습니다. 그래서 데이터는 맥락이 중요합니다.

5.2 직접 만드는 맞춤 보고서

구글 애널리틱스에서는 초보자에게 치명적일 수 있는 한계가 하나 있습니다. 바로 주어진 보고서밖에 볼 수 없다는 사실입니다. 구글 애널리틱스에서 제공하는 다양한 측정기준의 수십 개 보고서를 직접 커스터마이즈해서 보고 싶은 데이터만 볼 수 있다면 더할 나위 없이 좋을 것입니다.

구글이 이 기능을 준비해두지 않은 것은 아닙니다. 데이터를 구글 애널리틱스 관리자가 직접 조회하는 방법은 두 가지입니다.

첫 번째는 구글 애널리틱스 내에서 '맞춤 보고서' 기능을 활용해 보는 방법입니다.

두 번째는 '구글 데이터 스튜디오'라는 보고서 자동화 툴을 활용한 방법입니다.

이번 장에서 이 두 가지 기능을 모두 살펴볼 텐데, 그 전에 구글 애널리틱스 초보자들이 느끼는 한계점을 간단히 언급하고 넘어가겠습니다.

구글 애널리틱스 데모 계정에서 [잠재고객] → [인구 통계] → [연령] 보고서로 이동합니다. 그러면 당연히 측정기준이 [연령]이 되고 연령별 사용자 수, 연령별 신규 방문자 수, 연령별 이탈률, 연령별 거래 수와 같은 지표를 볼 수 있습니다.

하지만 이 경우 데이터의 성별을 직관적으로 관측할 수는 없습니다. 이럴 때 '보조 측정기준'을 사용합니다.

그림 5.31 데모 계정의 [연령] 보고서

보조 측정기준을 이용하면 기존에 보고 있는 측정기준에서 측정기준을 1개 더 추가해 한 단계 더 다차원적으로 보고서를 볼 수 있습니다. 보조 측정기준 영역에서 [성별]을 검색해 넣어봅시다.

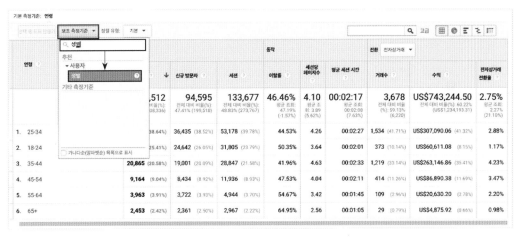

그림 5.32 보조 측정기준으로 [성별] 추가하기

이렇게 측정기준이 총 2개 생겼습니다. 연령 보고서를 보다가 [성별]이라는 측정기준을 한 개 더 추가해 연령/성별 보고서를 볼 수 있습니다. 측정기준은 영어로 'Dimension'이라고 부릅니다. 'Dimension'을 그대로 직역하면 '차원'이라는 뜻을 가지고 있습니다.

그림 5.33 연령 측정기준과 성별 측정기준으로 총 2개의 측정기준이 생긴 모습

평소에 보는 측정기준 1개인 보고서를 1차원 보고서라고 부르며, [성별]이라는 측정기준을 1개 더한 보고서는 2차원 보고서입니다. 구글 애널리틱스 기본 보고서의 한계점은 여기서 나타납니다. 바로 '최대 2차원 보고서까지만 볼 수 있다'라는 점입니다. 하지만 데이터는 다차원으로 볼수록 훨씬 더 유의미하고 정확한 인사이트를 얻을 수 있습니다.

하나의 측면에서만 데이터를 바라보는 것이 아니라, 다양한 측면에서 데이터를 조회해 다각도로 분석할 필요가 있는 것입니다. 이렇게 다차원 보고서를 만들어줄 수 있는 것이 앞서 언급한 '맞춤 보고서 기능'과 '구글 데이터 스튜디오 보고서'입니다. 그렇다면 우선 맞춤 보고서부터 만들어 봅시다.

왼쪽 메뉴 탭의 [홈] 아래쪽에 [맞춤 설정]이라는 영역이 있습니다. [맞춤 설정] → [맞춤 보고서] 영역으로 이동합니다.

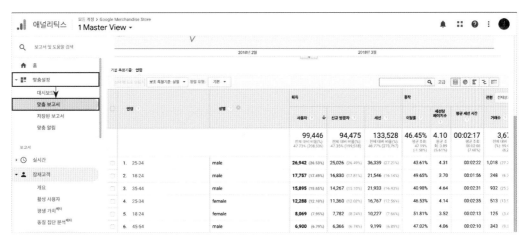

그림 5.34 맞춤 보고서로 이동하기

그러면 맞춤 보고서를 만들 수 있는 영역이 나타납니다. [새 맞춤 보고서]를 눌러 다차원 보고서를 만들어 봅시다.

그림 5.35 [새 맞춤 보고서] 버튼 클릭

[맞춤 보고서 만들기] 영역입니다. 처음에는 일반 정보 영역에 만들 맞춤 보고서의 이름을 정의합니다. 이번 실습에서는 '연령', '성별', '기기'라는 3개의 측정기준을 활용해 3차원 보고서를 만들어볼 예정입니다. 그래서 맞춤 보고서의 이름을 '연령/성별/기기 보고서'라고 직관적으로 적었습니다.

그림 5.36 [새 맞춤 보고서] 생성하기 시작

이제 [보고서 내용] 항목으로 이동해봅시다. 보고서에는 총 3개의 유형이 있습니다. (무료 버전 기준) 첫 번째는 탐색기, 두 번째는 플랫 표, 세 번째는 방문자 분포입니다.

그림 5.37 [새 맞춤 보고서]의 3가지 유형

탐색기

탐색기는 다차원 보고서 생성이 불가합니다. 소스/매체 보고서나 연령 보고서와 똑같은 형태로, 위쪽에는 꺾은선 그래프가 나타나고 아래쪽에는 측정기준이 1개이고 최대 보조 측정기준을 1개 더 추가할 수 있는 항상 보는 보고서 형태와 같습니다.

그럼에도 불구하고 탐색기 보고서는 구글 애널리틱스에서 기본으로 보여주지 않는 측정기준이나 측정항목을 활용해 마치 기존에 데모 계정에서 본 보고서처럼 위쪽에는 그래프 형태로, 아래쪽에는 표의 형태로 만들 수 있다는 이점이 있습니다. 이 [탐색기] 보고서는 지금 단계에서는 크게 사용할 일이 없습니다.

플랫 표

이 플랫 표 형태가 여기서 만들고자 하는 다차원 보고서를 생성합니다. 즉, 기본으로 최대 2개의 측정기준만 제공하던 구글 애널리틱스의 기본 보고서와 달리, [플랫 표]에서는 원하는 측정기준과 측정항목을 수십 개 나열해 한 번에 표 형태로 볼 수 있습니다.

방문자 분포

각 방문자의 지역을 전 세계 지도로 보여주는 등 세계 지도 기반으로 시각화 보고서를 작성할 때 방문자 분포 보고서를 사용합니다. 하지만 웬만한 글로벌 회사가 아니면 세계 지도 보고서는 사실 많이 사용하지 않습니다.

여기서는 [성별], [연령], [기기]라는 3개의 측정기준을 활용할 것이므로 [플랫 표]를 선택해 측정기준을 3개 나열해 보겠습니다.

일단 측정기준부터 만듭니다. 참고로 구글 애널리틱스에서 측정기준은 초록색으로 표시되며, 측정 항목은 파란색으로 표시됩니다. 측정기준에 연령을 검색해 넣습니다.

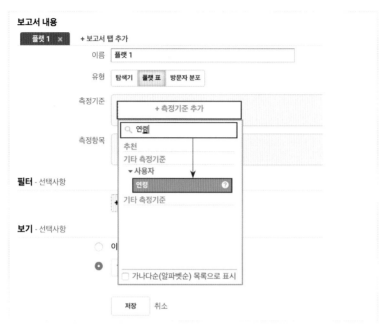

그림 5.38 다차원 보고서 생성하기

두 번째로 성별도 검색해서 넣습니다.

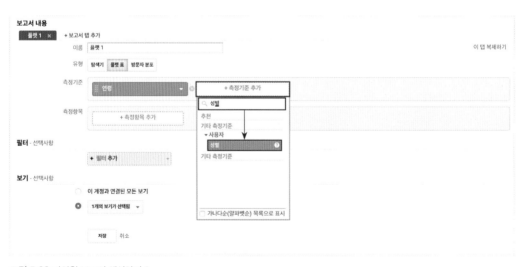

그림 5.39 다차원 보고서 생성하기 2

마지막으로 기기 카테고리 측정기준을 추가합니다. 그 밖에 보고자 하는 측정기준을 복합적으로 선택해 구현해도 무방합니다.

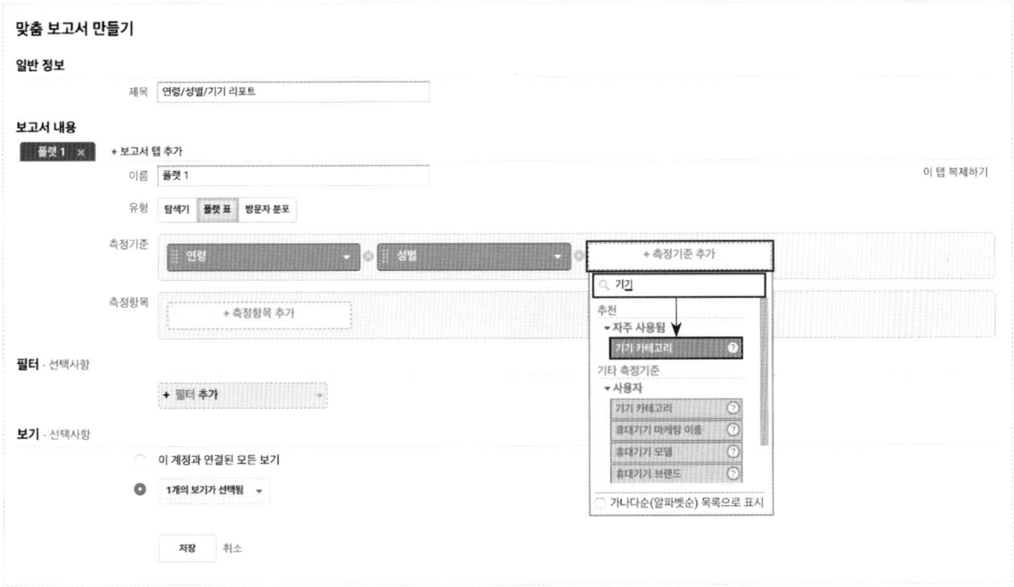

그림 5.40 다차원 보고서 생성하기 3

그다음은 측정항목 영역입니다. 이는 숫자로 보고자 하는 데이터를 의미합니다. 일단은 위에서 정의한 측정기준별로 '사용자 수'를 보고 싶기 때문에 [사용자]를 검색해 넣습니다.

그림 5.41 다차원 보고서 생성하기 4

두 번째로, 사용자 대비 거래 완료 수가 궁금하여 Purchase를 검색한 뒤 '해당 목표의 완료 수'를 넣었습니다.

그림 5.42 다차원 보고서 생성하기 5

세 번째로는 가장 중요한 결제 완료 목표의 전환율을 검색해서 넣습니다.

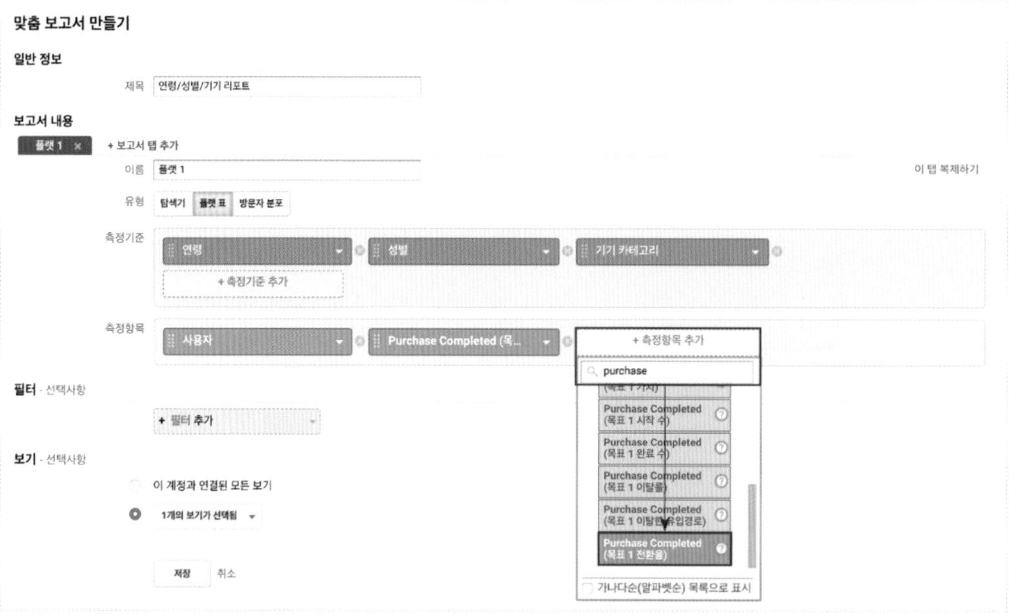

그림 5.43 다차원 보고서 생성하기 6

이렇게 완성된 3개의 측정기준과 3개의 측정항목을 가지고 표 형태의 보고서를 만듭니다. [저장] 버튼을 클릭합니다.

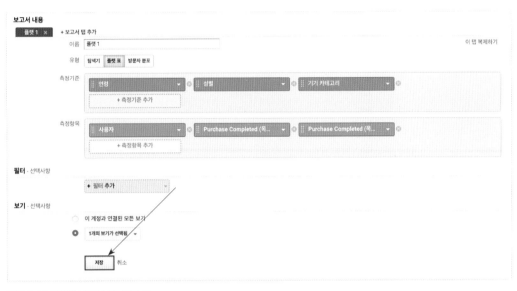

그림 5.44 다차원 보고서 생성하기 7

그 결과, 다음과 같이 기존 구글 애널리틱스 기본 보고서에서는 볼 수 없던 측정기준별 보고서를 볼 수 있습니다. 연령/성별/기기 카테고리별로 사용자 수, 결제 완료 수, 결제 완료 전환율을 한눈에 관측할 수 있어 좀 더 직관적으로 의미 있는 고품질 사용자를 찾아낼 수 있게 됐습니다.

이때 '모바일 사용자'만 따로 필터링해서 보고 싶다면 표 오른쪽 상단의 [고급] 버튼을 눌러서 필터링할 수도 있습니다.

그림 5.45 필터 기능 사용을 위한 [고급] 버튼

고급 버튼을 누르면 총 4개의 칸이 생깁니다. 우선 첫 번째 칸은 [포함/제외] 영역으로 정의하는 측정 기준을 해당 보고서에 포함할 것이냐, 아니면 제외하고 나머지를 모두 보여줄 것이냐를 선택하는 항목 입니다. 여기서는 모바일 디바이스의 수치만 보고 싶기 때문에 우선은 [포함] 조건으로 설정합니다. PC 디바이스의 수치를 [제외] 필터로 설정해도 결과는 같습니다.

그리고 '모바일 사용자'만 연령/성별별로 보고 싶어 측정기준을 기기 카테고리로 설정했습니다. 이제 이 측정기준에서 어떤 값을 포함할지를 설정해야 합니다.

그림 5.46 [포함] 기준 설정하기

'mobile'을 검색해 값을 채워주면 조건이 모두 완성됩니다. 이는 다시 말하면 "기기 카테고리가 모바일인 값을 가진 사용자만 현재 다차원 보고서에 반영하라."라고 명령어를 넣는 것과 같습니다. 표의 필터기능을 활용하는 것입니다.

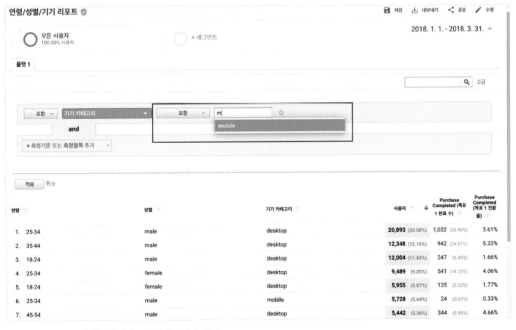

그림 5.47 mobile 기기 트래픽만 포함시키는 필터 생성

마지막으로 [적용] 버튼을 눌러 적용하면 필터 설정이 마무리됩니다.

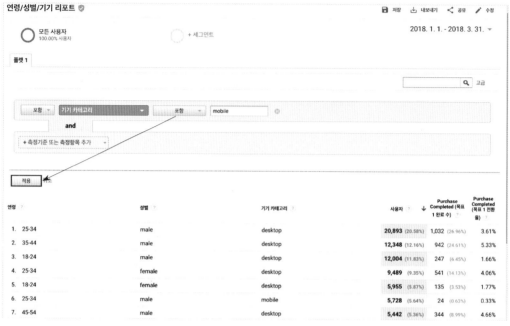

그림 5.48 최종 적용 버튼 클릭

이렇게 기기 카테고리가 '모바일'인 사용자만 내림차순으로 정리해 보고서를 확인할 수 있습니다. 이렇게 하면 보고 싶은 다차원 형태의 데이터를 구글 애널리틱스에서 제공하는 '맞춤 보고서' 형태로 만들 수 있습니다.

그림 5.49 필터가 적용된 다차원 맞춤 보고서

5.3 구글 데이터 스튜디오 소개

이번에는 맞춤 보고서를 만드는 두 번째 방법을 진행해봅시다. 바로 '구글 데이터 스튜디오'라는 보고서 자동화 툴을 사용해 간단한 자동화 보고서를 만드는 것입니다. '구글 데이터 스튜디오'는 바로 앞에서 살펴본 맞춤 보고서의 기능은 물론이고, 그래프의 형태, 컬러, 데이터 형식, 디자인 등 다양한 요소를 함께 정의할 수 있어 훨씬 더 활용성이 높은 방법입니다.

구글 데이터 스튜디오의 목적은 사용자가 보고 싶은 대로 데이터를 볼 수 있게 하는 것도 있겠지만, 사실 부서별 역할이 다 정해져 있기 때문에 비즈니스 내 모든 이해관계자가 구글 애널리틱스를 잘 활용할 리는 없고 그럴 필요도 없습니다. 하지만 부서를 막론하고 비즈니스의 성장을 위해서는 쉽게 정리된 데이터를 볼 수 있어야 합니다.

즉, 구글 데이터 스튜디오는 많은 이해관계자들이 쉽게 세팅되어 있는 데이터 리포트를 볼 수 있게 하는것이 진짜 목적입니다.

구글 데이터 스튜디오는 구글 애널리틱스를 잘할 줄 모르는 사람이라도 쉽게 데이터를 조회하게끔 데이터 시각화를 도와주는 툴이며, 실제로 LABBIT과 같은 데이터 분석 대행사들은 고객사 보고용으로 구글 데이터 스튜디오를 활용합니다.

구글 데이터 스튜디오의 원리는 말 그대로 보고서를 생성하고, 그 보고서와 '데이터 소스'를 연동하는 방식입니다. 사실 구글 애널리틱스 데이터뿐만 아니라, 구글 스프레드시트, 페이스북 광고 관리자 등 다양한 보고서와 통합하는 것도 가능합니다. 일단은 구글 데이터 스튜디오를 살펴봅시다. 구글 데이터 스튜디오 링크를 첨부[16]합니다.

새 탭을 열어 구글 창에 '구글 데이터 스튜디오'라고 검색합니다.

---

16 구글 데이터 스튜디오 링크: https://marketingplatform.google.com/intl/ko/about/data-studio/

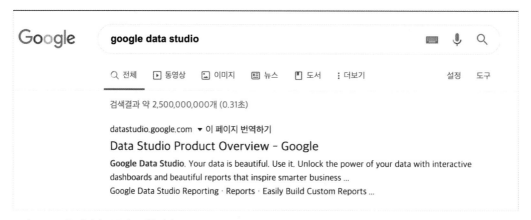

그림 5.50 구글 데이터 스튜디오 접속하기

구글 데이터 스튜디오의 홈 화면입니다. 아직 보고서가 없기 때문에 목록에 만들어둔 보고서는 별도로 없습니다. 홈 화면 상단에 다양한 템플릿 형태도 있으니 한번 둘러보면 도움이 될 것입니다. 구글 데이터 스튜디오를 만드는 순서는 3단계로 이루어집니다.

- 1단계: 구글 데이터 스튜디오 보고서에 구글 애널리틱스 데이터 연동

- 2단계: 보고서 생성, 보고서 작업

- 3단계: 공유 링크를 통해 다른 이해관계자와 완성된 보고서 형태를 공유

그림 5.51 구글 데이터 스튜디오 홈 화면

우선 1단계부터 진행하기 위해 홈 화면 왼쪽 상단의 [만들기] 버튼을 클릭하고 [보고서]를 클릭합니다.

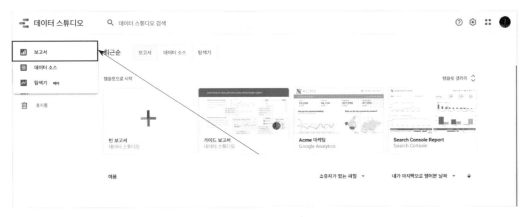

그림 5.52 [보고서] 새로 만들기

혹시 다음 이미지와 같은 팝업창이 나타난다면 구글 데이터 스튜디오를 처음 접하기 때문이며, 몇 가지
약관 동의 절차를 거치게 됩니다. 시키는 대로 팝업창의 약관에 동의합니다. 팝업창이 사라지면 다시
[만들기] 버튼을 눌러 만드는 영역으로 이동합니다.

그림 5.53 신규 계정 팝업 창

보고서를 만들 수 있는 캔버스가 나타났습니다. 화면에서 가장 큰 영역을 차지하는 캔버스가 우리가 만드는 보고서가 들어가는 영역입니다.

그림 5.54 보고서를 만들 수 있는 캔버스 영역

하지만 보고서를 만들기 위해서는 보고서를 구성할 데이터의 원본 소스를 가져와야 합니다. 오른쪽 상단의 [데이터 추가] 버튼을 클릭합니다. [새 데이터 소스 만들기]를 누르면 구글 애널리틱스 데이터, 구글 애즈 데이터, 구글 스프레드시트 데이터 등 매우 많은 데이터를 원본 소스로 가져올 수 있는 상품이 많이 나타납니다. 이번 실습에서는 구글 애널리틱스 데이터를 가져올 예정입니다.

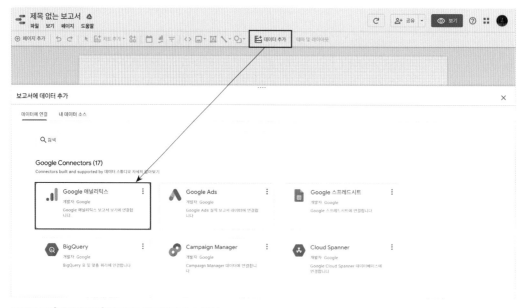

그림 5.55 [데이터 추가] 버튼으로 새 데이터 소스 생성

처음으로 구글 애널리틱스와 연동하는 사용자에게는 구글 데이터 스튜디오가 구글 애널리틱스에 대한 접근 권한을 가질 수 있게 승인하는 절차가 나옵니다. 어려워하지 말고 [승인] 버튼을 누르면 됩니다.

그림 5.56 데이터 소스를 가져오기 위한 승인 절차

그러면 구글 애널리틱스 계정이 순차적으로 나오는 것을 볼 수 있습니다. 이때 목록으로 나타나는 구글 애널리틱스 계정은 현재 로그인된 구글 계정의 구글 애널리틱스 계정입니다.

구글 애널리틱스는 '계정-속성-보기'의 단계로 이루어졌음을 앞장에서 설명했습니다. 이번 실습에서는 데이터가 충분히 쌓여있는 구글 애널리틱스 데모 계정의 데이터를 가져와 보겠습니다. 나타나는 목록 중 Demo Account를 누른 다음 속성과 마스터 뷰 보기를 선택합니다. 혹시 목록에 Demo Account 계정이 나타나지 않는 사용자라면 새 창을 열어 '구글 애널리틱스 데모 계정'을 검색한 후 데모 계정 액세스를 통해 구글 애널리틱스 데모 계정에 접근합니다. 관련 링크도 첨부합니다.[17]

---

17 데모 계정 링크: https://support.google.com/analytics/answer/6367342?hl=ko

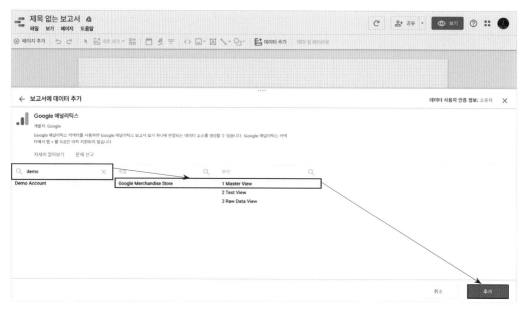

그림 5.57 데모 계정 데이터 가져오기

그렇게 하면 구글 애널리틱스가 현재 가지고 있는 측정기준과 측정항목 전체가 나열됩니다. 사실 이 영역은 각 측정기준의 데이터 타입(형식)을 지정하는 영역입니다. 예를 들어, [기기 카테고리]라는 측정기준은 [mobile, desktop, tablet]이라는 값을 가집니다. 이들은 모두 텍스트입니다. 그러므로 [기기 카테고리]의 데이터 유형은 [텍스트]가 됩니다

최종 팝업창이 나타나면, [보고서에 추가]를 한번 더 눌러 연동을 완료합니다.

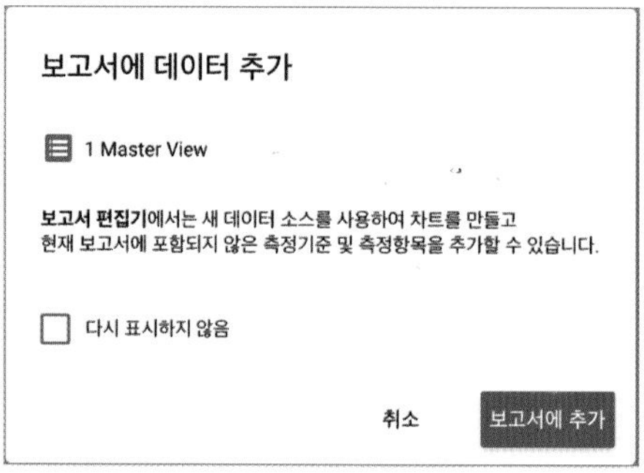

보고서에 데이터 추가

1 Master View

보고서 편집기에서는 새 데이터 소스를 사용하여 차트를 만들고 현재 보고서에 포함되지 않은 측정기준 및 측정항목을 추가할 수 있습니다.

☐ 다시 표시하지 않음

취소　보고서에 추가

그림 5.58 데모 계정 데이터 가져오기 최종 추가 버튼

보고서에 추가를 눌렀더니 비어 있던 캔버스 영역에 표가 하나 생깁니다. 이 표를 클릭하면 오른쪽 영역에 데이터 탭이 나타납니다. 이 데이터 탭이 바로 '보고서 설정 영역'입니다.

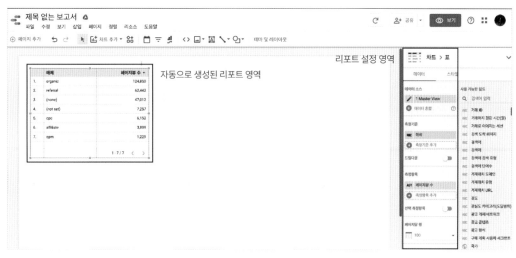

그림 5.59 자동으로 나타난 보고서와 설정 영역

다음 이미지의 영역을 위에서 아래로 순차적으로 설명하겠습니다.

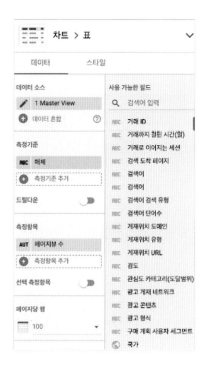

그림 5.60 보고서 데이터 설정 영역

a. 이 표의 데이터 소스는 Master view라는 보기의 이름과 연동돼 있다.

b. 이 표의 측정기준은 '매체'다.

c. 이 표의 측정항목은 '페이지뷰 수'다.

가 됩니다. 이 영역에서 측정기준을 추가할 수도 있고 측정항목을 변경할 수도 있습니다.

여기서는 측정기준에 [소스]를 하나 더 추가해 기존 1차원 보고서 형태였던 구글 데이터 스튜디오의 표를 2차원 보고서로 만들어 보겠습니다.

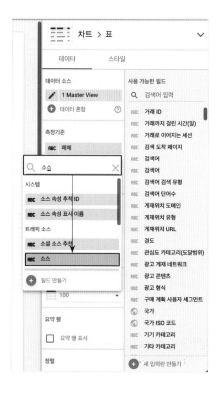

그림 5.61 소스 측정기준 추가

이렇게 측정기준이 한 개 더 생겨 매체, 소스별 페이지뷰 수가 표 형태로 나타납니다. 앞에서 배운 플랫표와 동일하다는 것을 알 수 있습니다.

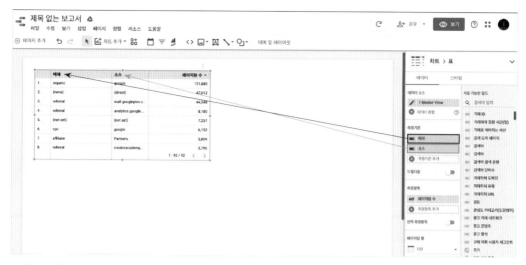

그림 5.62 측정기준이 1개 추가된 표 데이터

시험 삼아, '사용자'라는 측정 항목을 한 개 더 추가하면 매체, 소스별 페이지뷰 수와 사용자 수가 나타 납니다. 측정기준과 측정항목의 이름을 굳이 다 외울 필요는 없으며, 필요할 때마다 검색하면서 찾으면 충분히 원하는 보고서를 생성할 수 있습니다.

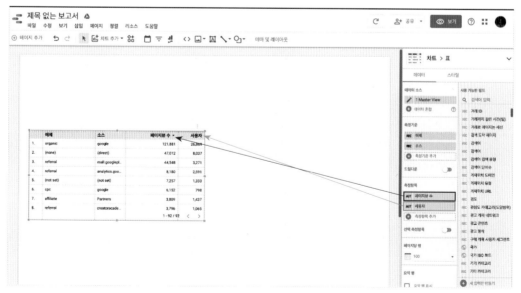

그림 5.63 측정 항목이 1개 추가된 표 데이터

그런 다음 [요약 행 표시]의 체크 박스를 클릭하면 요약 행위 평균값 또는 합계가 한 번에 나타납니다. 평균이 필요한 데이터라면 자동으로 평균 데이터를 나타내주고, 합계가 필요할 때는 자동으로 합계 데이터를 나타냅니다.

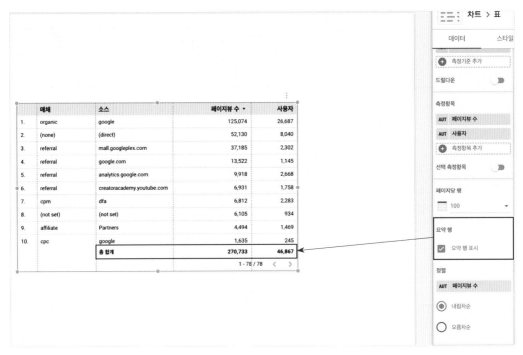

그림 5.64 요약 행 표시 기능

하지만 지금까지 만든 표는 어떤 날짜를 기준으로 데이터를 집계하는지 알 수 없습니다. 따라서 구글 데이터 스튜디오에서 먼저 날짜 영역을 추가해야 합니다. [날짜]를 설정하기 위해 메뉴 탭의 달력 모양 아이콘을 클릭합니다.

	매체	소스	페이지뷰 수 ▾	사용자
1.	organic	google	125,074	26,687
2.	(none)	(direct)	52,130	8,040
3.	referral	mall.googleplex.com	37,185	2,302
4.	referral	google.com	13,522	1,145
5.	referral	analytics.google.com	9,918	2,668
6.	referral	creatoracademy.youtube.com	6,931	1,758
7.	cpm	dfa	6,812	2,283
8.	(not set)	(not set)	6,105	934
9.	affiliate	Partners	4,494	1,469
10.	cpc	google	1,635	245
		총 합계	270,733	46,867

1 - 78 / 78 〈 〉

그림 5.65 날짜 데이터 추가하기

달력 모양의 캘린더를 클릭하면 [기간 선택]이라는 항목이 나옵니다. 여기서는 기본 기간을 [지난 7일]로 해서 데이터를 선택합니다. 지난 7일은 오늘로부터 과거 7일째 되는 날입니다. 내일이 되면 다시 내일로부터 과거 7일째가 되게 보고서가 자동으로 업데이트됩니다.

이렇듯 구글 데이터 스튜디오는 자동으로 구글 애널리틱스의 데이터를 계속 가져오기 때문에 처음에 보고서 틀만 잘 만들어두면 더이상의 리소스를 들일 필요 없이 편하게 데이터 보고서를 생성할 수 있습니다.

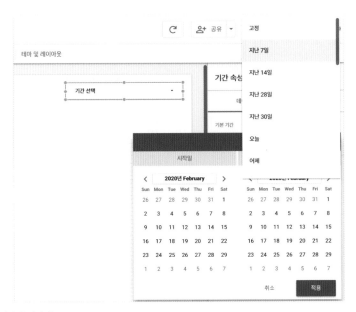

그림 5.66 날짜 데이터 추가하기 2

설정을 완료했으면 [적용] 버튼을 누릅니다.

그림 5.67 날짜 데이터 추가하기 3

그러면 오른쪽 상단에 날짜가 생기면서 날짜별로 앞에서 만든 표의 데이터가 바뀐 것을 확인할 수 있습니다. 캔버스 영역에 날짜 요소를 추가하면 해당 캔버스에 같이 있는 모든 보고서가 해당 날짜의 영향을 자동으로 받게 됩니다.

그림 5.68 날짜에 영향을 받는 표 데이터

텍스트를 추가할 수도 있습니다. 위쪽 메뉴에서 [텍스트]를 눌러봅시다.

그림 5.69 보고서에 텍스트 추가하기

그림과 같이 텍스트 박스를 드래그 앤드 드롭해 놓고 문구를 추가해 각 표의 이름을 표시할 수도 있습니다.

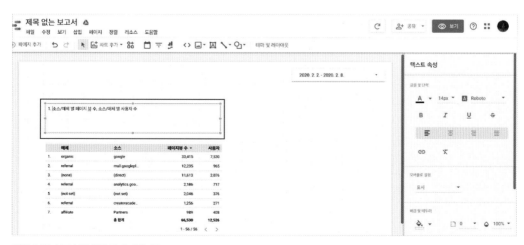

그림 5.70 보고서에 텍스트 추가하기 2

화면 오른쪽에서 텍스트의 크기와 굵기, 글꼴, 배열 등을 선택해 자신이 원하는 디자인으로 바꿀 수도 있습니다.

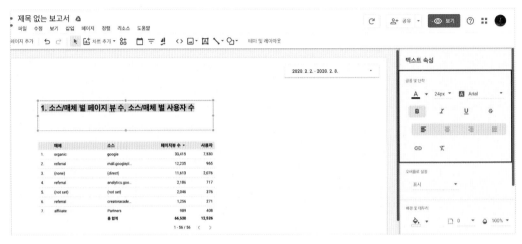

그림 5.71 텍스트 디자인 변경

지금까지는 표 형태의 데이터만 만들었는데, 이번에는 꺾은선 그래프를 만들어 보겠습니다. 메뉴 바의 [차트 추가] 버튼을 누른 다음, [시계열] 보고서를 선택합니다.

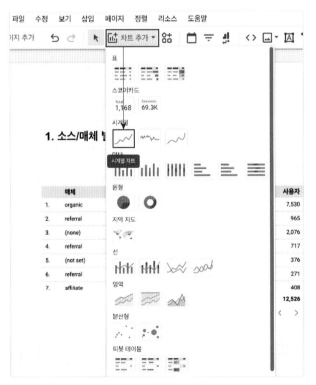

그림 5.72 꺾은선 그래프 만들기

드래그해서 시계열 보고서의 크기를 지정합니다.

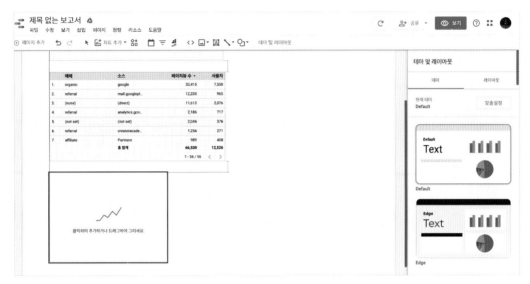

그림 5.73 꺾은선 그래프 만들기 2

해당 시계열 보고서를 드래그하고 크기를 지정해 만들었더니, X 축의 측정기준은 [날짜]로 되어 있고, Y 축의 측정항목은 [페이지뷰 수]로 되어있는 것을 볼 수 있습니다. 이 꺾은선 그래프는 지금 [날짜별 페이지뷰 수]를 나타냅니다.

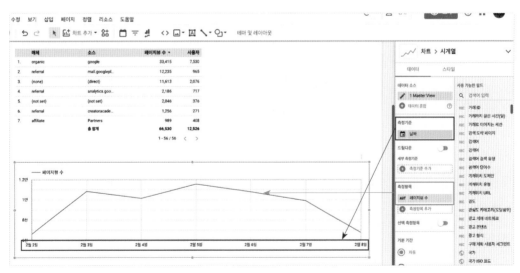

그림 5.74 꺾은선 그래프 만들기 3

이번에는 Y 축을 담당하는 측정 항목을 [사용자]로 바꿔봅니다. 그렇게 하면, 날짜별 방문자의 추이를 직관적으로 시각화해 볼 수 있습니다.

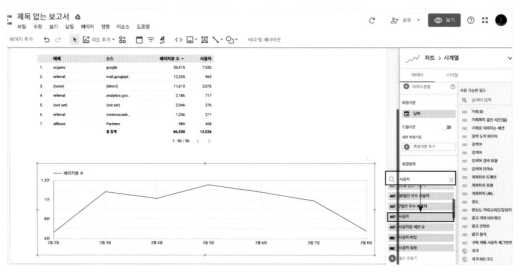

그림 5.75 꺾은선 그래프 만들기 4

이 상황에서 필터 추가 기능을 활용해 [자연 검색자]의 변동 추이만 살펴보고자 합니다. 자연 검색자가 많으면 브랜드 인지도가 상승했다는 인사이트를 얻을 수 있고, 낮으면 인지도가 떨어졌다는 인사이트를 얻을 수 있습니다.

구글 애널리틱스에서 자연 검색자는 '매체 값이 Organic'이어야 합니다. 따라서 데이터 영역의 아래쪽 필터 추가를 통해 매체가 Organic인 사용자의 데이터만 조회할 수 있습니다.

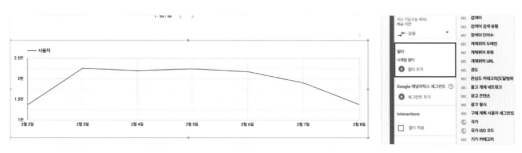

그림 5.76 필터 기능 추가하기

필터 추가를 누르면 다음과 같은 그림이 나타납니다.

그림 5.77 필터 기능 추가하기 2

사용자가 정의하는 필터만 데이터에 반영할 수 있게 [포함] 조건을 첫 번째 칸에 놓고, 매체 값이 organic인 사용자를 조회해야 하므로 측정기준에 [매체]를 검색해 설정합니다.

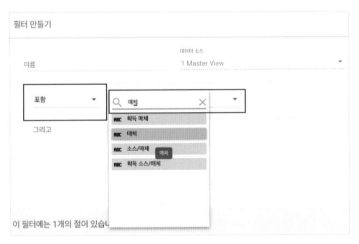

그림 5.78 필터 기능 추가하기 3

그다음 매체 값이 'organic과 같음'으로 조건을 설정하고, 오른쪽 하단의 [저장] 버튼을 눌러 필터 제작을 완료합니다.

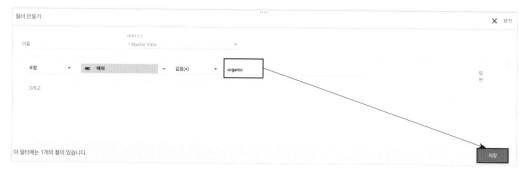

그림 5.79 필터 기능 추가하기 4

이렇게 하면 매체 필터가 들어간 상태에서 최근 7일간의 자연 검색자의 변동 추이를 시각적으로 볼 수 있습니다.

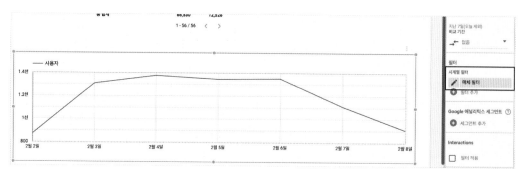

그림 5.80 필터가 적용된 꺾은선 그래프

텍스트를 한 개 더 복사해 '자연 검색자 변화 추이'라고 기입합니다.

1. 소스/매체 별 페이지 뷰 수, 소스/매체 별 사용자 수

	매체	소스	페이지뷰 수 ▾	사용자
1.	organic	google	33,415	7,530
2.	referral	mall.googlepl...	12,235	965
3.	(none)	(direct)	11,613	2,076
4.	referral	analytics.goo...	2,186	717
5.	(not set)	(not set)	2,046	376
6.	referral	creatoracade...	1,256	271
7.	affiliate	Partners	989	408
		총 합계	66,530	12,526

1 - 56 / 56 < >

2. 자연 검색자(Organic 유저) 변화 추이

그림 5.81 텍스트 복사 후 꺾은선 그래프 생성 완료

그런데 문제가 생겼습니다. 그래프를 2개 만들었더니, 캔버스 영역이 가득 차 버렸습니다. 그래서 캔버스의 세로 길이를 늘이기 위해 캔버스 설정으로 이동합니다. 캔버스 설정의 경우, 캔버스의 빈 곳을 클릭하면 [테마]와 [레이아웃] 탭이 나타납니다.

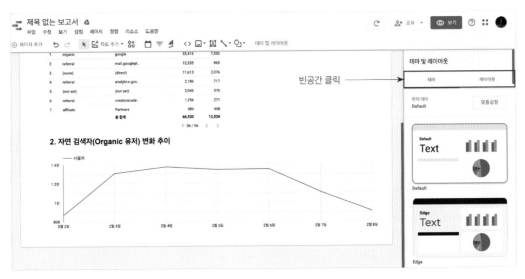

그림 5.82 레이아웃 수정 설정

[레이아웃] 탭으로 이동한 다음, 스크롤하면 캔버스의 크기를 지정할 수 있는 영역이 픽셀 단위로 표시됩니다. 현재 예제로 만든 캔버스의 세로 길이는 900px인데, 이 900px을 2000px로 바꿔 여유롭게 세로 길이를 지정합니다.

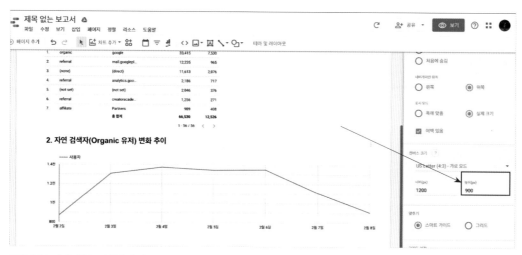

그림 5.83 레이아웃 높이 영역 수정

2000px로 세로 길이를 바꾸니 앞에서 만든 꺾은선 그래프 아래쪽으로 빈 곳이 많이 생긴 것을 볼 수 있습니다.

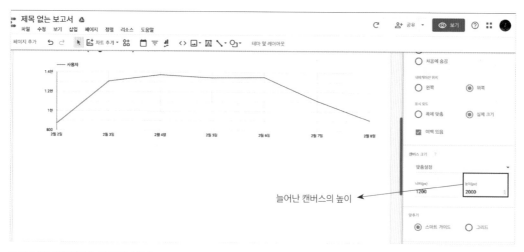

그림 5.84 레이아웃 높이 영역 수정 2

그다음 테마도 한번 바꿔봤습니다(두 번째 테마 선택).

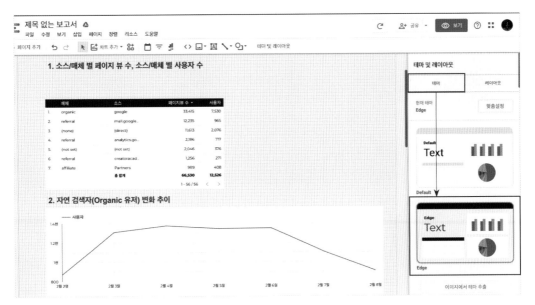

그림 5.85 캔버스 테마 수정

마지막으로 표를 한 개 더 만들어 봅시다. 이번에는 원형 그래프를 만들어 볼 것입니다.

[차트 추가]로 이동한 다음, [원형 차트]를 선택합니다.

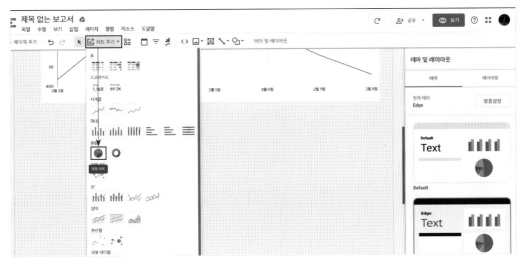

그림 5.86 원형 그래프 생성하기

드래그해서 원형 차트를 정의하면 현재는 측정기준이 매체라서 매체별 페이지뷰 수가 원형 비율로 표시되는 것을 볼 수 있습니다.

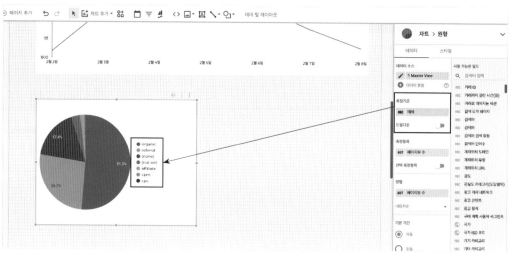

그림 5.87 원형 그래프 생성하기 2

여기서는 매체가 아닌 성별 비중을 보고 싶기 때문에 측정기준을 [성별]로 바꿉니다.

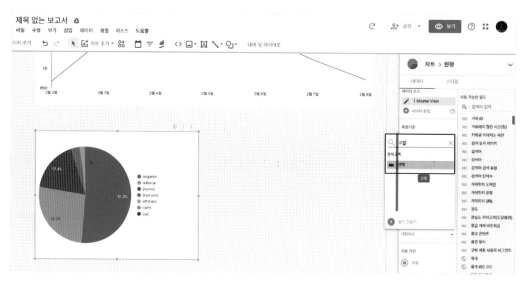

그림 5.88 원형 그래프 생성하기 3

그러면 성별(남성, 여성)을 기준으로 페이지뷰 수의 차이를 시각적으로 확인할 수 있습니다.

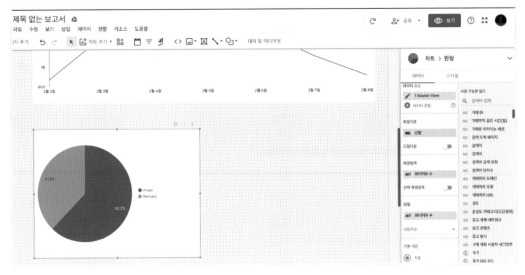

그림 5.89 완성된 성별별 페이지뷰 수 원형 그래프

이제 데이터 수정은 끝났습니다. 지금까지 데이터를 수정하는 영역을 살펴봤습니다. 화면 오른쪽 상단의 [보기] 버튼을 눌러 실제 데이터 보고서가 어떻게 보이는지 바로 조회할 수 있습니다.

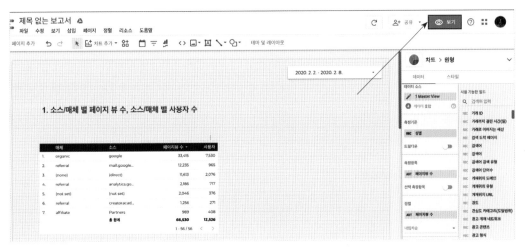

그림 5.90 [보기] 모드로 이동하기

[보기] 버튼을 누르면 수정할 수 있는 영역이 사라지고 보고서가 보기 전용으로 바뀌어 조금 더 깔끔하게 나타납니다. 오른쪽 상단의 공유 버튼을 눌러 공유 링크를 받으면 다른 사용자에게도 보고서를 공유할 수 있습니다.

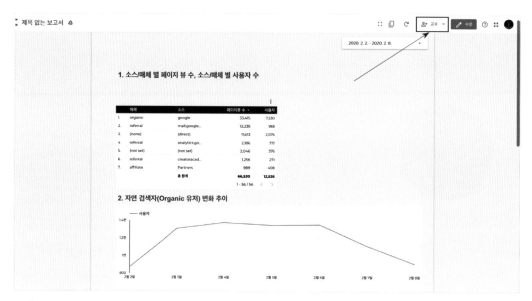

그림 5.91 공유 링크 발급받기 1

공유 링크를 복사한 다음, 링크를 통해 다른 이해관계자들과 구글 데이터 스튜디오를 함께 조회할 수 있습니다.

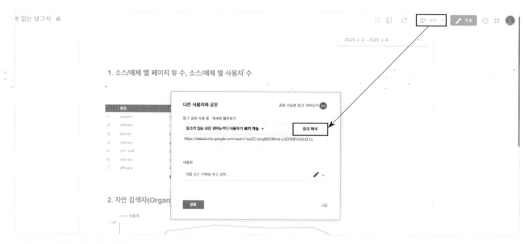

그림 5.92 공유 링크 발급받기 2

다시 수정 영역으로 돌아가, 왼쪽 상단에 있는 [페이지 추가] 버튼을 클릭하면 같은 형태의 새로운 페이지가 나타나 내용을 추가할 수 있습니다.

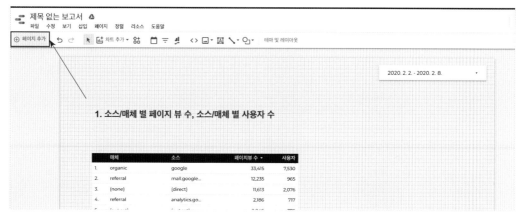

그림 5.93 새로운 페이지 생성하기

이렇게 총 1페이지와 2페이지가 구성된 것을 확인할 수 있습니다.

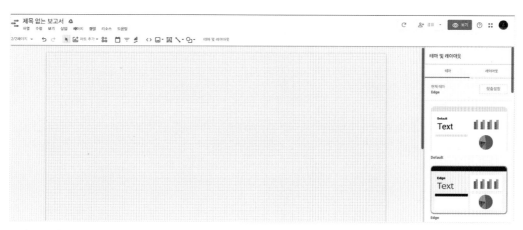

그림 5.94 새롭게 생성된 페이지의 캔버스

이렇게 해서 맞춤 보고서를 통한 데이터 보기와 구글 데이터 스튜디오 작업을 통한 데이터 보기를 살펴 봤습니다. 구글 데이터 스튜디오는 추후 구글 애널리틱스의 데이터뿐만 아니라 구글 스프레드시트, 페이스북 광고 등 다양한 데이터를 가져와 쉽게 시각화할 수 있기 때문에 미리 익혀두면 추후 실무에 적용해 매우 효율적으로 업무를 진행할 수 있을 것입니다.

6

구글 태그 관리자의
활용과 연동

구글 애널리틱스에는 설정 가능한 목표 유형이 총 4가지 있습니다. 특정 페이지에 사용자가 도착하면 전환을 발생시키는 도착 목표, 사용자가 웹사이트에 머문 시간이 지나면 전환을 발생시키는 시간 기반 목표, 사용자가 웹사이트의 웹 페이지를 n개 이상 보면 전환을 발생시키는 세션당 페이지뷰 목표, 마지막으로 특정 상호작용(클릭, 스크롤, 유튜브 영상 조회)을 하면 전환을 발생시키는 이벤트 목표입니다.

이벤트 목표를 제외한 나머지 3개의 목표 유형은 4장에서 실습하면서 알아봤듯이 매우 간단하게 설정할 수 있습니다. 하지만 마지막 목표 유형인 '이벤트 목표'는 가장 필요하면서도 수준 높은 인사이트를 제공할 수 있는 목표 유형임에도 불구하고 설정하기가 쉽지 않습니다. 이벤트 목표를 설정하는 방법은 2가지가 있습니다.

첫 번째는 사이트 코드를 수정해 구글 애널리틱스에 반영하는 것이고 두 번째는 구글 태그 관리자를 연동해 이벤트 목표를 발생시키는 방법입니다.

첫 번째 방법은 코딩을 할 수 있어야 하고 코딩을 통해 이벤트 목표를 설정한다고 해도 해당 코드의 수정 및 유지 관리가 쉽지 않습니다. 그래서 개발할 줄 모르는 구글 애널리틱스 사용자들은 개발 지식 없이도 다양한 코드를 통해 이벤트 목표를 설치하고 해당 코드를 쉽게 관리하기 위해 두 번째 방법인 구글 태그 관리자를 사용합니다.

6장에서는 구글 애널리틱스의 한계를 극복해줄 수 있는 구글 태그 관리자에 관해 자세히 살펴봅니다.

6.1 구글 애널리틱스의 한계와 구글 태그 관리자 소개

구글 태그 관리자를 본격적으로 살펴보기 전에, 웹상에서 사용자의 행동을 추적하는 데이터 분석가라면 '이벤트'라는 용어에 익숙해져야 합니다. 구글 애널리틱스에서 이벤트란 단순히 프로모션이나 어떤 사건을 의미하는 일반적인 의미가 아닌, 개발자들이 사용하는 용어의 하나인 이벤트를 의미합니다. 이해를 돕기 위해 간단한 비유를 통해 알아봅시다.

고등학생 3학년 수험생이 있다고 합시다. 학생의 본분은 당연히 공부입니다. 이 학생이 항상 해야 하는 일은 공부일 것입니다. 그런데 계속 공부하는 상황에서 갑자기 어머니가 부릅니다. "성민아, 밥 먹어라!"라고 부르는 순간, 이 학생은 공부를 멈추고 식탁으로 가서 밥을 먹을 것입니다. 공부가 본분인 이 수험생에게 어머니가 부른다는 하나의 우연한 사건이 발생했습니다. 이 우연한 사건을 '이벤트'라고 부릅니다. 즉, 학생 입장에서 어머니의 부름은 '이벤트'입니다.

컴퓨터도 마찬가지입니다. 컴퓨터도 수험생과 같이 원래 해야 할 일이 있습니다. 바로 사용자가 화면을 볼 수 있게 인간이 인지할 수 없는 속도로 화면을 깜빡이며 비춰주는 역할입니다. 그래서 우리가 컴퓨터 화면을 계속 보고 있으면 눈이 침침해지는 것입니다. 즉, 컴퓨터의 원래 역할은 '지금 사용자가 보는 화면을 깜빡이면서 보여주는 것'입니다.

그런데 사용자가 갑자기 화면상의 어떤 버튼을 클릭했습니다. 버튼을 클릭하는 순간 컴퓨터는 버튼을 클릭했으니 그에 응당한 화면을 띄워주거나 기능을 구현해야 합니다. 화면을 지속해서 표시해주는 원래 할 일을 하는 컴퓨터 입장에서는 '사용자가 클릭했다'라는 우연한 사건이 발생한 것입니다. 이를 '이벤트'라고 부릅니다.

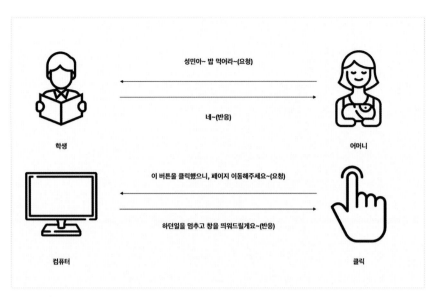

그림 6.1 이벤트의 정의

이벤트는 사용자의 입력 도구(마우스, 키보드, 스마트폰 터치)를 통해 진행되는 모든 상호작용 행위의 집합입니다. 이벤트의 예시를 들어봅시다. '클릭', '더블클릭', '스크롤', '키 다운(키보드를 누른 상황)', '키 업(키보드에서 손을 뗀 상황)' 모두가 이벤트입니다. 더 나아가 스마트폰에서는 '탭(모바일 환경에서의 손가락 클릭)', '스와이프(끌어당김)' 등의 행위가 모두 이벤트가 될 수 있습니다. 구글 태그 관리자를 통해 이벤트 트래킹을 하면 앞에서 열거한 모든 행위를 트래킹하여 구글 애널리틱스에서 데이터를 조회할 수 있습니다.

이벤트의 개념에 대해 조금 알아봤습니다. 그러면 이제 구글 애널리틱스와 구글 태그 관리자에 대해 살펴봅시다. 디지털 마케팅을 잘 모르는 사람이라면 구글 애널리틱스와 구글 태그 관리자의 차이를 직관적으로 구분하기가 어렵습니다. 우선 구글 애널리틱스는 데이터를 받아 다양한 형태의 보고서를 조회할 수 있는 보고서 조회 툴입니다. 한편, 구글 태그 관리자는 보고서와는 전혀 관련이 없는 도구입니다.

구글 태그 관리자(GTM)란 구글 애널리틱스(Google Analytics)에 사용자들이 사이트에서 상호작용(클릭, 스크롤, 페이지뷰 등)했던 데이터를 보내기 위해 추적에 필요한 태그(명령어 스크립트)를 생성하고 설치하는 일련의 과정을 관리하는 하나의 태그 관리 시스템입니다.

구글 태그 관리자는 줄여서 'GTM'이라고 부릅니다. 구글 태그 관리자를 사용하면 시간을 절약할 수 있고, 웹사이트에서 더 많은 데이터를 추적할 수 있으며, 개발자가 아니더라도 개발 스크립트를 관리하기가 매우 편리합니다. 또한 구글 태그 관리자를 마스터하면 직접 추적 스크립트를 만들어 다양한 상황과 공간에서 활용할 수 있습니다.

예를 들어 구글 애널리틱스를 통해 어떤 쇼핑몰의 [장바구니] 버튼을 클릭한 사람들의 데이터를 보고 싶다고 가정합시다. 처리 순서는 다음과 같습니다.

- **a.** 구글 태그 관리자를 통해 장바구니 버튼을 클릭할 때마다 구글 애널리틱스로 데이터를 전송
- **b.** 구글 애널리틱스에서 태그 관리자에서 전송된 데이터를 추후 조회하기 위한 목표 설정
- **c.** 데이터 조회

구글 태그 관리자는 거시적으로 다양한 명령어를 설치하는 도구라고 볼 수 있습니다. 그리고 이 장의 핵심인 사용자의 이벤트를 추적하는 일련의 명령어도 수많은 명령어 중 하나입니다.

여기서, 앞에서 배운 내용을 잠깐 다시 살펴보고 넘어갑시다. 웹사이트는 기본적으로 3가지 언어로 구성됩니다. 웹사이트의 모양이나 형태를 정의하는 레이아웃을 관장하는 HTML, 만들어진 레이아웃에 텍스트 색상, 버튼 색상, 글꼴 등의 디자인을 관장하는 CSS, 그리고 마지막으로 사람으로 비유하면 뇌의 역할을 하는, 웹사이트가 동적으로 움직일 수 있게 명령어를 부여하는 자바스크립트입니다.

이 명령어의 단위를 '태그'라고 부르며, 구글 태그 관리자는 말 그대로 '명령어 관리 시스템'입니다.

사람이 한 번에 여러 가지 일을 할 수 없듯이, 인간도 뇌에 많은 명령이 복합적으로 일어나면 굉장히 혼란스러워집니다. 이와 마찬가지로, 명령어도 웹사이트에 바로 설치하면 명령어끼리 서로 충돌하여 심할 경우 웹사이트 자체가 다운될 수 있습니다. 그렇기 때문에 웹사이트에 명령어를 설치하는 일은 전문적인 개발자가 매우 신중하게 해야 합니다.

직접 코드를 수정해 명령어를 웹사이트에 설치하는 것을 도식화하면 다음 그림처럼 나타낼 수 있습니다.

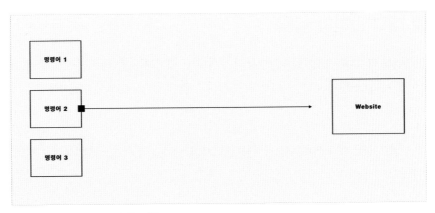

그림 6.2 웹사이트에 명령어를 바로 설치하는 경우

개발자가 아닌 마케터는 명령어를 입력하거나 컴퓨터가 이해할 수 있게 코딩하기가 어렵습니다. 그래서 여기서는 다양한 고객의 이벤트를 추적하기 위한 명령어를 웹사이트에 바로 설치하는 대신, '컨테이너'라는 명령어를 담아둘 수 있는 가상의 그릇을 만들 것입니다.

컨테이너를 그대로 직역하면 '빈 용기'라는 뜻입니다. 컨테이너라는 그릇 안에 명령어를 담는 방법이 구글 태그 관리자의 원리입니다. 컨테이너의 원리를 간단하게 도식화하면 다음 그림과 같습니다.

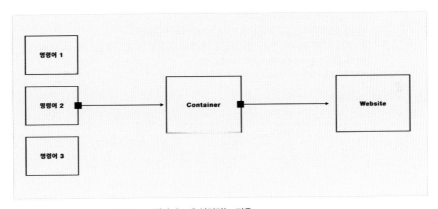

그림 6.3 명령어를 컨테이너를 통해 간접적으로 웹사이트에 설치하는 경우

따라서 이 책에서는 다음 순서에 따라 구글 태그 관리자를 실습해 보겠습니다.

a. 구글 태그 관리자 가입을 통해 계정을 만들고, 컨테이너(명령어를 담아둘 수 있는 빈 그릇)를 생성한다.

b. 명령어를 컨테이너에 넣기 전에 컨테이너를 먼저 우리 웹사이트에 설치한다.

c. 웹사이트에 컨테이너가 제대로 설치된 것을 확인하고 나서 컨테이너 안에 명령어를 담는다.

6.2 구글 태그 관리자 설치

버튼 클릭 행위를 추적하는 명령어는 잠깐 잊어야 합니다. 여기서는 컨테이너를 만들어 웹사이트에 설치하는 것이 먼저이기 때문입니다. 지금부터 구글 태그 관리자 계정을 생성해 웹사이트에 넣는 연습을 진행하겠습니다.

우선 새 탭을 열어 구글 태그 관리자를 검색합니다. 태그 관리자 홈 화면으로 이동하는 링크도 함께 첨부하겠습니다[18].

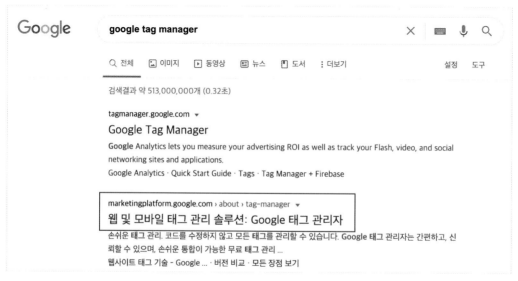

그림 6.4 구글 태그 관리자 접속 방법

다음 이미지는 구글 태그 관리자의 홈 화면입니다. 오른쪽 상단의 파란색 [무료 사용] 버튼을 누릅니다.

---

18 링크: https://marketingplatform.google.com/intl/ko/about/tag-manager/

그림 6.5 구글 태그 관리자 홈 화면

[무료 사용] 버튼을 누르면 새롭게 계정을 만드는 영역이 나타납니다. 구글 태그 관리자 계정은 구글 지메일 계정 하나당 무한대로 만들 수 있기 때문에 테스트용으로 부담 없이 만듭니다.

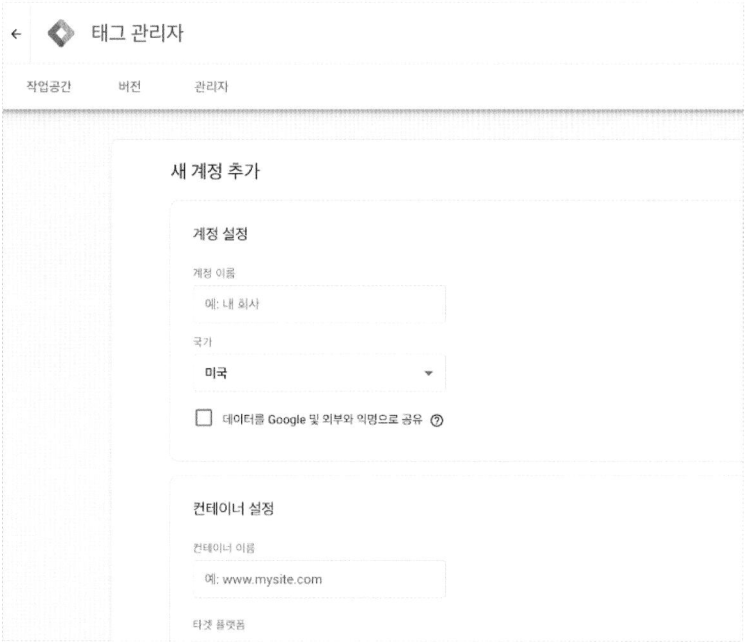

← ◆ 태그 관리자

작업공간   버전   관리자

새 계정 추가

계정 설정

계정 이름

예: 내 회사

국가

미국   ▼

☐ 데이터를 Google 및 외부와 익명으로 공유 ⑦

컨테이너 설정

컨테이너 이름

예: www.mysite.com

타겟 플랫폼

그림 6.6 구글 태그 관리자 계정 만들기 1

첫 번째 카테고리는 계정 설정 영역이고, 두 번째 카테고리는 웹사이트에 설치할 빈 그릇인 컨테이너 설정 영역입니다. 계정 이름은 보통 브랜드명으로 작성합니다. 당연히 국가는 '대한민국'입니다.

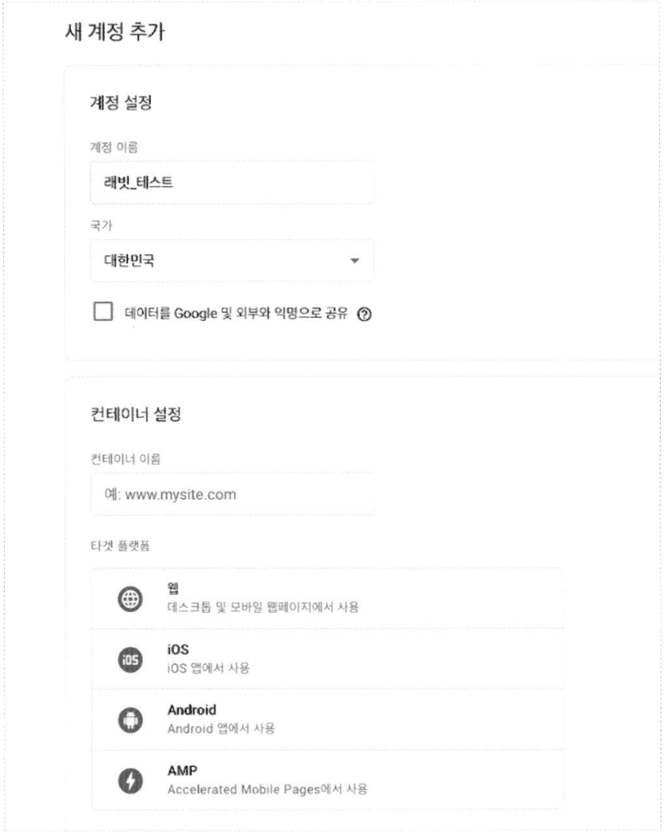

그림 6.7 구글 태그 관리자 계정 만들기 2

아래쪽 컨테이너 설정 영역 역시 컨테이너 이름은 자유롭게 적어도 무방합니다. 그다음 카테고리는 컨테이너를 어느 곳에 사용할지 물어보는 영역입니다. IOS나 안드로이드는 앱 기반이라서 설정을 위해 약간의 개발 지식이 필요하기 때문에 애플리케이션에 컨테이너를 바로 적용하기는 어렵습니다. 여기서는 우선 웹사이트 데이터 트래킹을 하므로 [웹]을 클릭하고 [만들기] 버튼을 눌러 구글 태그 관리자 계정과 컨테이너를 생성합니다.

그림 6.8 구글 태그 관리자 계정 만들기 3

데이터 이용약관에 대해서도 오른쪽 상단의 [예] 버튼을 눌러서 동의합니다.

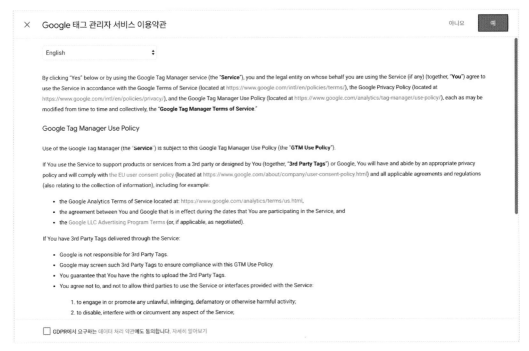

그림 6.9 구글 태그 관리자 계정 생성 시 약관 동의 화면

태그 관리자 계정이 생성됐습니다. 다음과 같이 팝업이 나타나면 정상적으로 생성된 것입니다. 화면의 팝업창을 보면 코드가 2개 있습니다. 이 코드를 웹사이트에 붙여 넣어야 웹사이트에 구글 태그 관리자 컨테이너가 설치됩니다.

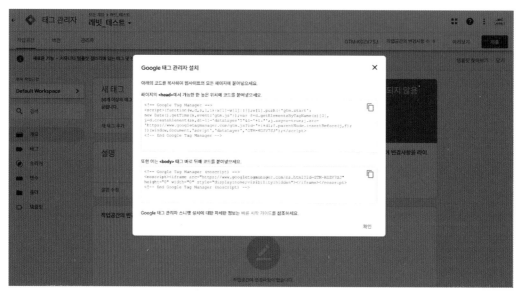

그림 6.10 구글 태그 관리자 계정 생성 완료 시 나타나는 팝업창

하지만 현재 마땅한 웹사이트가 없으므로, 연습용으로 HTML 코드를 수정할 수 있는 웹사이트인 '티스토리 블로그'에 설치하는 것을 실습해보려고 합니다. 웹사이트가 없다면 티스토리 블로그를 하나 만들어 따라 해 봅시다.

이미 2장에서 티스토리 블로그를 만드는 방법을 안내했습니다. 티스토리 계정 생성에 관한 설명은 생략하고, 바로 만들어진 티스토리 블로그의 관리자 페이지로 이동해 코드 수정 영역으로 이동해보겠습니다.

다음에 보이는 이미지가 티스토리 블로그의 관리자 영역입니다. [꾸미기]의 [스킨 편집] 메뉴를 클릭합니다.

그림 6.11 티스토리 관리자의 [스킨 편집] 메뉴

스킨 편집 영역까지 도달했습니다. 왼쪽은 스킨을 편집할 때마다 편집 내용이 보이는 미리 보기 영역입니다. 오른쪽은 스킨을 직접 편집하는 영역입니다. [html 편집]을 클릭합니다.

다시 태그 관리자로 돌아가 앞에서 본 팝업창을 자세히 살펴봅시다. 그 코드가 무슨 의미인지는 자세하게 알 필요가 없습니다. 지금은 그저 "웹사이트에 데이터를 트래킹하는 명령어를 담을 그릇을 설치해주는 코드구나!" 정도로만 이해하고 넘어갑시다.

팝업창 위쪽에 있는 코드를 보면 웹사이트에서 가능한 한 높은 위치에 코드를 붙여넣으라고 말합니다. 위쪽 코드를 복사해 다시 티스토리 블로그로 이동합니다.

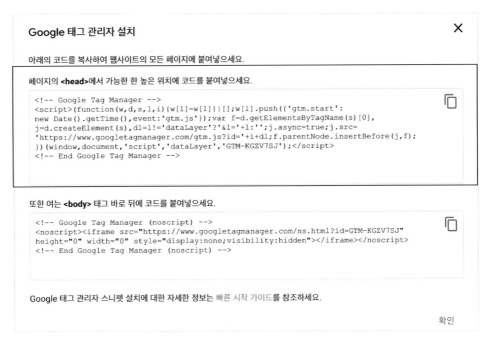

그림 6.13 상단 코드 복사

구글 태그 관리자에서 시키는 대로 태그 최상단에 복사한 코드를 그대로 붙여넣습니다. 그리고 다시 태그 관리자로 돌아갑니다.

```
     HTML  CSS  파일업로드        ?    적용

 1 <!doctype html>
 2 <html lang="ko">
 3 <head>
 4 <!-- Google Tag Manager -->
 5 <script>(function(w,d,s,l,i){w[l]=w[l]||[];w[l].push({'gtm.start':
 6 new Date().getTime(),event:'gtm.js'});var f=d.getElementsByTagName(s)[0],
 7 j=d.createElement(s),dl=l!='dataLayer'?'&l='+l:'';j.async=true;j.src=
 8 'https://www.googletagmanager.com/gtm.js?
   id='+i+dl;f.parentNode.insertBefore(j,f);
 9 })(window,document,'script','dataLayer','GTM-KGZV7SJ');</script>
10 <!-- End Google Tag Manager -->
11
12 <meta charset="utf-8" />
13 <meta http-equiv="X-UA-Compatible" content="IE=edge,chrome=1">
14 <meta name="viewport" content="width=device-width, initial-scale=1, maximum-
   scale=1, user-scalable=no">
15 <link rel="alternate" type="application/rss+xml" title="[##_title_##]"
   href="[##_rss_url_##]" />
16 <link href="./images/bootstrap.min.css" rel="stylesheet">
17 <link rel="stylesheet" href="https://maxcdn.bootstrapcdn.com/font-
   awesome/4.3.0/css/font-awesome.min.css">
18 <link href="./style.css" rel="stylesheet">
19 <link rel="shortcut icon" href="[##_blog_link_##]favicon.ico" />
20 <title>[##_title_##] :: [##_page_title_##]</title>
21
22 <!-- HTML5 shim and Respond.js for IE8 support of HTML5 elements and media
   queries -->
23 <!-- WARNING: Respond.js doesn't work if you view the page via file:// -->
24 <!--[if lt IE 9]>
25   <script src="https://oss.maxcdn.com/html5shiv/3.7.2/html5shiv.min.js">
   </script>
26   <script src="https://oss.maxcdn.com/respond/1.4.2/respond.min.js">
   </script>
27 <![endif]-->
28
29 </head>
```

그림 6.14 상단 코드 붙여넣기

이번에는 아래쪽 코드를 복사해 〈body〉 태그를 찾아서 바로 뒤에 붙여넣습니다.

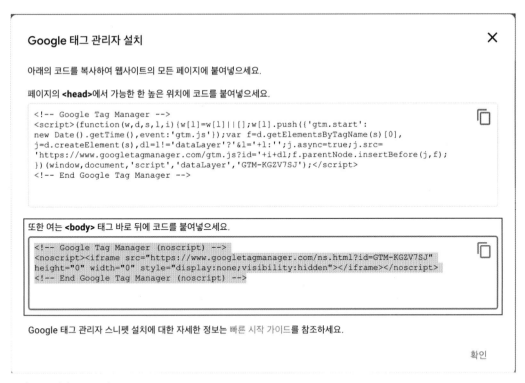

```
<!-- Google Tag Manager -->
<script>(function(w,d,s,l,i){w[l]=w[l]||[];w[l].push({'gtm.start':
new Date().getTime(),event:'gtm.js'});var f=d.getElementsByTagName(s)[0],
j=d.createElement(s),dl=l!='dataLayer'?'&l='+l:'';j.async=true;j.src=
'https://www.googletagmanager.com/gtm.js?id='+i+dl;f.parentNode.insertBefore(j,f);
})(window,document,'script','dataLayer','GTM-KGZV7SJ');</script>
<!-- End Google Tag Manager -->
```

```
<!-- Google Tag Manager (noscript) -->
<noscript><iframe src="https://www.googletagmanager.com/ns.html?id=GTM-KGZV7SJ"
height="0" width="0" style="display:none;visibility:hidden"></iframe></noscript>
<!-- End Google Tag Manager (noscript) -->
```

그림 6.15 하단 코드 복사

⟨body⟩ 태그 바로 아래쪽에 코드를 붙여넣기 하고, 수정사항을 적용하기 위해 [적용] 버튼을 클릭합니다. 이렇게 하면 구글 태그 관리자 설치가 완료됩니다.

```
17  <link rel="stylesheet" href="https://maxcdn.bootstrapcdn.com/font-
awesome/4.3.0/css/font-awesome.min.css">
18  <link href="./style.css" rel="stylesheet">
19  <link rel="shortcut icon" href="[##_blog_link_##]favicon.ico" />
20  <title>[##_title_##] :: [##_page_title_##]</title>
21
22  <!-- HTML5 shim and Respond.js for IE8 support of HTML5 elements and media
queries -->
23  <!-- WARNING: Respond.js doesn't work if you view the page via file:// -->
24  <!--[if lt IE 9]>
25    <script src="https://oss.maxcdn.com/html5shiv/3.7.2/html5shiv.min.js">
</script>
26    <script src="https://oss.maxcdn.com/respond/1.4.2/respond.min.js">
</script>
27  <![endif]-->
28
29  </head>
30  <body>
31  <!-- Google Tag Manager (noscript) -->
32  <noscript><iframe src="https://www.googletagmanager.com/ns.html?id=GTM-
KGZV7SJ"
33  height="0" width="0" style="display:none;visibility:hidden"></iframe>
</noscript>
34  <!-- End Google Tag Manager (noscript) -->
35  <s_t3>
36  <div id="header">
37    <div class="container-fluid">
38      <div class="row">
39        <div class="col-md-12">
40          <nav class="navbar navbar-inverse navbar-fixed-top">
41            <div class="container">
42              <div class="navbar-header">
43                <a href="[##_blog_link_##]" title="[##_title_##]"
class="navbar-brand"><img src="./images/logo_shrink.png" width="170px"></a>
44                <button class="navbar-toggle" type="button" data-
toggle="collapse" data-target="#navbar-main">
45                  <span class="icon-bar"></span>
46                  <span class="icon-bar"></span>
```

그림 6.16 하단 코드 붙여넣기

이제는 구글 태그 관리자가 웹사이트에 제대로 설치됐는지 확인하기 위해 구글 태그 관리자 창으로 넘어가서 팝업을 내리고 오른쪽 상단 [미리 보기] 버튼을 클릭합니다.

그림 6.17 [미리보기] 버튼

[미리 보기] 버튼을 누르면 노란색 영역이 생기면서 현재 미리 보기 중이라는 안내 메시지가 나타납니다.

그림 6.18 노란색의 미리보기 모드 창

이제 티스토리 블로그로 돌아가서 블로그를 새로 고침 해봅시다. 그렇게 하면 사이트 하단에 컨테이너가 나타납니다. 태그 관리자를 통해 명령어를 생성해 이 컨테이너에 담아둘 것입니다.

이 하단에 나타나는 비어 있는 컨테이너를 편의상 '푸터바'로 부르겠습니다. 사이트에 푸터바가 성공적으로 나타난다면 제대로 구글 태그 관리자가 설치된 것입니다.

그림 6.19 구글 태그 관리자 컨테이너가 블로그에 나타난 모습

하지만 단순히 코드를 복사하고 붙여넣기까지 완료했다고 해서 컨테이너가 나타나는 것은 아닙니다. 태그 관리자가 정상적으로 설치됐더라도 크롬 확장 프로그램인 **태그 어시스턴트(Tag Assistant)**를 설치해야만 아래쪽에 컨테이너가 나타납니다.

크롬 확장 프로그램 태그 어시스턴트의 설치 방법은 2장에서 다뤘으니, 아직 설치 전이라면 먼저 설치하고 나서 다음으로 이동합시다.

6.3 구글 태그 관리자 인터페이스 살펴보기

이번에는 구글 태그 관리자의 UI(User Interface)에 관해 알아보겠습니다. 사실 이름에서도 알 수 있듯이, 구글 태그 관리자 역시 구글이 만든 소프트웨어 응용 프로그램입니다. 구글 애널리틱스는 꽤 오랜 시간 존재했습니다. 물론 대한민국에 구글 애널리틱스가 전반적으로 정착하기 시작한 시기는 그리 오래되지 않습니다. 하지만 지금은 구글 애널리틱스가 모든 웹/앱 기반 비즈니스에서 필수 아이템이 됐습니다.

그 가장 큰 이유는 무료로 많은 인사이트를 비즈니스에 가져다줄 수 있다는 장점이 있었기 때문입니다. 하지만 이런 구글 애널리틱스도 한계가 있습니다. 과거 구글 애널리틱스는 사용자들의 클릭, 스크롤, 유튜브 영상 조회 등 다양한 상호작용(이벤트)을 구글 애널리틱스에서 트래킹하기 위해 웹사이트 코드에 직접 이벤트를 정의해주는 하드 코딩 방식으로 진행됐습니다. 그 때문에 심지어 코딩에 능숙한 개발자들이 직접 이벤트를 설치하더라도 시간이 오래 걸렸습니다.

그러다가 2012년에 구글은 혁신적인 명령어 관리 도구인 구글 태그 관리자를 출시합니다. 여기서 태그는 (일반적으로 자바스크립트 기반의) 명령어를 의미합니다. 구글 태그 관리자가 혁신적인 이유 중 하나는 바로 GUI(Graphic User Interface)로 다양한 명령어를 관리할 수 있다는 점입니다.

용어 알아보기

CUI와 GUI

CUI는 Command User Interface의 줄임말로, 개발자가 직접 명령어 기반으로 소프트웨어나 하드웨어를 제어하는 것을 의미합니다. 대표적인 예로 리눅스나 유닉스 같은 도구가 있습니다. 보통 명령어를 다루는 개발자라면 CUI로 인터페이스를 제공해도 크게 문제가 없습니다.

GUI는 그래픽 기반의 사용자 인터페이스를 제공합니다. GUI의 대표적인 예는 윈도우, 맥OS 같이 키보드나 패드를 이용해 컴퓨터를 쉽게 제어할 수 있는 것들입니다. 비개발자도 각종 명령어를 직접 다룰 수 있게 GUI를 제공한 것입니다.

사실 구글 태그 관리자는 구글 애널리틱스에서 이벤트 목표를 설정하기 위해서만 사용되는 툴은 아닙니다. 그와 더불어 웹사이트에 사용되는 모든 명령어를 직접 관리할 수 있기 때문에 구글 태그 관리자에 대한 연구와 지속적인 솔루션이 매일 새롭게 등장하고 있습니다. 이 책에서는 구글 애널리틱스를 이용하기 위해 구글 태그 관리자를 배우지만, 구글 태그 관리자에 관해 좀 더 깊게 파고들면 그 활용도는 굉장히 방대합니다.

이번에는 구글 애널리틱스와 구글 태그 관리자의 연동에 집중해서 설명합니다. 하지만 이 기능은 구글 태그 관리자의 아주 기본 기능으로, 구글 태그 관리자에서 제공하는 모든 기능의 5%도 채 안 될 것입니다. 개인적으로 구글 태그 관리자는 백 번의 칭찬이 모자랄 정도로 완벽한 도구라고 생각합니다. 개발자가 아니더라도 웹사이트의 명령어를 다룰 수 있게 해주고, 직관적인 인터페이스로 안전하고 손쉬운 명령어 유지 보수 및 관리를 가능하게 해주기 때문입니다. 그러면 이제 구글 태그 관리자의 사용자 인터페이스를 한번 살펴봅시다.

구글 태그 관리자 홈 화면으로 이동해 봅시다. 상단의 메뉴를 편의상 '대 카테고리'라고 부르고, 왼쪽에 있는 메뉴를 '소 카테고리'라고 부르겠습니다. 먼저 '대 카테고리' 영역부터 하나씩 살펴봅시다.

대 카테고리의 첫 번째 항목은 [작업 공간: WorkSpace]이라고 합니다. [작업 공간]은 다양한 명령어를 만들고, 만든 명령어를 오른쪽 상단 [미리 보기] 버튼을 통해 미리 테스트해보고, [제출] 버튼을 통해 명령어를 실제 웹사이트에 발행하는 등 실질적인 작업을 진행하는 영역입니다.

그림 6.20 대 카테고리와 소 카테고리

대 카테고리의 두 번째 메뉴는 [버전]입니다. [버전] 영역은 쉽게 말해 히스토리를 기록하는 영역입니다. 하나의 컨테이너 안에서 다양한 이해관계자들이 명령어를 만들거나 수정할 때 모두가 해당 정보를 공유해야 합니다. 사용자가 어떤 명령어를 발행할 때마다 버전이 1씩 올라갑니다. 여기서는 아직 별도로 발행한 명령어가 없기 때문에 버전이 0입니다.

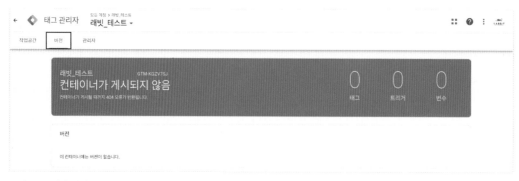

그림 6.21 버전 영역

세 번째 영역은 [관리자]입니다. 사실 이 영역을 보면 구글 태그 관리자는 2단계의 트리 구조로 구성되어 있습니다. 트리 구조란 상위의 개념이 여러 갈래의 나뭇가지처럼 뻗어 나와 하위 개념으로 이어지는 구조를 의미합니다.

일단, 왼쪽엔 [계정]란이 있고, 오른쪽엔 [컨테이너]란이 있습니다. 계정이 가장 상위의 단계고, 컨테이너가 그다음 하위 단계입니다.

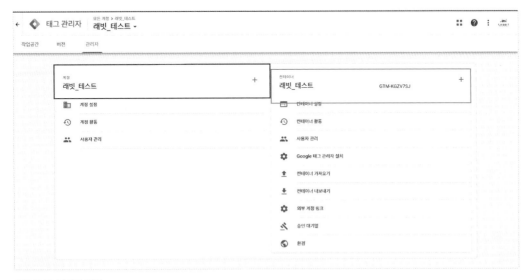

그림 6.22 관리자 영역

그에 따라 계정은 여러 개의 컨테이너를 동시에 가질 수 있고, 컨테이너는 반드시 구글 태그 관리자 계정 1개에 포함돼야 합니다. 추후 구글 태그 관리자의 모든 기능을 다룰 수 있다면 [컨테이너] 영역의 [컨테이너 가져오기] 또는 [컨테이너 내보내기]를 통해 이미 만든 컨테이너를 다른 웹사이트에 그대로 옮겨갈 수도 있습니다.

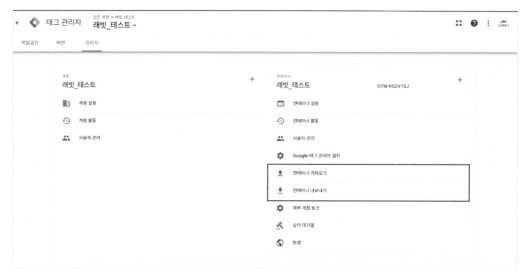

그림 6.23 컨테이너 가져오기/내보내기 메뉴

복잡한 명령어를 다룰 때나 컨테이너 가져오기나 내보내기 작업을 하므로 태그 관리자를 처음 접하는 사용자라면 이 부분은 가볍게 읽고 넘어갑시다.

[계정] 열에서 [사용자 관리] 부분을 주목합시다. [사용자 관리]는 말 그대로, 구글 태그 관리자 계정에 대해 다른 사람들이 접근할 수 있게 또는 명령어를 발행할 수 있게 권한을 부여할 수 있는 영역입니다.

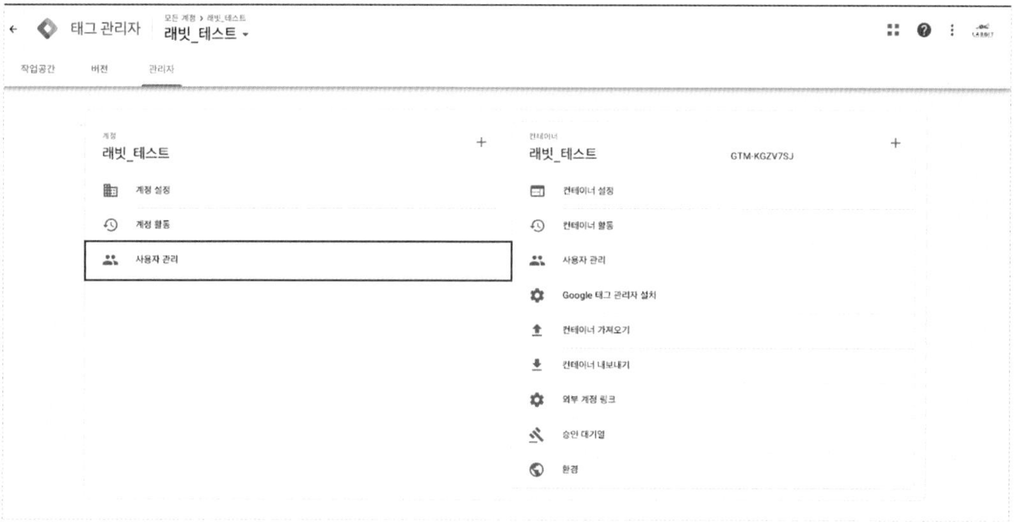

그림 6.24 사용자 관리 메뉴

[사용자 관리]를 누르면 계정 권한 영역이 나타납니다. 지금은 '래빗 마케팅'이라는 계정 하나밖에 없지만, [+] 버튼을 눌러 다른 계정을 초대할 수 있습니다. 이렇게 관련 사용자들을 초대함으로써 다양한 이해관계자와 함께 구글 태그 관리자 컨테이너를 다루고 공유할 수 있습니다.

그림 6.25 사용자 초대 방법 1

초대는 구글 계정 또는 구글 지메일 계정만 할 수 있으며, 네이버 메일이나 다음 메일을 입력하면 없는 메일이라고 나타납니다. 그리고 초대하는 사람에 따라 권한을 부여할 수 있습니다.

[컨테이너 권한] → [모두 설정] 부분을 클릭합니다.

그림 6.26 사용자 초대 방법 2

컨테이너 권한은 크게 4가지가 있습니다.

a. **게시**: 컨테이너를 관리하는 최고 관리자 권한으로서, 컨테이너에 있는 명령어를 조회하고 수정하고 읽을 수 있으며 최종 웹사이트 발행까지 가능합니다.

b. **승인**: 명령어를 수정하고 미리 보기를 통해 확인하는 것은 가능하지만, 웹사이트에 직접 명령어를 발행할 수는 없습니다.

c. **수정**: 명령어를 수정할 수는 있으나, 수정된 것을 적용하거나 발행할 수는 없습니다.

d. **읽기**: 명령어 수정이 불가하며, 다른 사람이 만들어놓은 명령어를 '조회'만 할 수 있습니다.

그림 6.27 사용자 초대 시 부여할 수 있는 4가지 수준의 권한

[+] 버튼을 눌러 다음과 같이 개인 계정에 초대장을 보냈습니다. 이 경우 '유성민'이라는 사용자가 사용하는 구글 메일로 초대장이 발송될 것이고, 초대장 수신자가 구글 메일에 있는 초대 수락 버튼을 누르면 구글 태그 관리자 계정에 접속할 수 있습니다.

그림 6.28 사용자 초대가 완료된 모습

다시 뒤로 가기를 눌러서 두 번째 컨테이너 열, 4번째 행에 있는 구글 태그 관리자 설치를 눌러봅시다.

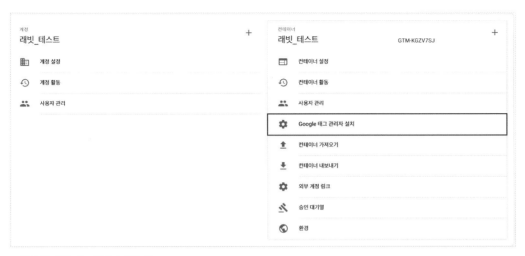

그림 6.29 구글 태그 관리자 설치 메뉴

[구글 태그 관리자 설치]를 누르면 처음 구글 태그 관리자 계정을 생성했을 때의 팝업창이 다시 나타납니다. 해당 팝업창에는 알 수 없는 코드가 2개 나타납니다. 이 코드가 바로 명령어를 담아둘 수 있는 가상의 그릇인 컨테이너를 웹사이트에 설치하는 역할을 합니다. 이 코드는 구글 태그 관리자 설치가 완료되면 다시 사용하지는 않지만, 혹시라도 이 코드가 필요할 때는 해당 메뉴로 들어와 다시 볼 수 있습니다.

그림 6.30 컨테이너 코드

이렇게 해서 대 카테고리에 있는 메뉴는 충분히 설명했습니다. 다시 작업공간으로 돌아옵니다. 사실 중요한 것은 이 작업공간의 왼쪽에 있는 소 카테고리에 있는 메뉴들입니다.

그림 6.31 소 카테고리의 메뉴

이 책의 내용을 보고 따라 해도 되지만, 좀 더 수준 높은 태그 관리자 활용법을 익히기 위해 태그와 트리거, 변수에 대해 자세히 알아보고 넘어갑시다. 여기서 다루는 내용을 이해하기 어렵다면 일단은 넘어가고 나중에 실무를 접할 때 다시 한번 자세히 읽어보는 것도 좋습니다.

작업공간에 있는 소 카테고리를 자세히 살펴보고 그 역할을 하나씩 열거해서 설명하겠습니다.

a. **개요**: 전반적인 태그, 트리거, 변수의 설치 상황이나 발행 상황을 볼 수 있는 영역입니다.

b. **태그**: 말 그대로 '명령어'입니다. 예를 들어, "구글 애널리틱스로 데이터를 보내라!"라든지, "페이스북 광고 관리자로 데이터를 보내라!"와 같이 명령하는 언어를 컴퓨터가 알아볼 수 있게 짜는 것을 태그라고 부릅니다.

c. **트리거**: 트리거는 한국어로 '방아쇠'라는 뜻입니다. 즉, 트리거는 '태그(명령어)가 발동하는 시점'을 정의해주는 역할을 합니다. 예를 들어, "사용자가 웹 페이지를 보면 구글 애널리틱스로 데이터를 보내라."라는 명령어가 있을 때 "사용자가 웹 페이지를 보면"이라는 문장이 태그가 발동하는 조건을 정의하는데, 이를 '트리거'라고 부릅니다.

d. **변수**: 변수는 특정 요소를 정의할 때 쓰입니다. 예를 들어, "구매하기 버튼을 누르면 구글 애널리틱스로 데이터를 쏴라."라는 문장이 있을 때 모든 웹사이트에 있는 버튼이 아니라, [구매하기] 버튼이 무엇인지 컴퓨터가 알아볼 수 있게 정의해야 합니다. 이를 상황에 따라 변할 수 있는 값, 즉 변수라고 부릅니다. 변수는 매우 중요한 개념이기 때문에 추후 실습 과정에서 더 자세히 다루겠습니다.

e. 폴더: 태그, 트리거, 변수가 많아지면 가독성이 떨어지고 다른 이해관계자들과의 커뮤니케이션 효율성이 떨어집니다. 그렇기 때문에 [폴더] 기능을 통해 태그 트리거 변수를 마치 파일을 폴더에 넣듯이 저장합니다.

f. 템플릿: 이미 전 세계에서 구글 태그 관리자를 적극적으로 활용하고 있습니다. 다양하고 창의적인 기능을 전 세계에 있는 태그 관리자 전문가들이 템플릿으로 만들어 배포하고 있습니다. 템플릿 기능을 통해 원하는 태그를 하나의 집합으로 묶을 수 있습니다.

지금까지 6가지 메뉴를 순서대로 살펴봤지만, 사실 구글 태그 관리자 소 카테고리에서 진짜 태그를 발행하는 데 필요한 구성요소는 3가지입니다. 바로 태그, 트리거, 변수입니다.

이 태그, 트리거, 변수의 3가지 요소로 명령어를 만들고 명령어가 발생하는 시점을 정의해 데이터 트래킹을 할 수 있습니다. 구글 태그 관리자에 익숙한 사람이라면 '변수'를 먼저 정의하고 '트리거'를 만들어 준 다음, '태그'를 정의해 발행하겠지만, 지금은 구글 태그 관리자를 처음 다뤄보는 사람을 대상으로 설명하고 있으니 [태그] → [트리거] → [변수]순으로 살펴보겠습니다.

그림 6.32 태그, 트리거, 변수

태그, 트리거, 변수를 간단한 비유와 함께 다시 한번 살펴봅시다.

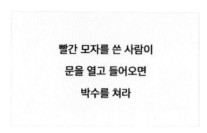

그림 6.33 태그, 트리거, 변수의 정의 1

위 그림과 같은 문장이 있습니다. 여기서 '태그'는 무엇일까요? 바로 명령하는 말 '박수를 쳐라.'가 태그입니다. 트리거는 박수를 치는 시점을 정의해야 하므로 '문을 열고 들어오면'이 그 역할을 수행합니다. '빨간 모자를 쓴 사람이'는 특정한 사람을 가리키는 것이므로 변수의 역할을 수행합니다.

빨간 모자를 쓴 사람이   변수
문을 열고 들어오면   트리거
박수를 쳐라   태그

그림 6.34 태그, 트리거, 변수의 정의 2

여기서 한 문장을 더 써보겠습니다.

장바구니 페이지에
사용자가 들어오면
GA로 데이터를 쏴라

그림 6.35 태그, 트리거, 변수의 정의 3

이 예문에서는 '장바구니 페이지'가 '변수', '사용자가 들어오면'이 '트리거', '구글 애널리틱스 계정으로 데이터를 쏴라!'가 '태그'가 될 것입니다.

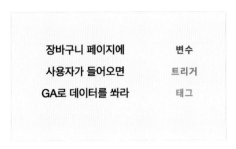

장바구니 페이지에	변수
사용자가 들어오면	트리거
GA로 데이터를 쏴라	태그

그림 6.36 태그, 트리거, 변수의 정의 4

이제 태그, 트리거, 변수 각각의 역할은 판단했으니 본격적으로 인터페이스를 살펴봅시다.

태그 영역으로 이동하면 아직 만들어둔 태그가 없으니 [새로 만들기] 버튼을 누릅니다.

그림 6.37 태그 [새로 만들기] 버튼

[새로 만들기] 버튼을 누르면 왼쪽 상단에는 '이름 없는 태그'라고 표시되고, 태그의 이름을 원하는 대로 정의할 수 있습니다. 그리고 2개의 비어 있는 큰 사각형이 나타납니다.

위쪽에 있는 사각형은 태그를 설정하는 영역입니다. 구글 애널리틱스로 데이터를 쏠 것인지, 페이스북 으로 데이터를 쏠 것인지 등 명령어를 정의하는 영역입니다. 아래쪽에 있는 사각형은 트리거를 정의하 는 영역입니다. 트리거에 대한 설정은 잠시 접어두고, 위쪽에 있는 사각형의 빈 영역을 클릭해 태그 설 정을 먼저 살펴봅시다.

그림 6.38 태그 설정 화면

태그의 유형을 선택하라는 안내 팝업이 나타나며, '구글 애널리틱스', '구글 애즈 전환 추적', '구글 애즈 리마케팅', '구글 옵티마이즈' 등 구글에서 제공하는 다양한 솔루션이 나타나는 것을 볼 수 있습니다. 구글에 있는 다양한 툴을 구글 태그 관리자라는 매개체를 이용해 사용할 수 있습니다. 아래쪽으로 스크롤을 더 해봅시다.

그림 6.39 다양한 태그 유형 1

아래쪽으로 이동하면, FoxMetrics, Hotjar Tracking Code 등 다양한 소프트웨어 회사에서 데이터 분석을 하기 위해 만든 제삼자 소프트웨어와도 쉽게 연동할 수 있게 목록이 만들어져 있습니다.

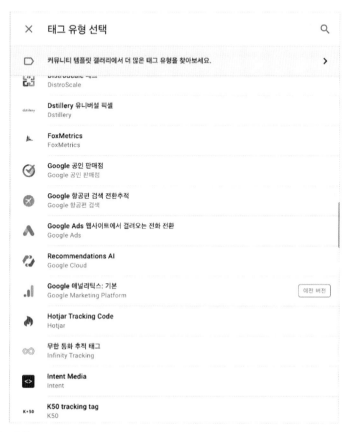

그림 6.40 다양한 태그 유형 2

이제 태그 쪽에 빈 공간을 클릭해 태그 설정 창을 지우고 트리거 쪽으로 이동합니다. 트리거 영역에서 [새로 만들기] 버튼을 클릭해 봅시다.

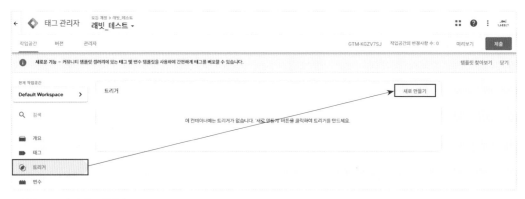

그림 6.41 트리거 새로 만들기

트리거 역시 태그 설정과 인터페이스가 비슷하지만, 이번에는 트리거만 설정하는 영역이 네모 칸으로 나타나는 것을 볼 수 있습니다. 네모 칸의 빈 영역을 클릭해 봅시다.

그림 6.42 트리거 설정 영역

트리거 유형을 선택하라는 옵션이 나타납니다. [페이지뷰], [클릭], [사용자 참여] 등 다양한 사용자 상호작용을 미리 정의해 놓았습니다. 페이지뷰는 당연히 어떤 사용자가 웹사이트 내에서 특정 페이지에 방문했을 때 태그를 발동시키게 시점을 정의하는 영역입니다. 하지만 구글 애널리틱스가 웹사이트에 설치된 사이트라면 이 페이지뷰 영역에 있는 트리거 유형을 통해 구글 애널리틱스로 데이터를 보내면 안 됩니다.

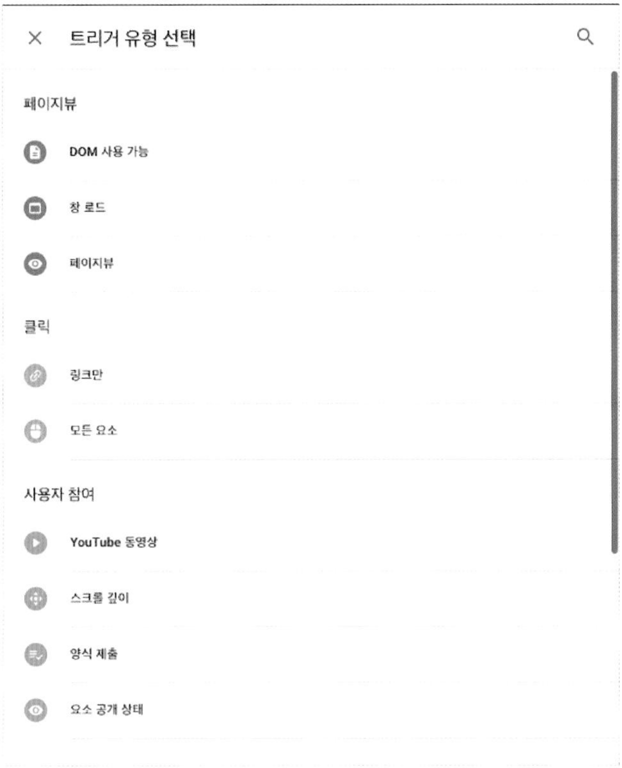

그림 6.43 다양한 트리거 유형

예를 들어, 구글 애널리틱스가 웹사이트에 설치돼 있어서 실시간 보고서에 데이터를 전송하고 있는 상태라고 가정합시다. 그런데 구글 태그 관리자에서 "결제 완료 페이지뷰가 발생하면 ~ 구글 애널리틱스로 데이터를 쏴라!"라는 태그를 만들었다면 2장에서 다룬 구글 애널리틱스 기본 추적 코드에 내포된 페이지뷰와 구글 태그 관리자에서 새롭게 발행한 페이지뷰가 중복으로 발생하면서 1명이 결제 완료 페이지에 도착해도 2번의 페이지뷰가 발생합니다. 그렇기 때문에 구글 애널리틱스가 이미 설치된 웹사이트에서는 구글 태그 관리자에서 페이지뷰 유형으로 태그를 만들면 오류가 날 가능성이 있습니다.

이 부분은 이후 실습 과정에서 좀 더 자세히 다루겠습니다.

이번에는 [변수] 영역으로 이동해봅시다.

변수는 크게 구글 태그 관리자에서 기본으로 제공하는 [기본 제공 변수]와 사용자가 직접 생성해서 다룰 수 있는 [사용자 정의 변수]로 나뉩니다. 우선 [기본 제공 변수] 영역의 [구성] 버튼을 눌러 태그 관리자에서 기본으로 제공하는 변수에 무엇이 있는지 살펴봅시다.

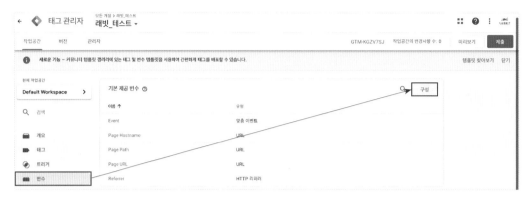

그림 6.44 변수의 구성 버튼

다음 그림에서 보다시피 기본으로 제공하는 변수가 매우 많습니다. 아래로 조금 스크롤하면 [클릭 수]라는 카테고리에 Click Element, Classes, ID, Target, URL, Text 등의 변수들이 있습니다. 이 변수들이 바로 '구매하기 버튼', '구독하기 버튼', '장바구니 버튼' 등 특정 버튼 요소를 정의하기 위해 사용되는 변수들입니다. 일단 기본 제공 변수 구성은 이대로 넘어가고, 빈 곳을 클릭해 [사용자 정의 변수] 쪽으로 이동해 봅시다.

X	기본 제공 변수 구성 ⑦	Q
☐	Error Line	
☐	Debug Mode	

클릭수

☐	Click Element
☐	Click Classes
☐	Click ID
☐	Click Target
☐	Click URL
☐	Click Text

양식

☐	Form Element
☐	Form Classes
☐	Form ID
☐	Form Target
☐	Form URL

그림 6.45 다양한 기본 제공 변수

사용자 정의 변수에서 [새로 만들기] 버튼을 클릭하면 직접 변수를 만들 수 있습니다. 변수는 자바스크립트를 통해 만들기 때문에 개발 지식이 없다면 만들기가 다소 어려울 수 있습니다. 궁극적으로 태그 관리자를 더 고급 수준으로 활용하기 위해서는 개발을 공부해야 합니다. 많은 사람이 구글 태그 관리자를 공부하다가 자연스럽게 개발 공부를 하고 있습니다.

하지만 개발 지식이 없어도 기본으로 만들 수 있는 변수가 있습니다. 우선 그러한 변수 하나만 만들어봅시다. 지금 태그 관리자의 구성요소를 배우는 이유는 구글 애널리틱스 데이터 보고서에 데이터를 전송하고, 결과적으로 구글 애널리틱스와 구글 태그 관리자를 서로 연동하기 위한 것입니다. 따라서 앞에서 만든 구글 태그 관리자 계정에서 연동할 구글 애널리틱스 계정의 ID를 직접 변수로 만들어줘야 합니다.

변수 정의 영역의 빈 곳을 클릭합니다.

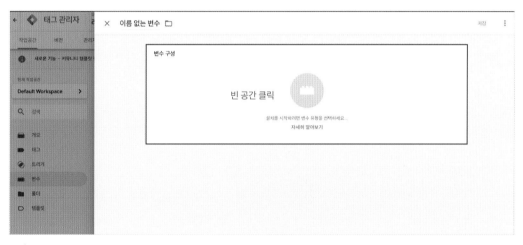

그림 6.46 GAID 변수 만들기 1

변수 유형을 누르면 다양한 형태의 변수가 나타납니다. 아래쪽으로 스크롤해 봅시다.

그림 6.47 GAID 변수 만들기 2

아래쪽으로 가면, [Google 애널리틱스 설정]이라는 변수 유형이 있습니다. 해당 변수를 선택합니다.

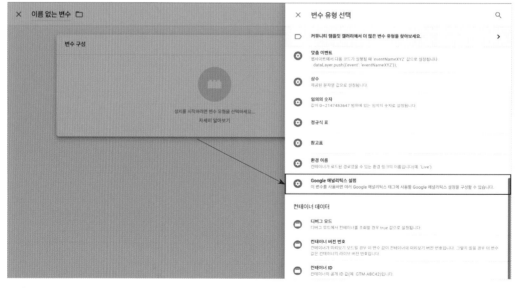

그림 6.48 GAID 변수 만들기 3

변수 이름을 'GAID'로 알아보기 쉽게 설정합니다. 그리고 그 아래 추적 ID란이 비어 있는 것을 볼 수 있습니다. 이 추적 ID란에 구글 애널리틱스 추적 ID를 그대로 복사해서 붙여줍니다. 만들어둔 구글 애널리틱스 계정으로 이동합니다.

그림 6.49 GAID 변수 만들기 4

톱니바퀴 모양의 설정 버튼을 눌러 구글 애널리틱스의 홈 화면으로 들어옵니다.

그림 6.50 구글 애널리틱스 홈 화면

두 번째 속성 열에서 [추적 정보] → [추적 코드]로 이동합니다.

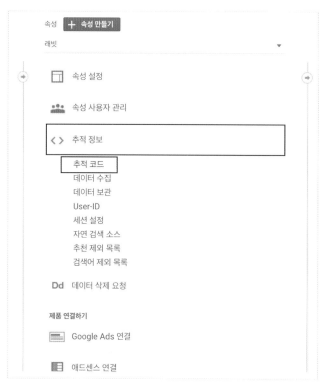

그림 6.51 추적 코드 메뉴의 위치

이렇게 구글 애널리틱스의 추적 ID가 있는 것을 볼 수 있습니다. 이 ID는 고윳값이기 때문에 사용자마다 모두 다를 것입니다. 자신의 추적 ID를 복사해 붙여 넣습니다.

<!-- Global site tag (gtag.js) - Google Analytics -->
<script async src="https://www.googletagmanager.com/gtag/js?id=UA-157959102-1"></script>
<script>
  window.dataLayer = window.dataLayer || [];
  function gtag(){dataLayer.push(arguments);}
  gtag('js', new Date());

  gtag('config', 'UA-157959102-1');
</script>

그림 6.52 추적 ID 복사하기

추적 ID를 복사해 붙여넣은 다음, 오른쪽 상단의 [저장] 버튼을 클릭합니다.

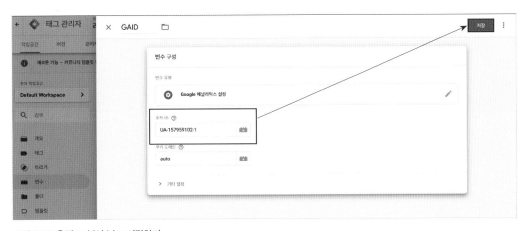

그림 6.53 추적 ID 붙여 넣고 저장하기

이렇게 하면 사용자 정의 변수에 GAID가 들어가 있는 것을 볼 수 있습니다. 오른쪽 상단의 [제출] 버튼을 눌러 태그 관리자가 변수를 가지게 발행합니다.

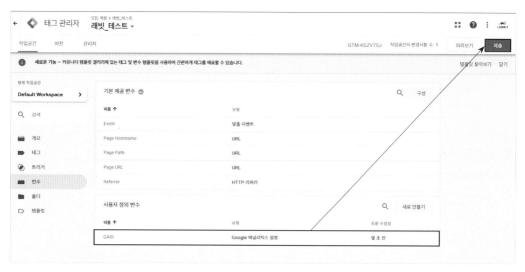

그림 6.54 제출 버튼 클릭

명령어를 실제로 제출하기 전에 [버전 이름]과 [버전 설명] 란이 표시됩니다. 이것은 태그 관리자 계정에서 변경사항을 적용할 때 다른 사람들이 쉽게 그 변경사항을 알아볼 수 있게 설명을 기록하는 영역입니다. 설령 혼자 태그 관리자를 사용한다고 해도 예전 히스토리를 조회하고 쉽게 이해할 수 있게 이 부분은 알아보기 쉽게 적어두는 것이 좋습니다.

그림 6.55 업데이트 시 나타나는 버전 기록창

나중에 알기 쉽게 변경사항의 이름과 그 변경사항에 대한 설명을 적어준 다음, 오른쪽 상단 [게시] 버튼을 클릭합니다.

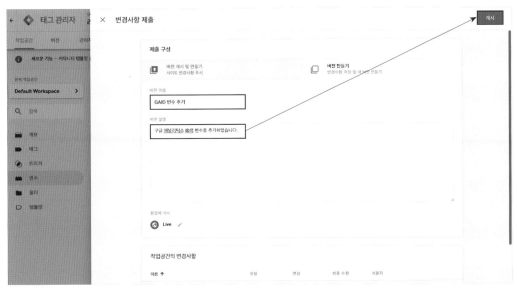

그림 6.56 기록을 마친 버전 설명

그러면 버전이 발행되면서 대 카테고리의 [버전] 영역으로 창이 넘어갑니다. 입력한 버전 이름과 버전 설명이 반영된 것을 볼 수 있습니다.

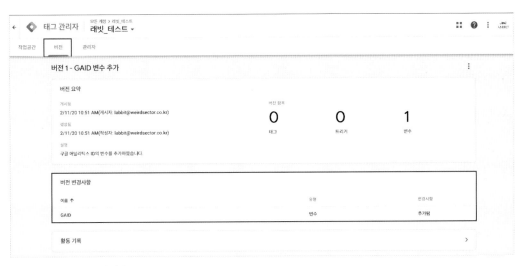

그림 6.57 발행이 완료된 버전

6.4 구글 애널리틱스를 대체하는 페이지뷰 태그 설치

이제는 구글 애널리틱스에 데이터를 전송하기 위한 태그 관리자 연동 실습을 진행해 보겠습니다. 여기서 주의할 점이 있습니다. 지금 수행할 실습은 실제 웹사이트에 구글 애널리틱스가 설치되지 않은 사람들이 태그 관리자만으로 구글 애널리틱스 데이터를 조회하는 방법입니다. 구글 애널리틱스가 이미 설치된 사이트라면 이 실습 과정은 태그와 트리거, 변수의 사용 방법과 구조를 파악하기 위한 용도로 실습만 하고 실제 사이트에는 중복 트래킹이 발생할 수 있으니 적용하지 말기 바랍니다.

우선 [태그] 영역으로 이동해 구글 애널리틱스로 데이터를 보내기 위해 [새로 만들기] 버튼을 클릭합니다.

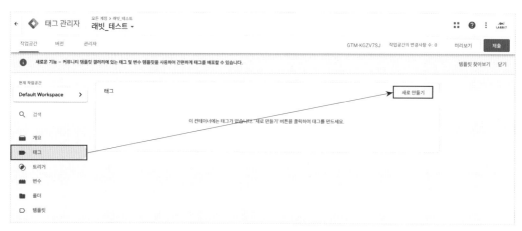

그림 6.58 All Page view 태그로 애널리틱스에 데이터 전송하기 1

태그 이름을 '페이지뷰'라고 우선 정의합시다. 여기서는 버튼 클릭이나 스크롤과 같은 사용자 상호작용을 집계하는 것이 아니라, 웹사이트에 들어온 사람들을 구글 애널리틱스 데이터로 보내는 연습을 할 것입니다. 위쪽 사각형의 빈 공간을 눌러 태그를 먼저 설정합니다.

그림 6.59 All Page view 태그로 애널리틱스에 데이터 전송하기 2

태그의 유형은 지금 사용 중인 [유니버설 애널리틱스]를 선택합니다.

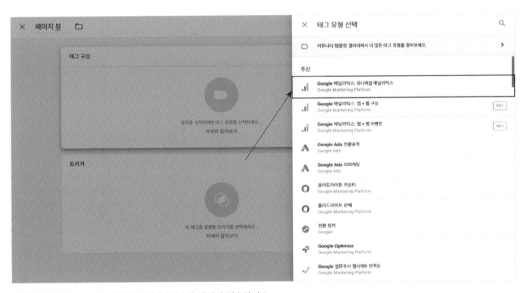

그림 6.60 All Page view 태그로 애널리틱스에 데이터 전송하기 3

추적의 유형은 페이지뷰가 발생하는 대로 데이터를 보낼 것이므로 [페이지뷰]라고 설정하고, 그다음 영역인 구글 애널리틱스 설정으로 넘어갑니다.

데이터를 구글 애널리틱스로 보내기 위해서는 어떤 구글 애널리틱스 계정에 보낼 것인가에 대한 설명이 필요합니다. 앞에서 만든 GAID로 데이터를 전송할 수 있게 설정합니다. 앞에서 실습한 내용을 수행했다면 GAID가 있을 것입니다. GAID를 선택합니다.

그림 6.61 All Page view 태그로 애널리틱스에 데이터 전송하기 4

그런 다음 아래쪽 트리거 설정의 빈 영역을 누르면 트리거를 선택하라고 나타납니다. 우선 "웹사이트에 사람이 들어오는 대로 구글 애널리틱스 계정에 데이터를 보내라!"라는 명령어를 만들어줄 것이므로 구글 태그 관리자에서 기본으로 제공하는 [All Pageview] 트리거를 선택합니다. 이 트리거는 '웹사이트의 모든 웹 페이지에 트래픽이 들어오면~'이라는 의미를 내포하고 있습니다.

그림 6.62 All Page view 태그로 애널리틱스에 데이터 전송하기 5

이렇게 해서 한 개의 태그가 완성됐습니다. 사람들이 웹사이트에 방문할 때마다 구글 애널리틱스에 데이터를 보내기 위해 다음과 같은 절차를 거쳤습니다.

- a. 구글 애널리틱스 태그 유형 선택

- b. 추적 유형을 페이지뷰로 설정

- c. 구글 애널리틱스 계정으로 데이터를 보내기 위해 미리 만들어둔 사용자 정의 변수 GAID 설정

- d. 모든 데이터를 누락 없이 보내기 위해 구글 태그 관리자에서 기본으로 제공하는 All pages 트리거 설정

그림 6.63 설정이 완료된 태그의 모습

저장 버튼을 누르면 태그 영역에 지금 만든 태그가 들어 있는 것을 확인할 수 있습니다.

여기서 주의할 점은 2장에서 배운 구글 애널리틱스 코드와 구글 태그 관리자 코드를 혼동하지 않는 것입니다.

가령 웹사이트에 구글 애널리틱스 코드가 이미 설치되어 있다면 '페이지뷰'라는 명령어가 내포되어 있어 데이터를 정상적으로 트래킹하고 있을 것입니다.

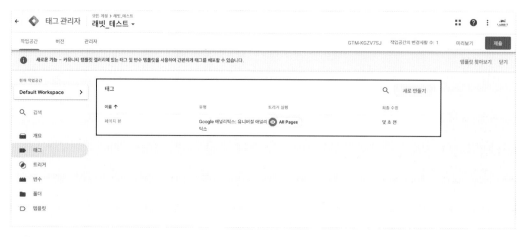

그림 6.64 태그 목록창에 나타난 All Page view 태그

그런 상태에서 구글 태그 관리자에 다시 [all page view] 트리거를 사용해 페이지뷰 유형의 태그를 구글 애널리틱스로 보내면 어떻게 될까요? 그러면 페이지뷰가 2번 발생합니다. 그럴 경우 페이지에 1명이 방문해도 한 사람의 페이지뷰가 2로 집계됩니다. 이렇게 페이지뷰가 두 번으로 집계되면 그 사용자가 어떤 상호작용을 했기 때문에 페이지뷰가 두 번 발생했다고 구글 애널리틱스가 판단합니다. 그럴 경우 이탈률에 집계되지 않습니다.

방문하자마자 상호작용이 일어나는 이 같은 경우는 이탈률을 급감하게 만드는 주요 원인이 됩니다. 이는 사실상 실무자들이 많이 겪는 오류 중 하나입니다. 다소 어려운 내용이니 이해하기 어렵다면 우선은 그냥 넘어가도 좋습니다.

구글 태그 관리자를
활용한 이벤트 트래킹

6장에서 구글 애널리틱스에서 사용되는 [이벤트]의 정의에
관해 자세히 다뤘습니다. 구글 애널리틱스만으로 사용자의
이벤트(클릭, 더블클릭, 스크롤)를 추적하려면 웹사이트에
직접 각 상호작용을 트래킹하는 자바스크립트 명령어를 적
용해 구글 애널리틱스와 연동되게 하드 코딩을 해야 합니다.

하지만 명령어를 GUI(그래픽 기반의 사용자 인터페이스)를
통해 유연하고 쉽게 다룰 수 있는 구글 태그 관리자를 사용
하면 개발 지식이 없더라도 하드 코딩 없이 안전하게 사용
자들의 상호작용을 트래킹할 수 있습니다. 이번 장에서는
구글 태그 관리자의 이벤트 트래킹에 대해 살펴보고, 실습
을 통해 구글 태그 관리자의 원리를 알아봅니다.

7.1 버튼 클릭 트래킹이란?

사용자들의 상호작용 중 가장 많이 추적하는 요소가 '버튼 클릭'일 것입니다.

예를 들어 쇼핑몰이 하나 있다고 할 때 구글 애널리틱스를 통해 결제 완료 페이지에 도착한 사람들을 트래킹하기 위한 [도착] 유형의 목표 설정이 가능합니다.

우리나라의 경우 쇼핑몰에서 발생하는 매출 상당수가 '네이버 페이'로 이루어집니다. 네이버 페이는 버튼을 클릭해야 추적할 수 있으므로 구글 태그 관리자를 통해 네이버 페이 버튼을 얼마나 클릭하는지 트래킹해야 합니다.

그 밖에 콘텐츠 중심의 웹사이트에서는 [구독하기], [공유하기] 등의 버튼에 대한 클릭 트래킹을 구글 태그 관리자를 통해 설정해 데이터를 살펴보면 더욱더 깊은 인사이트를 얻을 수 있습니다.

이 책에서는 구글 태그 관리자가 설치된 개인 티스토리 블로그를 가지고 실습을 진행하겠습니다. 웹사이트가 있는 사람이라면 자신의 웹사이트에 구글 태그 관리자를 설치하고, 없는 사람이라면 티스토리 블로그를 하나 만들어서 구글 태그 관리자를 설치해봅시다.

다음 이미지는 개인 티스토리 블로그에 구글 태그 관리자를 설치한 모습입니다. 6장에서 다룬 내용과 같이 티스토리 블로그 사이트 하단에 구글 태그 관리자 컨테이너가 나타나는 것을 볼 수 있습니다.

그림 7.1 구글 태그 관리자 컨테이너가 티스토리 블로그에 설치된 모습

다음 이미지를 좀 더 확대해서 살펴봅시다. [share this post]라는 검은색 버튼이 있습니다. 이 티스토리 블로그의 주인이라면 자신이 게재한 글에 대해서 사람들이 공유하기 버튼을 얼마나 클릭하는지에 대한 데이터를 구글 애널리틱스에서 조회하고 싶을 것입니다.

그림 7.2 추적하고 싶은 [share this post] 버튼

이 공유하기 버튼을 클릭했을 때 구글 애널리틱스에 데이터를 보내기 위해서는 태그, 트리거, 변수 구조의 문장을 먼저 완성해야 합니다. 앞장에서 "빨간 모자를 쓴 사람이 들어오면 손뼉을 쳐라."라는 문장을 태그, 트리거, 변수로 쪼개어 봤습니다. 이번에도 역시 마찬가지입니다.

"공유하기 버튼을 클릭하면 구글 애널리틱스 계정으로 데이터를 쏴라."

라는 문장에서 태그, 트리거, 변수를 쪼개어 봅시다.

우선 명령어 역할을 하는 '구글 애널리틱스 계정으로 데이터를 쏴라.'는 '태그'가 될 것입니다.

명령어가 발생하는 시점을 정의하는 트리거는 '클릭하면'이 될 것입니다.

그리고 모든 버튼이 아닌 공유하기 버튼 하나만 지정하는 것이므로 '공유하기 버튼을'이 '변수'가 될 것입니다.

7.2 버튼 클릭 트래킹 변수 설정

구글 태그 관리자에 익숙해지면 태그 → 트리거 → 변수순으로 자유롭게 작업할 수 있지만, 아직 구글 태그 관리자에 익숙하지 않다는 가정하에 여기서는 먼저 공유하기 버튼을 지정할 '변수'부터 설정해봅 시다.

그렇다면 공유하기 버튼을 어떻게 구글 태그 관리자가 알아보게 정리할 수 있을까요? 가장 먼저 해야 할 것은 이 버튼의 HTML 요소가 어떻게 생겼는지 보는 것입니다.

특정 요소의 HTML을 보려면 해당 요소 위에 마우스를 갖다 놓고 오른쪽 마우스 버튼을 누른 다음 [검 사] 버튼을 클릭하면 됩니다. 이는 크롬 브라우저에서만 지원 가능한 기능이므로 이번 실습은 크롬 브 라우저를 이용해 진행해야 합니다.

지금은 공유하기 버튼을 트래킹할 것이므로 공유하기 버튼 위에 마우스를 올려두고 마우스 오른쪽 버 튼을 클릭합니다.

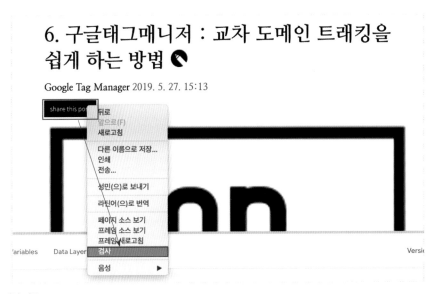

그림 7.3 검사 버튼

검사 버튼을 누르면 오른쪽 div class라는 영역의 색이 파란색으로 변합니다. 파란색으로 표시된 부분 에 마우스를 갖다 대면 그곳에 해당하는 영역인 'share this post' 버튼도 같이 파란색으로 표시됩니다.

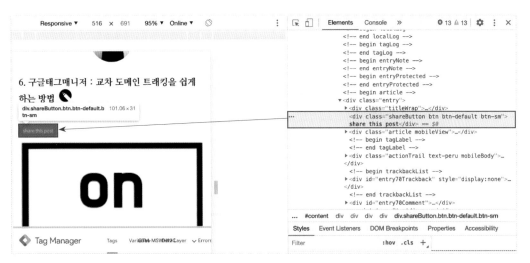

그림 7.4 버튼에 HTML 코드가 표시된 모습

동시에 커서가 잡히는 것으로 봐서 '⟨div class="shareButton btn btn-default btn-sm"⟩share this post⟨/div⟩' 요소는 현재 커서로 잡고 있는 버튼을 가리키는 것임을 직관적으로 파악할 수 있습니다. 이때 코드가 등장했다고 해서 너무 어려워할 필요가 없습니다. 이해를 돕기 위해 간단한 개발 상식을 짚고 넘어가겠습니다.

현재 버튼 쪽에 커서가 표시된 부분을 그대로 가져오겠습니다.

```
<div class = " shareButton btn btn-default btn-sm " >share this post </div>
```

여기서 div는 HTML의 요소 태그 중 하나로서(태그 관리자의 태그와는 다른 의미입니다.), '인정한 고정된 영역'을 의미한다고만 이해합시다. 그러면 div 뒤쪽의 class는 무엇일까요? class는 이 div 요소의 이름이자 '속성'이라고 부릅니다. 하나의 div에 속성은 여러 가지가 있을 수 있습니다. 대표적인 것으로 class, id 등이 있습니다. 보통 이 class와 id는 각 요소를 정의하는 이름을 나타냅니다. 두 가지를 구분 짓는 이유가 있습니다.

- class: 그룹, 단체라는 의미를 가지고 있습니다. 각각 다른 요소라도 클래스 이름이 똑같다면 해당 클래스에 집합적으로 스타일을 적용할 수 있습니다.

  예를 들어, [share this post]라는 버튼과 [submit]이라는 버튼 2개가 있다고 가정합시다. 이들은 각기 용도도 다르고 이름도 다르지만, 검은색 배경에 하얀색 글씨를 동일하게 사용합니다. 이 경우 각각의 버튼에 "검은색 배경과 하얀색 글씨를 가져라."라고 스타일 CSS를 짜줄 수 있지만, 이 방식은 굉장히 비효율적입니다.

그래서 두 버튼에 같은 class 이름을 부여해 설정 내용을 동시에 적용할 수 있습니다. "class 값이 shareButton인 요소에는 모두 다 검은색 배경과 흰색의 폰트를 적용하라."라고 컴퓨터가 알아볼 수 있게 스타일 코드를 짤 수 있습니다. 이렇게 집합으로 묶어서 스타일을 동일하게 적용하기 위해 만든 속성이 바로 class입니다.

- id: ID는 identification의 줄임말로, 집합이 아니라 '고유한' 요소를 의미합니다. 하나의 웹 페이지에는 똑같은 id가 있으면 안 됩니다. 집합적으로 스타일을 적용하더라도 어느 한 요소에만 다른 스타일을 적용해야 하는 경우가 빈번하게 발생합니다. 어떤 요소는 id와 class 속성을 동시에 가질 수 있습니다.

다시 본론으로 돌아와서 class와 id는 HTML을 구성하는 각 요소에 공통적인 또는 개별적인 스타일을 지정하기 위한 이름값입니다. 클래스와 아이디는 웹사이트를 만든 개발자가 이름을 붙이기 나름입니다.

예시의 [share this post] 버튼의 경우, 개별적으로 스타일을 적용할 필요가 없기 때문에 id는 넣지 않고 class 속성만 넣은 것을 볼 수 있습니다. 웹사이트를 직접 만든 개발자가 아니고서는 각 요소가 어떤 이름의 속성을 가졌는지는 아무도 모릅니다. 심지어, class와 id가 모두 없는 경우도 있습니다. 그럴 경우에는 class와 id가 아닌 또 다른 속성을 찾아야 합니다.

지금까지 설명한 개발 용어가 어렵게 느껴진다면 가볍게 읽고 넘어가도 좋습니다.

다만, "요소를 정의하는 속성이 있는데, 요소마다 어떤 속성을 사용할지는 웹사이트를 만드는 개발자가 정의하기 나름이라서 어떻게 정의됐는지는 직접 검사해 봐야 확인할 수 있다."라는 사실만 알아두면 됩니다.

이렇게 해서 [share this post] 버튼이 class 값을 가지고 있다는 것을 '검사' 기능을 통해 알게 됐습니다. 이제 구글 태그 관리자로 이동합니다. 버튼 클릭 트래킹뿐만 아니라, 구글 태그 관리자에서 스크롤, 영상 조회 등 다양한 이벤트를 트래킹하기 위해서는 반드시 다음 순서의 작업이 필요합니다.

a. 상호작용에 필요한 변수 정의

b. 태그 생성

c. 트리거 정의

가장 먼저 해야 할 일은 [share this post] 버튼의 변수를 정의하는 것입니다. 구글 태그 관리자의 [변수] 영역으로 이동합니다. 변수 영역에는 [기본 제공 변수]와 [사용자 정의 변수]가 있습니다.

그림 7.5 기본 제공 변수와 사용자 정의 변수

- 기본 제공 변수: 구글 태그 관리자에서 일반적으로 사람들이 사이트 내에서 일으키는 이벤트(클릭, 스크롤 등)에 필요한 변수를 미리 제공하는 영역

- 사용자 정의 변수: 구글 태그 관리자 사용자가 직접 변수를 만들 수 있는 영역

사용자 정의 변수의 경우, 직접 코딩할 수 있어야 하므로 지금 바로 사용하기에는 어려울 수 있습니다. 다행히 현재 진행 중인 예제에서 트래킹하려는 '클릭 행위'에 대한 변수는 직접 만들어줄 필요가 없습니다. [기본 제공 변수] 영역에서 [구성] 버튼을 눌러봅시다.

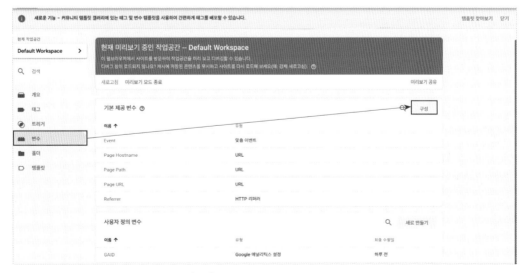

그림 7.6 클릭과 관련된 변수를 추가하기 위한 [구성] 버튼

다양한 기본 제공 변수가 사용자 이벤트 종류별로 카테고리화되어 있습니다. 스크롤을 내리면 [클릭수]라는 카테고리에 Click Element, Click Classes, Click ID, Click Target, Click URL, Click Text라는 변수가 보입니다. 이 기본 제공 변수는 사용자가 어떤 요소에 대해 클릭이라는 행위를 발생시켰을 때 그 정의하기 위한 속성의 이름입니다. 앞에서 살펴본 class와 ID도 있는 것을 볼 수 있습니다.

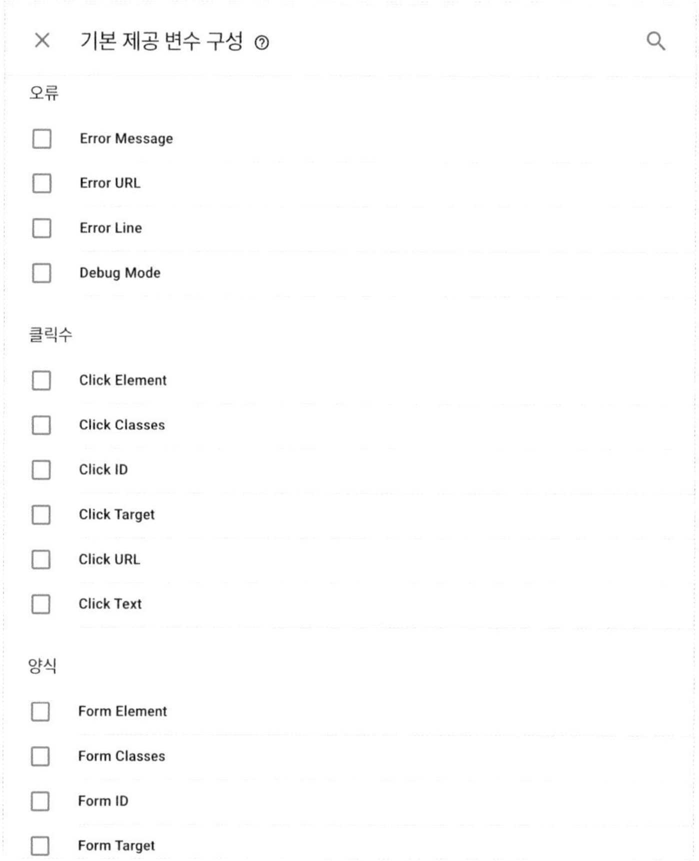

그림 7.7 구글 태그 관리자에서 제공하는 다양한 기본 제공 변수

하지만 거듭 강조하듯이, 어떤 속성이 들어갈지는 개발자가 코드로 설정하기 나름입니다. 자신이 개발한 사이트가 아니라면 클릭 쪽에 있는 변수를 일단은 모두 체크해두고 나중에 선별적으로 사용해도 됩니다. 그러면 클릭에 관련된 변수를 모두 체크합시다.

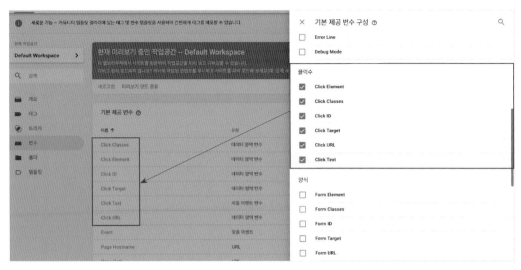

그림 7.8 클릭과 관련된 기본 제공 변수를 추가한 모습 1

기본 제공 변수 영역에서 체크한 클릭 관련 변수가 만들어준 태그 매니저 계정 내부 변수 영역에 들어가 있는 것을 확인할 수 있습니다.

그림 7.9 클릭과 관련된 기본 제공 변수를 추가한 모습 2

7.3 버튼 클릭 트래킹 태그와 트리거 설정

다음 과정으로 넘어갑시다. 이번에는 태그로 가서 새로운 태그를 만들어봅시다. 태그는 '명령어'입니다.

"공유하기 버튼을 클릭하면 구글 애널리틱스로 데이터를 쏴라."라는 문장에서 '구글 애널리틱스로 데이터를 쏴라'의 역할을 하는 부분입니다. [새로 만들기]를 눌러 새롭게 태그를 정의해 봅시다.

그림 7.10 태그 새로 만들기

우선 태그의 이름을 적습니다. 모든 이해관계자가 알아보기 쉽게 [공유하기 버튼 클릭]이라고 태그의 이름을 붙였습니다. 태그의 이름은 자유롭게 작성해도 무방합니다. 새로운 태그를 만들면 2개의 네모 칸 영역이 나타납니다. 위쪽에는 태그를 정의하고, 아래쪽에서는 트리거를 정의합니다.

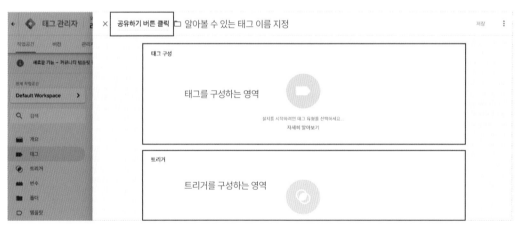

그림 7.11 태그의 이름을 입력하는 영역과 설정 영역

구글 애널리틱스로 데이터를 보낼 것이므로 태그의 유형은 구글 애널리틱스입니다. 해당 태그 유형을 선택합니다.

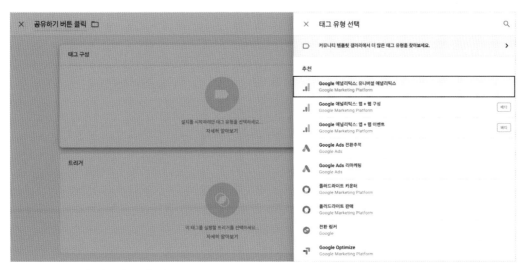

그림 7.12 구글 애널리틱스 태그 유형 선택

태그를 선택하면 [추적 유형] 영역이 페이지뷰로 선택돼 있습니다. 하지만 여기서는 사용자의 상호작용인 [이벤트]를 집계해서 데이터를 보낼 것이므로 페이지뷰를 선택하지 말고 [이벤트]를 선택합니다.

그림 7.13 추적 유형 선택

이벤트로 추적 유형을 바꾸는 순간, 이벤트 추적 매개변수라는 것이 나타납니다. 변수라는 말이 너무 많이 등장해 혼란스러울 수 있을 텐데, 그만큼 변수의 의미를 제대로 이해하는 것은 굉장히 중요합니다.

매개변수의 의미는 서로 다른 A, B를 연결하는 매개체로서의 변수라고 생각하면 됩니다. 이 변수에 대해서는 구글 애널리틱스 UTM을 다룰 때도 자세히 설명했습니다.

지금과 같은 경우에는 데이터를 트래킹하는 구글 태그 관리자가 A라는 하나의 주체가 되고, 데이터를 받는 보고서 조회 툴인 구글 애널리틱스가 B라는 별개의 주체가 됩니다. 여기에 입력하는 매개변수는 구글 태그 관리자(A 주체)와 구글 애널리틱스(B 주체)를 연결하는 변수라고 이해하면 됩니다.

그림 7.14 이벤트 트래킹을 위한 이벤트 추적 매개변수

매개변수의 종류에는 크게 4가지가 있습니다. 카테고리, 작업, 라벨, 값이 그것입니다. 이 4가지 중 카테고리와 작업은 필수로 기재해야 하는 값이고, 라벨과 값은 추가 정보를 더 넣고 싶을 때 선택적으로 사용하는 매개변수입니다. 라벨과 값에 대해서는 아직 다루지 않고 넘어가겠습니다.

우선 [카테고리]와 [작업]에 알아보기 쉽게 값을 입력했습니다. 카테고리값에는 클릭하는 요소의 대상이 되는 '공유하기 버튼'이라고 입력했고, 작업값에는 사용자의 행위를 정의하는 '클릭'이라고 입력했습니다. 이 카테고리값과 작업값은 마지막에 다시 구글 애널리틱스에서 적용하는 데 필요하므로 잘 기억해야 합니다. 일단 다음 화면과 같이 설정하고 넘어갑니다.

그림 7.15 카테고리값과 작업값을 적어준 모습

화면 맨 아래쪽의 [비 상호작용 조회]는 다소 어려운 내용이라서 후반부에서 설명하겠습니다. 그다음은 구글 애널리틱스 설정 영역입니다. 구글 애널리틱스에 데이터를 보내기 위해 앞에서 [태그 유형]을 구글 애널리틱스로 설정했습니다.

이 부분은 어느 계정에 데이터를 보낼지 선택하는 영역입니다. 앞장에서 만든 사용자 정의 변수인 GAID를 선택해 데이터를 보낼 사용자의 구글 애널리틱스를 대표하는 고유한 속성 ID를 넣어줍니다.

그림 7.16 GAID 변수를 넣어주는 모습

이렇게 해서 모든 태그 설정이 끝났습니다.

다시 한 번 말하지만, 태그와 트리거, 변수의 정의를 자세히 알아야 합니다. 태그는 명령어, 트리거는 명령어가 발동하는 시점, 그리고 변수는 요소를 정의하는 값입니다. "공유하기 버튼을 클릭하면 구글 애널리틱스 계정으로 데이터를 보내라."라는 명령에서 지금까지 "구글 애널리틱스 계정으로 데이터를 보내라."까지를 정의했습니다.

이제 '공유하기 버튼을 클릭하면' 부분을 정의하기 위한, 명령어가 발동하는 시점인 '트리거'를 설정해봅시다. 설정 영역에서 아래쪽 네모의 빈 영역을 클릭합니다.

그림 7.17 트리거 설정으로 이동

트리거를 선택하려고 보니, 구글 태그 관리자에서 기본으로 제공하는 [All pages] 트리거밖에 없습니다. 여기서는 페이지뷰를 추적하는 것이 아니라 버튼 클릭이라는 하나의 상호작용을 트래킹해야 하므로 [Page view]가 아닌 클릭 트리거를 만들어야 합니다.

그럼 오른쪽 상단의 [+] 버튼을 눌러 트리거를 하나 새롭게 만들어봅시다.

그림 7.18 트리거 만들기 1

트리거에도 모든 이해관계자가 알기 쉽게 직관적인 이름을 적습니다. 여기서는 '공유하기 버튼 클릭 트리거'라고 이름을 지었습니다. 이제 트리거 구성 영역(빈 곳)을 클릭해 트리거를 정의합니다.

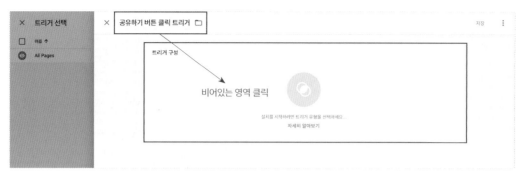

그림 7.19 트리거 만들기 2

트리거의 유형을 선택하라는 창이 새롭게 나타납니다. 어떤 유형의 트리거를 선택할지는 사용자가 하는 행위에 따라 다릅니다. 직관적으로 어떤 트리거를 선택해야 할지 보입니다.

예를 들면, [클릭] 카테고리에 있는 [링크만] 또는 [모든 요소] 트리거 유형을 선택할 수 있습니다. 트래킹하는 특정 버튼이 다른 페이지로 이동하는 링크 주소를 가지고 있다면 [링크만] 트리거 유형을 선택할 수 있겠지만, 지금 추적하는 [share this post] 버튼은 어떤 페이지로 이동하는 것이 아닌 '공유하기' 역할을 합니다.

따라서 [클릭] 카테고리에서 [모든 요소]를 선택합니다.

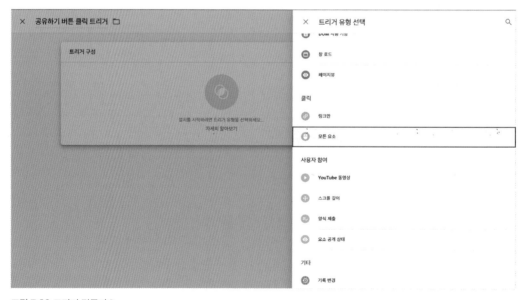

그림 7.20 트리거 만들기 3

모든 요소로 트리거의 유형을 선택하니 옵션이 2가지 나타납니다. 바로 '모든 클릭'과 '일부 클릭'입니다. 다양한 클릭 요소 중에서 [share this post] 버튼, 즉 특정 버튼의 클릭을 집계해야 하기 때문에 [모든 클릭]이 아닌 [일부 클릭]으로 설정하겠습니다.

그렇다면 [모든 클릭]으로 트리거를 지정하면 어떻게 될까요? 사용자가 웹사이트에 들어와서 웹사이트 내의 어떤 영역을 클릭해도 모두 다 트리거가 발동될 것입니다. 그러면 데이터는 수백, 수천 개가 쌓이게 됩니다. 또한 공유하기 버튼의 클릭 수만 확인하는 것도 불가능합니다.

그림 7.21 트리거 만들기 4

일부 클릭 옵션을 선택하니 아래쪽에 텍스트 박스가 3개 나타납니다. 이 부분이 바로 '변수'를 정의하는 영역이며, 예제에서는 [share this post] 버튼을 구글 태그 관리자가 알아볼 수 있게 설정하는 영역입니다. 왼쪽부터 오른쪽 순으로 키값(key), 수식, 밸류값(value)이라고 부릅니다. 변수에 대해 조금 더 알아봅시다.

변수는 말 그대로 변할 수 있는 값을 담는 하나의 그릇이라고 정의할 수 있습니다.

예를 들어, 철수가 가지고 있는 돈이 2,000원이라고 합시다.

철수가 가지고 있는 돈 = 2,000원

여기서 철수가 1,000원짜리 아이스크림을 사 먹었습니다. 그러면 철수가 가지고 있는 돈은 1,000원입니다.

철수가 가지고 있는 돈 = 1,000원

1,000원짜리 아이스크림을 사 먹고 난 후 철수가 가지고 있는 돈이 2,000원에서 1,000원으로 바뀐 것을 알 수 있습니다. 하지만 이 값을 담고 있는 그릇인 '철수가 가지고 있는 돈'이라는 이름은 변하지 않았습니다.

여기서 좌항에 속하는 '철수가 가지고 있는 돈'을 '키(Key) 값'이라고 부릅니다. 그리고 '='는 수식입니다. 그리고 마지막으로 2,000원에서 1,000원으로 바뀐 값은 '밸류(Value) 값'이라고 합니다. 모든 변수는 이러한 형태입니다. 지금 정의하려는 키값도 사실은 고정된 채로 있고 해당 키값이 가진 밸류 값이 변하는 것입니다.

그런데 키값을 보니 익숙한 변수명이 눈에 띕니다. Click Text, Click URL, Click Classes, Click ID 등이 있습니다. 이러한 변수들이 보이는 이유는 설정 초반에 [기본 제공 변수] 영역에서 클릭에 관련된 변수를 모두 체크해 추가했기 때문입니다.

그림 7.22 변수 정의하기

[share this post] 버튼에서 마우스 오른쪽 버튼을 클릭한 후 [검사] 버튼을 누를 때, 해당 버튼은 어떤 속성을 가지고 있을까요? 바로 class 속성을 가지고 있습니다. 그에 따라 키값을 Click Classes로 지정할 수 있습니다.

사이트로 다시 돌아가 해당 버튼이 클래스 요소를 가졌는지 다시 한번 확인하고, 해당 클래스의 밸류 값도 살펴봅시다. 확인 결과, 클래스라는 속성을 가지고 있고 shareButton btn btn-default btn-sm 이라는 밸류값을 가지고 있습니다. 여기서 각 클래스는 띄어쓰기로 구분합니다. 즉, 이 버튼은 클래스 4개를 가지고 있습니다. 처음 검사 메뉴를 눌렀을 때와 같은 방법으로 다시 한번 더 [share this post] 버튼 위에서 마우스 오른쪽 버튼을 클릭한 후 [검사] 버튼을 누릅니다.

그림 7.23 [share this post] 버튼의 변수 찾기

다음 그림의 클래스 밸류 값을 그대로 복사해서 가져옵니다. 큰따옴표가 시작되는 영역에서 더블 클릭하면 그대로 값을 가져올 수 있습니다. 이 값을 복사한 다음 구글 태그 관리자로 돌아갑니다.

그림 7.24 [share this post] 버튼의 변수 찾기 2

다음 그림과 같이 변수를 설정했습니다. 이 설정을 풀어 쓰면, "클릭하는 요소의 클래스 이름이 'shareButton btn btn-default btn-sm'와 같으면 공유하기 버튼 클릭 트리거로 지정해라."라고 표현할 수 있습니다.

또 다른 방법도 있습니다. 두 번째 텍스트 박스인 수식 영역을 [포함]으로 바꾼 다음, Value 값에 'shareButton'을 넣으면 클래스 이름이 shareButton을 포함하는 경우 공유하기 버튼 클릭 트리거로 지정하는 변수를 정의할 수 있습니다.

그렇지만 클래스 이름은 추적하고자 하는 버튼이 아닌 다른 웹사이트의 요소들의 클래스 이름과 중첩될 수도 있기 때문에, 최대한 추적하고자 하는 버튼만 고유하게 가질 것 같은 Class 값으로 수식을 지정하는 것이 좋습니다. 즉, [share this post] 버튼만이 유일하게 'shareButton'이라는 Class 값을 가지고 있을 것이 추측되니, shareButton 클래스 이름을 그대로 가져와도 무방합니다. 하지만 우선은 혹시 다른 요소와 중첩될 수 있는 우려가 있으니, 4개의 Class 값과 완전히 동일하게 변수 설정을 해봅시다.

이렇게 수식 지정이 완료되면 오른쪽 상단의 [저장] 버튼을 클릭합니다.

그림 7.25 트리거 설정이 완료된 모습

위 이미지대로 설정하면 태그가 완성됩니다. 이렇게 완성된 태그를 말로 풀어 쓰면 다음과 같습니다.

> "사용자가 클릭이라는 행위를 발생시킬 때 클릭하는 요소의 Classes 값이
> 'shareButton btn btn–default btn–sm'과 같다면, 이를 공유하기 버튼 클릭
> 트리거라고 정의한다. 공유하기 버튼 클릭 트리거가 발동하면 구글 애널리틱스에
> 데이터를 보낸다. 그리고 데이터를 보낼 때 카테고리 매개변수 값에는
> '공유하기 버튼'이라는 문자값을, 액션 매개변수 값에는 '클릭'이라는 문자값을
> 지정해 데이터를 보내라."

그림 7.26 버튼 클릭 태그 설정이 완료된 모습

지금까지 설명한 내용을 이해하기가 어려울 수 있습니다. 여러 번 반복해 읽다보면 원리를 이해할 수 있을 것입니다. 태그를 만드는 원리를 이해하지 못하면 이 책을 보고 따라 하는 것은 쉬울 수 있으나, 실무에서 구글 태그 관리자를 다양하게 활용하기는 어렵습니다.

이렇게 새로운 태그를 만들어 목록에 '공유하기 버튼 클릭'이라는 명령어 태그가 나타난 것을 볼 수 있습니다. 태그를 발행하려면 오른쪽 상단의 [제출] 버튼을 클릭합니다. (물론 안전하게 하려면 [미리 보기]를 눌러 테스트한 다음, [제출]을 클릭해야 합니다.)

그림 7.27 제출 버튼 클릭

이제 태그를 정식으로 발행할 것이므로 버전 이름과 버전 설명을 다른 이해관계자들이 알아보기 쉽게
설정합니다.

그림 7.28 태그 발행하기 1

게시가 완료되면 버전 영역에 새롭게 추가한 태그와 트리거가 나타나는 것을 볼 수 있습니다.

그림 7.29 태그 발행하기 2

7.4 버튼 클릭 전환율 관측

이제 태그가 정상적으로 나타나는지 확인하기 위해 태그 관리자 홈 화면으로 돌아온 뒤, [미리 보기]를 한 번 더 누른 다음 실습용 블로그를 새로 고침 해봅시다.

그림 7.30 미리보기 버튼 클릭

새로 고침을 하면 구글 태그 관리자 컨테이너에 태그가 한 개 더 생긴 것을 볼 수 있습니다. 그와 동시에 컨테이너에는 2가지 항목으로 나뉘어 각 항목별로 태그가 들어가 있는 것을 볼 수 있습니다.

두 항목은 [Tags Fired On This Page]와 [Tags Not Fired On This Page]입니다. 이는 사용자가 보고 있는 페이지에서 실제로 발동되어 네이터를 전송하는 항목과 해당 페이지에서 발동이 안 된 항목을 나눠서 태그를 분류하고 있음을 의미합니다. 앞에서 만든 [공유하기 버튼 클릭]이라는 태그는 컨테이너 안에는 들어 있지만, 아직 페이지에서 발동되지 않았습니다.

그림 7.31 컨테이너의 2가지 항목

그 이유는 아직 사용자가 [share this post] 버튼을 누르지 않았기 때문입니다. 이 버튼을 누르면 [공유하기 버튼 클릭]이라는 이름의 태그가 [Tags Fired On This Page] 항목으로 이동할 것입니다. 그리고 해당 태그가 발동되는 순간 구글 애널리틱스로 데이터를 보낼 것입니다. 그러면 한 번 눌러봅시다.

공유하기 버튼을 눌렀더니 컨테이너에서 [Tags Not Fired On this Page] 항목 쪽에 있던 [공유하기 버튼 클릭] 태그가 위쪽으로 올라가 [Tags Fired On This Page] 영역으로 이동한 것을 볼 수 있습니다.

정상적으로 버튼을 누를 때 명령어가 작동했으니, 이 사용자 클릭 이벤트가 구글 애널리틱스 실시간 보고서에 반영됐는지 확인해보기 위해 구글 애널리틱스로 이동하겠습니다.

그림 7.32 새롭게 발동된 [공유하기 버튼 클릭] 태그

사용자의 이벤트를 실시간으로 확인하는 것은 [실시간] → [이벤트] 보고서에서 가능합니다. 실제로 특정 유저가 웹사이트에 방문해서 공유하기 버튼을 클릭하는 순간, 카테고리값에는 '공유하기 버튼'이라는 문자를, 액션 값에는 '클릭'이라는 문자를 매개변수로 지정하여 구글 애널리틱스로 데이터를 전송합니다.

아래 이미지와 같이 실시간 보고서에 이벤트 발생에 관한 데이터가 정상적으로 반영되고 있음을 알 수 있습니다. 하지만 여기서 모든 설정이 끝나는 것은 아닙니다. 구글 애널리틱스에서 목표 설정을 하지 않으면 실시간 보고서에 잡힌 이 이벤트는 보고서에 기록되지 않습니다.

우리의 원래 목표는 구글 애널리틱스에서 제공하는 다양한 측정기준별로 공유하기 버튼을 얼마나 클릭하는지에 대한 전환율을 보고 싶은 것입니다. 이 점은 매우 중요하니 명심하기 바랍니다. 구글 애널리틱스에서 전환율을 측정하기 위해서는 '목표'를 설정해야 합니다.

그림 7.33 실시간 보고서에 반영되는 공유하기 버튼 클릭 이벤트

목표 설정을 위해 구글 애널리틱스 설정 영역으로 돌아가 목표를 만들어줍시다.

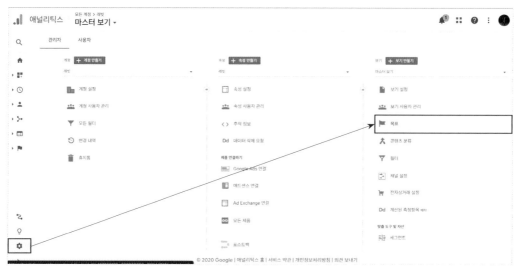

그림 7.34 공유하기 버튼 클릭 목표 설정 1

[새 목표]를 눌러 새로운 목표를 정의하는 과정을 시작합니다.

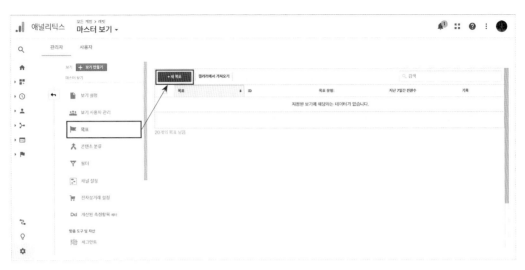

그림 7.35 공유하기 버튼 클릭 목표 설정 2

앞에서와 마찬가지로 템플릿이 아닌 [맞춤 설정]을 클릭합니다.

그림 7.36 공유하기 버튼 클릭 목표 설정 3

목표 이름은 사용자가 알아보기 쉽게 자유롭게 적어주면 됩니다. 이번 실습에서는 '공유하기 버튼 클릭'으로 목표의 이름을 지정했습니다. 이번에는 목표의 유형이 도착이나 시간, 세션당 페이지 수가 아닌 사용자의 상호작용을 의미하는 '이벤트'입니다. [이벤트]를 선택합시다.

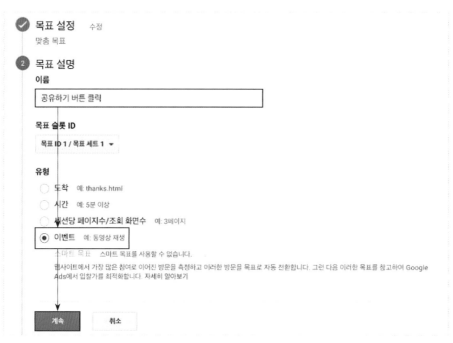

그림 7.37 공유하기 버튼 클릭 목표 설정 4

목표 유형으로 [이벤트]를 선택하면 낯익은 인터페이스가 나타납니다. 카테고리, 액션, 라벨, 값 영역입니다. 이것이 바로 구글 태그 관리자에서 설정한 매개변수와 구글 애널리틱스가 데이터를 받을 매개변수를 서로 연동하는 과정입니다. 카테고리값과 액션 값을 무엇으로 정의했는지 기억 나지 않는다면 구글 태그 관리자로 돌아가 확인할 수 있습니다. 구글 태그 관리자로 돌아가 봅시다.

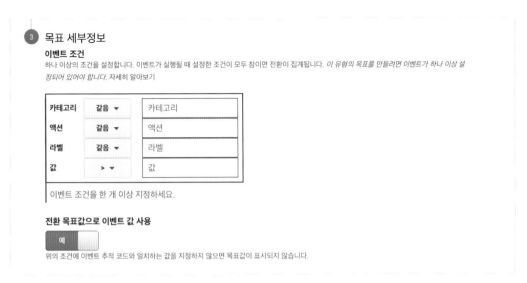

그림 7.38 공유하기 버튼 클릭 목표 설정 5

[작업공간] → [태그]로 이동해 만들어놓은 [공유하기 버튼 클릭] 태그를 클릭합니다.

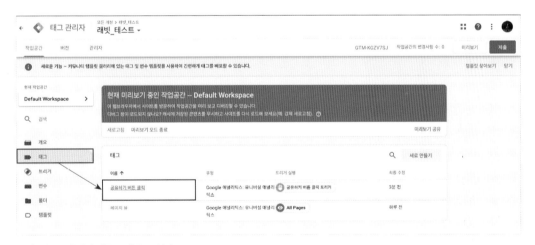

그림 7.39 공유하기 버튼 클릭 목표 설정 6

카테고리값에는 '공유하기 버튼'이라는 문자 매개변수 값이 띄어쓰기 없이 들어가 있고, 작업값에는 '클릭'이라는 문자값이 들어가 있습니다. 이 부분을 기억하고 다시 구글 애널리틱스로 돌아가 그대로 적습니다.

그림 7.40 공유하기 버튼 클릭 목표 설정 7

카테고리값과 액션을 띄어쓰기를 구분해 정확하게 적습니다. 해당 매개변수 값이 완전히 일치해야 목표 데이터에 집계되며, 최종적으로 전환율을 측정할 수 있습니다.

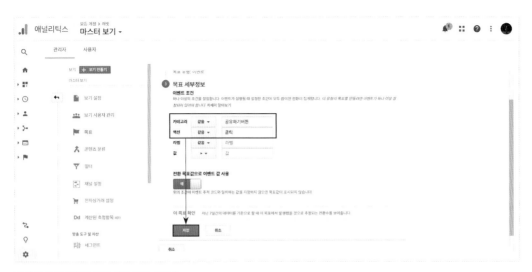

그림 7.41 공유하기 버튼 클릭 목표 설정 8

이렇게 해서 공유하기 버튼 클릭 목표 설정을 마쳤습니다.

그림 7.42 공유하기 버튼 클릭 목표 설정이 완료된 모습

아직은 데이터가 없지만, 추후 데이터가 쌓이면 연령별, 성별, 소스/매체별로 [공유하기 버튼 클릭]
에 대한 완료 수와 전환율을 동시에 파악할 수 있습니다. 이것이 이벤트 트래킹의 첫 단추입니다.

그림 7.43 다양한 측정기준별로 목표 전환율을 관측하는 모습

7.5 AND 조건과 OR 조건으로 트리거 만들기

버튼 클릭 이벤트를 설정하는 방법은 마무리했지만, 한 가지 더 팁을 드리고자 합니다.

티스토리 블로그에서 '지금 보고 있는 페이지에서만 공유하기 버튼을 클릭하고 싶은 경우'가 있을 수 있습니다. 티스토리 블로그에 있는 모든 상세페이지의 공유하기 버튼 클릭을 Class 값을 통해 트래킹하고 있더라도 간혹 특정 페이지의 클릭만 따로 집계하고 싶을 때가 있을 것입니다.

이 경우, 교차 조건을 만족해야 합니다. 일단 똑같이 [공유하기 버튼]이기 때문에 당연히 Click Classes 값은 shareButton ~ 일 것입니다. 하지만, 어떤 페이지에서의 버튼 클릭만 트래킹하고 싶은 경우이므로 Page URL 조건을 한 개 더 추가해야 합니다. URL을 잘 기록해두고 구글 태그 관리자로 넘어갑시다.

그림 7.44 해당 URL에서만 [share this post] 버튼을 트래킹하고 싶은 경우

발동하는 시점을 정의하는 [트리거] 영역으로 들어왔습니다. 앞에서 만들어 놓은 [공유하기 버튼 클릭 트리거]를 클릭합니다.

그림 7.45 트리거 영역으로 이동

해당 트리거가 보이는데, 조건을 한 가지 더 추가하려면 [+] 버튼을 누릅니다. 여기서 추가되는 조건은 몇 개가 되든 상관없으나, 이 조건들을 동시에 만족해야만 클릭 트리거가 발생합니다.

그림 7.46 트리거에 AND 조건을 추가하는 영역

이번에는 전체 웹사이트에서의 공유하기 버튼 클릭을 추적하는 것이 아니라, 지금 보는 페이지의 버튼 클릭만 추적하고 싶기 때문에 키값을 Page URL로 선택합니다. 지금 보는 페이지의 URL은 다음과 같습니다.

URL: https://onedge1.tistory.com/39?category=610114

그림 7.47 조건 추가를 위한 키값 설정하기

다시 웹사이트로 돌아가 지금 보는 페이지의 URL을 자세히 살펴봅시다.

← → C ⓘ 주의 요함 | **onedge1.tistory.com**/39?category=610114

그림 7.48 트래킹을 원하는 URL 값

페이지 URL은 웹 페이지 하나당 고유하게 1개만 존재하므로 '610114'라는 숫자가 이 상세페이지의 URL에만 포함됐을 것으로 추측됩니다. 이 추측을 기반으로 URL에서 category= 뒤에 오는 숫자만 그대로 가져옵니다.

그 숫자를 페이지 URL에 포함하는 조건으로 붙여넣기를 하면 "클래스(키값)가 shareButton btn btn-default btn-sm(밸류값)이면서 page URL(키값)이 610114(밸류값)를 포함하는 조건을 동시에 만족한다면 공유하기 버튼 클릭 트리거로 정의하라."라는 트리거가 생성됩니다. 여기서 [+] 버튼을 통해 추가하는 조건은 두 조건이 모두 만족해야 하는 AND 조건입니다.

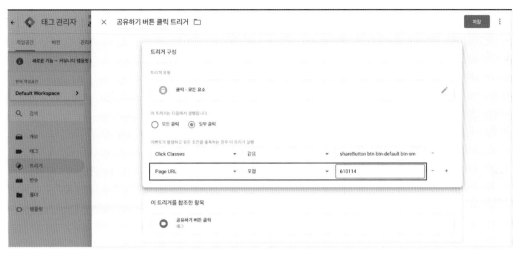

그림 7.49 트리거에 두 번째 조건을 추가한 모습

태그 관리자에 2가지 조건을 동시에 만족해야만 발동되는 AND 조건 기반의 트리거를 만들었다면 OR 조건도 가능합니다.

다시 실습용 티스토리 블로그로 돌아가, [share this post] 버튼과 해당 블로그 최하단에 있는 [submit] 버튼을 클릭할 때 둘 중 어느 것을 클릭해도 같은 태그가 발동되게 정의하고 싶다고 합시다.

이 경우에는 [share this post] 버튼을 클릭해도 태그가 발동해야 하고, [submit] 버튼을 클릭해도 태그가 발동해야 합니다.

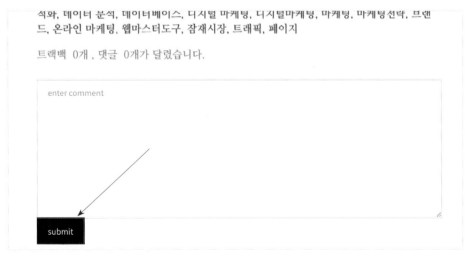

그림 7.50 블로그 하단 [submit] 버튼의 위치

우선 [submit] 버튼에서 마우스 오른쪽 버튼을 누른 뒤, [검사] 메뉴를 클릭해 어떤 속성을 가졌는지 확인합니다. class 속성이 있는 것이 보입니다. 새롭게 조건으로 추가할 클릭 트리거 역시 Click Classes 키값을 활용해 변수 설정을 할 수 있습니다.

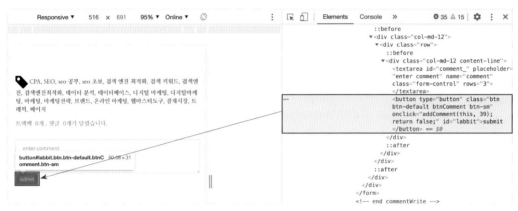

그림 7.51 [submit] 버튼의 HTML 요소

구글 태그 관리자로 돌아가, 앞에서 만든 태그 중 [공유하기 버튼 클릭] 태그로 이동합니다.

그림 7.52 [submit] 버튼 트리거 추가하기 1

해당 태그의 트리거 영역에 마우스를 갖다 대면 연필 모양의 수정 버튼이 나타납니다. 이 버튼을 클릭합니다.

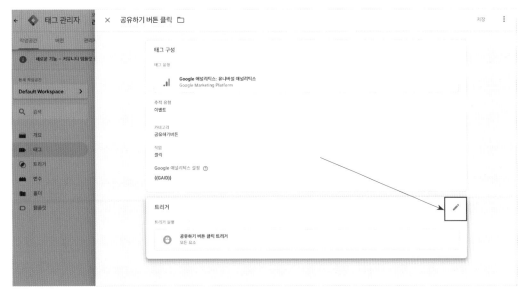

그림 7.53 [submit] 버튼 트리거 추가하기 2

여기서 [+] 버튼을 통해 [submit] 버튼을 클릭했을 때 발동되는 트리거를 하나 더 만들어야 합니다.

그림 7.54 [submit] 버튼 트리거 추가하기 3

여기서도 [+] 버튼을 통해 새로운 트리거를 정의합니다.

그림 7.55 [submit] 버튼 트리거 만들기 1

트리거 이름 역시 모두가 알기 쉽게 직관적으로 설정하고, [submit] 버튼 클릭 트리거를 만들어봅시다.

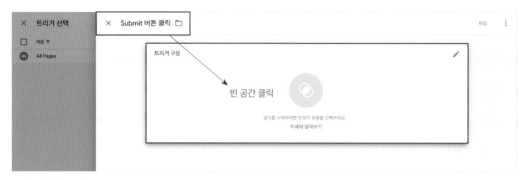

그림 7.56 [submit] 버튼 트리거 만들기 2

트리거 유형도 [share this post] 버튼 클릭 트리거를 설정할 때와 같이 [클릭] → [모든 요소]를 선택합니다.

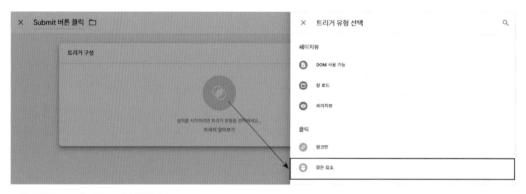

그림 7.57 [submit] 버튼 트리거 만들기 3

그다음에 [Submit] 버튼을 정의하는 변수를 설정합니다. Click Classes로 키값을 설정하고, 티스토리 블로그로 돌아가 추적하려는 버튼의 클래스 값을 가져옵니다.

그림 7.58 [submit] 버튼 트리거 만들기 4

[submit] 버튼의 클래스는 [share this post] 버튼의 클래스와 다릅니다. btn btn-default btnComment btn-sm이라는 클래스 값을 그대로 복사해 태그 관리자로 가져옵니다.

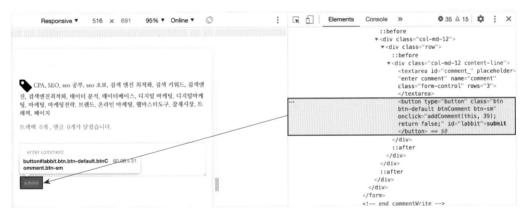

그림 7.59 [submit] 버튼 트리거 만들기 5

그리고 나서 저장 버튼을 클릭합니다.

그림 7.60 [submit] 버튼 트리거 만들기 6

이렇게 버튼 클릭 조건이 '또는'이라는 연산자로 묶인 것을 볼 수 있습니다. 이 경우, 구글 애널리틱스로 보내는 매개변수의 값은 같지만, [submit] 버튼 클릭이나 [share this post] 버튼 클릭이 둘 중 하나만 발생해도 데이터를 전송합니다. 쉽게 정리하면, AND 조건은 트리거 안에서 정의하고 OR 조건은 태그 안에서 지정한다는 것을 기억하면 됩니다.

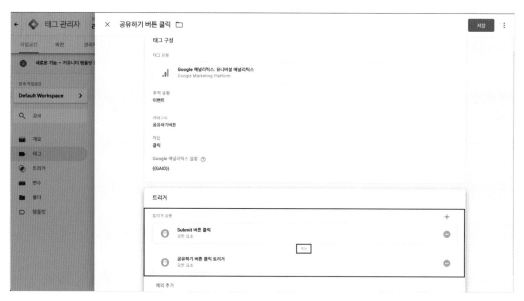

그림 7.61 OR 조건으로 트리거 2개가 한 개의 태그에 설정된 모습

7.6 스크롤 행위 트래킹

구글 태그 관리자에서는 사용자의 상호작용을 다양하게 트래킹하고 이 트래킹된 정보를 구글 애널리틱스로 전송해 데이터를 조회할 수 있습니다. 사용자가 하는 대표적인 행위로 스크롤, 클릭, 영상 조회와 같은 행위가 있는데, 이어서 '스크롤'을 트래킹하는 방법에 대해 자세히 살펴보고 스크롤 트래킹을 완벽하게 이해하기 위한 '동적 변수'와 '정적 변수'를 살펴봅니다.

7.7 스크롤 트래킹 변수 설정

우선 스크롤 트래킹을 위해 티스토리 블로그를 가지고 실습을 진행하겠습니다. 해당 티스토리 블로그에는 구글 태그 관리자가 그대로 설치된 상태입니다. 스크롤 행위 역시 클릭 행위와 마찬가지로 사용자의 여러 가지 상호작용 중 하나인 '이벤트'이므로 사용자 이벤트를 트래킹하기 위한 다음과 같은 절차를 거칩니다.

- **a.** 변수 생성
- **b.** 태그와 트리거 생성
- **c.** 구글 애널리틱스 목표 연동

그림 7.62 스크롤을 끝까지 내린 티스토리 블로그의 최하단 영역

먼저 행위와 관련된 변수를 추가해야 하므로 구글 태그 관리자의 변수 카테고리로 이동합니다. 클릭 이벤트를 추적할 때 클릭과 관련된 기본 제공 변수를 만들었던 것처럼 스크롤을 트래킹할 때 역시 스크롤 이벤트와 관련된 변수를 미리 생성합니다.

스크롤 트래킹 변수도 구글 태그 관리자가 기본으로 제공하는 변수들이 있습니다. [구성] 버튼을 눌러 이동해 봅시다.

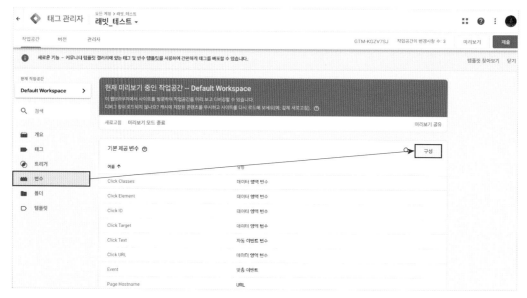

그림 7.63 스크롤 관련 변수 생성하기 1

아래로 스크롤하면 [스크롤] 영역에 Scroll Depth Threshold, Scroll Depth Units, Scroll Direction 변수가 나타납니다. 뒤에서 각 변수의 의미를 설명하기는 하겠지만, 직관적으로 이해하기 어렵다면 실습하면서 좀 더 이해할 수 있을 것입니다.

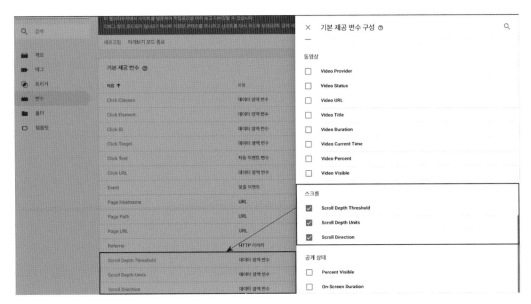

그림 7.64 스크롤 관련 변수 생성하기 2

a. **Scroll Depth Threshold**: 사용자가 스크롤했을 때 전체 세로 길이가 아닌 스크롤을 얼마나 했느냐에 대한 정도를 숫자로 반환하는 변수입니다. 예를 들어, 25%, 50%와 같이 스크롤을 했을 때 '20, 50' 등 숫자 값을 반환하는 변수입니다.

b. **Scroll Depth Units**: 스크롤의 단위입니다. 스크롤을 측정하는 방법은 2가지입니다. 첫 번째는 스크롤한 길이가 전체 길이의 몇 퍼센트인지 측정하는 방법과 스크롤했을 때 몇 픽셀을 스크롤했는지 측정하는 방법입니다. 전자의 경우가 더 많이 쓰이지만, 이 Scroll Depth Units 변수는 태그 관리자 사용자가 어떻게 설정하느냐에 따라서 '%' 또는 'Pixels'라는 문자값을 반환합니다.

c. **Scroll Direction**: 스크롤의 방향을 결정합니다. 가로 또는 세로 방향의 변수를 반환합니다. 하지만 대부분 스크롤 트래킹은 세로 방향으로 많이 설정하게 됩니다.

7.8 스크롤 트래킹 태그와 트리거 설정

스크롤과 관련된 변수를 알아봤는데, 지금 당장 이해하지 못하더라도 괜찮습니다. 이번에는 태그 영역으로 가서 스크롤했던 사용자들에게 구글 애널리틱스로 데이터를 보내는 명령어를 만들어 보겠습니다. [새로 만들기] 버튼을 클릭합니다.

그림 7.65 스크롤 태그 만들기 1

태그를 하나 새로 만들어 태그의 이름을 '스크롤 태그'로 설정합니다. 앞에서와 같이 태그 먼저 만들고 나서 트리거를 정의합니다.

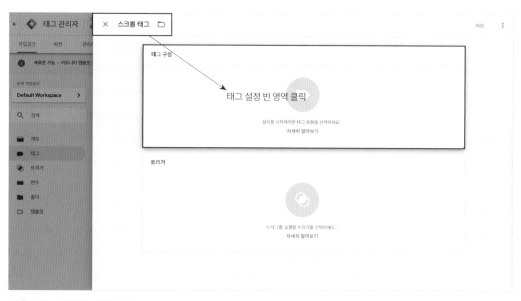

그림 7.66 스크롤 태그 만들기 2

태그는 구글 애널리틱스로 데이터를 전송하기 때문에 [Google 애널리틱스: 유니버설 애널리틱스]라는 태그 유형을 선택합니다.

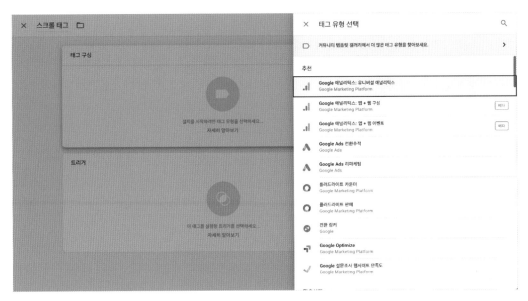

그림 7.67 스크롤 태그 만들기 3

구글 애널리틱스 유형의 태그 타입을 선택하면 추적 유형이 나타납니다. 사용자의 스크롤이라는 우연한 행위를 트래킹하는 것이기 때문에 추적 유형을 [이벤트]로 바꿉니다.

그림 7.68 스크롤 태그 만들기 4

이벤트로 바꾼 다음, 구글 애널리틱스의 목표와 데이터를 연동할 매개변수인 카테고리값과 작업값을 적습니다. 알아보기 쉽게 카테고리값은 '웹 페이지', 작업값은 '스크롤'로 지정했습니다.

여기서 중요한 부분은 클릭 트래킹을 할 때는 별도로 사용하지 않았던 [라벨]과 [값] 영역입니다. 라벨과 값에 관해서는 트리거 영역을 모두 설정하고 나서 마지막에 설명하겠습니다.

그림 7.69 스크롤 태그 만들기 5

앞에서 만든 구글 애널리틱스 계정으로 데이터를 전송할 것이므로 GAID라는 이름의 사용자 정의 변수를 넣습니다. 이렇게 해서 태그 설정이 끝났습니다. 이번에는 아래쪽 트리거 설정으로 이동해보겠습니다.

그림 7.70 스크롤 태그 만들기 6

트리거를 선택하라는 영역이 나타납니다. 현재 앞에서 만든 클릭 트리거 2개와 태그 관리자에서 기본으로 제공하는 All page view 트리거 1개가 있습니다. 여기서는 오른쪽 상단의 [+] 버튼을 눌러 스크롤 트래킹이라는 새로운 트리거를 만들겠습니다.

그림 7.71 스크롤 트리거 만들기 1

이름은 알아보기 쉽게 '스크롤 트리거'로 붙였습니다. 트리거 구성 영역의 빈 공간을 클릭해봅시다.

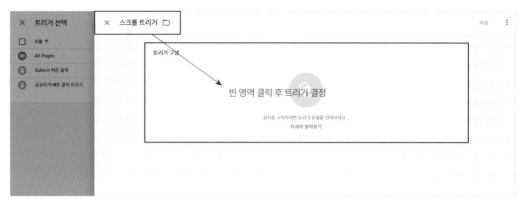

그림 7.72 스크롤 트리거 만들기 2

트리거 유형 선택에 [사용자 참여]라는 카테고리가 있습니다. 그중 [스크롤 깊이]라는 추적 유형이 보입니다. 굉장히 직관적입니다. 사용자가 스크롤하는 행위를 트래킹하기 위해 [스크롤 깊이] 트리거 유형을 선택합니다.

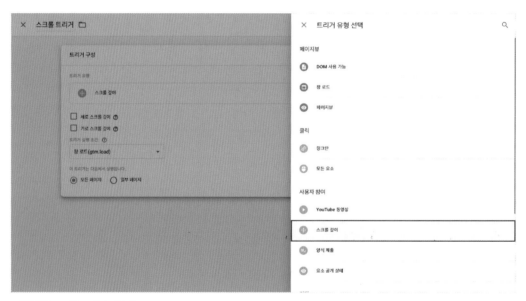

그림 7.73 스크롤 트리거 만들기 3

스크롤 깊이 트리거 유형을 선택하면 여러 가지를 설정하는 영역이 나타납니다. 첫 번째부터 순차적으로 설정해봅시다.

첫 번째 옵션은 '사용자의 세로 스크롤을 트래킹할 것인지, 가로 스크롤을 트래킹할 것인지'를 물어보는 영역입니다. 여기서는 티스토리 블로그의 내용을 얼마나 봤는지를 추적하기 위해 [세로 스크롤 깊이]를 선택했습니다.

그림 7.74 스크롤 트리거 만들기 4

그다음은 '비율'로 값을 보낼지, '픽셀'로 값을 보낼지 물어보는 영역입니다. 이 책의 실습용 티스토리 블로그의 경우 웹 페이지마다 내용 구성이 다르기 때문에 세로 길이가 고정적이지 않고 다 다릅니다.

그래서 고정값을 반환하는 '픽셀'은 이 웹사이트에 적합하지 않습니다. 추적하고자 하는 웹 페이지의 세로 길이가 모두 동일하다면 '픽셀'로 설정해도 무방합니다. 픽셀을 선택하면 예시 문구와 같이 직접 세로 길이의 값을 입력할 수 있습니다.

그림 7.75 스크롤 트리거 만들기 5

앞에서 언급한 바와 같이 픽셀로 트래킹을 하면 모든 티스토리 블로그 글의 픽셀 길이가 다르기 때문에 사용자가 정확히 얼마나 읽었는지 파악하기가 어렵습니다. 그래서 전체 세로 길이 대비 얼마나 글을 읽었는지 알아보기 위해 비율을 선택했습니다.

비율을 선택하면 전체의 몇 퍼센트를 스크롤했을 때 스크롤 트리거를 발동시킬 것인지 물어봅니다. 예제에서는 최대한 다양한 퍼센티지를 보기 위해 비율 영역에 '25, 50, 75, 99'라고 입력했습니다.

이렇게 하면 어떤 사용자가 블로그에 방문해 25% 스크롤했을 때 트리거가 한 번 발생하고, 50%, 75%, 99% 스크롤할 때 각각 트리거가 한 번씩 발동해 총 4번 트리거가 발동하며, 구글 애널리틱스에도 4번 데이터가 전송됩니다. 이렇게 해서 트리거 설정이 완료됐습니다. 오른쪽 상단의 [저장] 버튼을 누르고 태그 영역으로 이동해봅시다.

그림 7.76 스크롤 트리거 만들기 6

태그 영역으로 이동해 보니 한 가지 문제가 있습니다. 설령 스크롤 데이터를 4번 보낸다고 해도 현재 구글 애널리틱스에 보내는 매개변수 데이터는 [카테고리] 영역의 '웹 페이지'라는 문자값과 [작업] 영역의 '스크롤'이라는 문자값을 보내는 것입니다. 4번 다른 퍼센티지로 스크롤 트리거가 발생하지만, 숫자값을 보내지 않으니 구글 애널리틱스는 같은 이벤트라고 인식할 것입니다.

따라서 구글 애널리틱스에 앞에서 정의한 카테고리값, 작업값과 함께 스크롤 값도 보내야 합니다. 재미있게도 이 스크롤 값은 하나의 고정된 값이 아닙니다. 당연히 사용자가 스크롤을 얼마나 하느냐에 따라서 스크롤 값이 달라집니다.

이렇게 사용자의 행위에 따라 달라지는 값을 담고 있는 변수를 '동적 변수'라고 합니다. 그리고 앞에서 설정한 '웹 페이지'나 '스크롤' 값은 고정적으로 문자로 설정했기 때문에 변하지 않는 값입니다. 이런 변수를 '정적 변수'라고 합니다.

이 동적 변수와 정적 변수의 개념을 충분히 숙지하고 나면 구글 태그 관리자를 활용할 수 있는 능력 배로 늘 것입니다. 그렇다면 동적 변수로 구글 애널리틱스에 데이터를 보낼 때 어디에 보내면 될지 알아봅시다. 트리거를 저장하고 태그 영역으로 다시 돌아옵니다.

앞에서 태그 영역을 설정하다가 설명을 생략하고 넘어갔던 부분이 있습니다. 현재 태그 설정을 보면 카테고리값과 작업값만 있고, [라벨]과 [값]은 비워 두었습니다. 태그 영역을 다시 눌러 수정합시다.

그림 7.77 동적 변수 설정하기 1

[라벨] 변수와 [값] 변수 모두 동적 변수가 들어가는 자리입니다. 그런데 왜 [라벨] 영역과 [값] 영역을 분리했을까요? 바로 다음과 같은 이유 때문입니다.

[라벨] 영역은 동적 변수이면서 동시에 '문자'가 들어가야 합니다. 반면 [값] 영역은 동적 변수이면서 '숫자'가 들어가야 합니다. 이것이 가장 큰 차이입니다. 그렇다면 스크롤의 정도를 숫자 값으로 구글 애널리틱스에 보낼 때는 동적 변수를 라벨에 넣어야 할까요, 아니면 값에 넣어야 할까요? 당연히 숫자를 보낼 것이므로 [값] 영역에 보내야 합니다.

동적 변수는 앞에서 이미 만들었습니다. 앞에서 언급한 'Scroll Depth Threshold'라는 변수는 특정 사용자가 블로그에서 스크롤을 몇 퍼센트 정도 하는지에 대한 숫자 값을 반환하는 변수입니다.

이 변수를 선택하기 위해 [값] 영역 오른쪽 벽돌 모양을 클릭합니다.

그림 7.78 동적 변수 설정하기 2

이 벽돌 모양의 아이콘을 누르면 앞에서 추가한 'Scroll Depth Threshold' 변수가 표시됩니다. 해당 변수를 선택해 클릭합니다.

그림 7.79 동적 변수 설정하기 3

해당 변수를 선택하면 변수의 이름이 중괄호 2개로 둘러싸여 있는 것을 볼 수 있습니다. 구글 태그 관리자에서 동적 변수는 이렇게 대괄호 2개 사이에 넣어 표시합니다.

이제 어려운 내용은 모두 끝났습니다. 아직 완전하게 이해되지 않더라도 괜찮으니 다음 이미지와 같이 설정을 마친 후 오른쪽 상단에 있는 저장 버튼을 클릭합니다.

그림 7.80 스크롤 태그 설정이 모두 완료된 모습

태그 영역에 앞에서 만든 스크롤 태그가 있는 것을 볼 수 있습니다. 실제로 스크롤 트리거가 잘 발생하는지 보기 위해 오른쪽 상단의 [제출] 버튼을 눌러 스크롤 태그를 발행합시다.

그림 7.81 스크롤 태그 발행하기 1

버전의 이름과 버전에 관한 설명으로 다른 사람이 알아보기 쉽게 변화 상황을 기입하고, 마지막으로 [게시] 버튼을 누릅니다.

그림 7.82 스크롤 태그 발행하기 2

이렇게 해서 스크롤 태그가 발행됐습니다. 어김없이 태그 매니저는 버전 영역을 보여주며, 히스토리를 보여줍니다.

그림 7.83 스크롤 태그 발행하기 3

7.9 스크롤 전환율 관측

이제 실습용 티스토리 블로그로 돌아와서 새로 고침을 해보겠습니다. 새로 고침을 하면 앞에서 만든 스크롤 태그가 아직 발동되지 않은 상태로 정상적으로 들어가 있는 것을 확인할 수 있습니다. 이제 천천히 스크롤을 해봅시다.

그림 7.84 스크롤 태그 테스트 1

25% 스크롤을 했더니 '스크롤 태그'가 발동됐습니다. 정상적으로 구글 애널리틱스에 데이터가 전송됐을 것입니다. 그리고 왼쪽 영역에 Scroll Depth라는 이벤트가 발생했음을 알려줍니다. 그럼 스크롤을 좀 더 해보겠습니다.

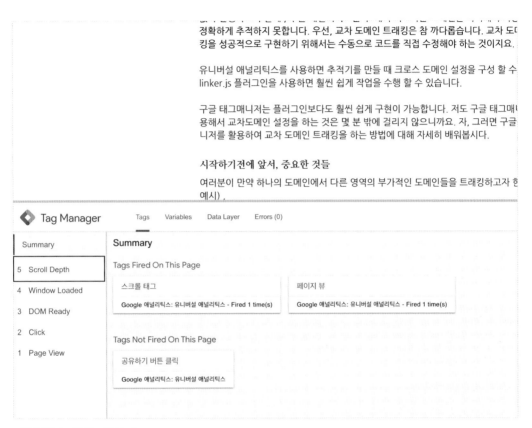

그림 7.85 스크롤 태그 테스트 2

Scroll depth가 한 번 더 발동됐습니다. 전체 길이의 50%를 스크롤했기 때문에 발동된 것으로 추측할 수 있습니다. 75%까지 내려보겠습니다.

라고 말해주게 됩니다. 같은 도메인이라고 설정해주는 것이지요.

3단계 : allowLinker 필드를 추가하세요

이제 구글 애널리틱스는 해당 링크들이 모두 하나의 도메인이라고 인지하
우리는 이제, 이 사실들을 가지고 특별한 매개변수를 활용하여, 경로 분석
다. 이 경로분석을 위해서는, 필드 값 세팅이 필요합니다. Add Field를 ￡
allowLinker을 필 드네임으로 설정합니다. 값은 true 입니다. (하기 이미

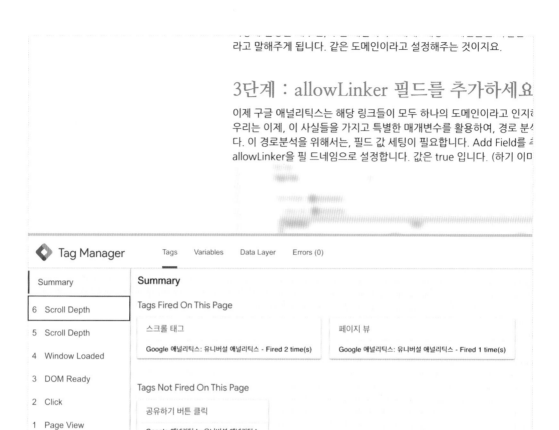

그림 7.86 스크롤 태그 테스트 3

이번 역시 스크롤 태그가 발동됐음을 알 수 있습니다. 이제 마지막으로 99%까지 내려보겠습니다.

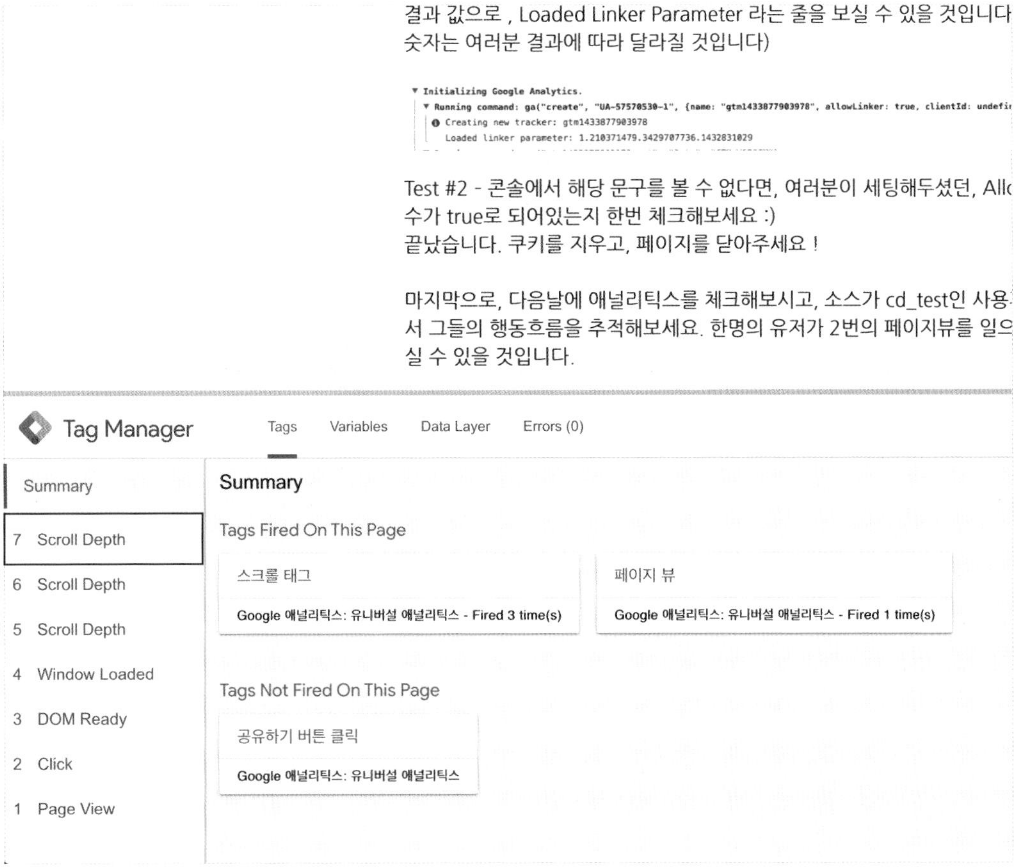

결과 값으로 , Loaded Linker Parameter 라는 줄을 보실 수 있을 것입니다
숫자는 여러분 결과에 따라 달라질 것입니다)

```
▼ Initializing Google Analytics.
  ▼ Running command: ga("create", "UA-57570530-1", {name: "gtm1433877903978", allowLinker: true, clientId: undefin
    ❶ Creating new tracker: gtm1433877903978
      Loaded linker parameter: 1.210371479.3429707736.1432831029
```

Test #2 – 콘솔에서 해당 문구를 볼 수 없다면, 여러분이 세팅해두셨던, All
수가 true로 되어있는지 한번 체크해보세요 :)
끝났습니다. 쿠키를 지우고, 페이지를 닫아주세요 !

마지막으로, 다음날에 애널리틱스를 체크해보시고, 소스가 cd_test인 사용
서 그들의 행동흐름을 추적해보세요. 한명의 유저가 2번의 페이지뷰를 일으
실 수 있을 것입니다.

◆ Tag Manager　　　Tags　　Variables　　Data Layer　　Errors (0)

Summary	**Summary**
7　Scroll Depth	Tags Fired On This Page
6　Scroll Depth	
5　Scroll Depth	
4　Window Loaded	
3　DOM Ready	
2　Click	
1　Page View	

Summary

Tags Fired On This Page

스크롤 태그
Google 애널리틱스: 유니버셜 애널리틱스 - Fired 3 time(s)

페이지 뷰
Google 애널리틱스: 유니버셜 애널리틱스 - Fired 1 time(s)

Tags Not Fired On This Page

공유하기 버튼 클릭
Google 애널리틱스: 유니버셜 애널리틱스

그림 7.87 스크롤 태그 테스트 4

Scroll Depth 99%까지 스크롤하는 데 앞에서 구글 태그 매니저에서 만들었던 스크롤 태그가 총 4번 발동됐습니다. 트리거 설정에서 비율을 선택할 때 각각 25%, 50%, 75%, 99%를 트래킹하겠다고 정의했기 때문에 4번의 스크롤 이벤트가 발동되는 것입니다.

그럼 각각의 스크롤 이벤트에서 사용자가 스크롤한 정도를 비율로 표시하는 변수는 어디서 볼 수 있을 까요?

우선 가장 아래쪽 Scroll Depth 이벤트가 가장 먼저 발생했으니 맨 아래쪽 Scroll Depth 이벤트를 눌러줍시다.

그림 7.88 스크롤 태그 테스트 5

이 영역에 스크롤 태그가 있는 것을 볼 수 있습니다. 이 스크롤 태그의 상세정보를 보기 위해 [스크롤 태그]라고 돼 있는 이름표를 클릭해봅니다.

그림 7.89 스크롤 태그 테스트 6

값이 25인 것을 확인할 수 있습니다. 여기서 25가 정상적으로 보인다면 당연히 구글 애널리틱스 값 영역에도 25의 데이터가 전송됐을 것입니다. 나머지 이벤트도 한 번씩 살펴보겠습니다.

그림 7.90 스크롤 태그 테스트 7

두 번째 50% 스크롤했을 때 표시되는 값은 다음 그림과 같습니다.

그림 7.91 스크롤 태그 테스트 8

세 번째 75% 스크롤했을 때 표시되는 값은 다음 그림과 같습니다.

그림 7.92 스크롤 태그 테스트 9

마지막 99% 스크롤했을 때의 표시 값은 다음과 같습니다.

그림 7.93 스크롤 태그 테스트 10

지정한 대로 스크롤 이벤트가 발생할 때마다 값이 잘 들어간 것을 확인했습니다.

값이 잘 전송되는 것을 확인했으니, 이번에는 이 값을 잘 보존하고 추후 사용자 데이터 및 전환율을 관측하기 위해 구글 애널리틱스에서 목표 설정을 합시다. 구글 애널리틱스로 이동합니다.

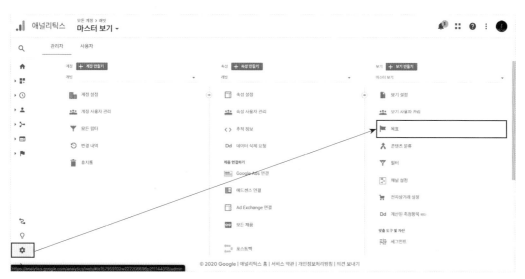

그림 7.94 스크롤 목표 설정하기 1

먼저 목표로 이동합니다. 앞에서 만든 태그는 25%, 50%, 75%, 99%만큼 스크롤한 사람들을 트래킹하는데, 우선 구글 애널리틱스에서 50% 이상 스크롤이 발생했을 때 목표 전환이 일어날 수 있게 목표를 설정해보겠습니다.

[새 목표]를 눌러 목표를 만듭니다.

그림 7.95 스크롤 목표 설정하기 2

그다음, 맞춤 설정을 누르고 [계속] 버튼을 클릭합니다.

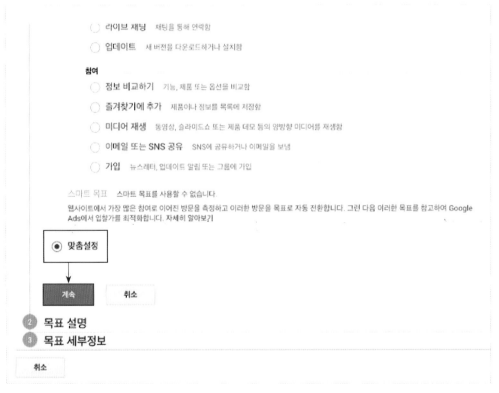

그림 7.96 스크롤 목표 설정하기 3

스크롤 트래킹이므로 목표 유형은 이벤트입니다. [이벤트]를 선택합니다.

그림 7.97 스크롤 목표 설정하기 4

이벤트를 선택하면 버튼 클릭 목표 설정 때와 마찬가지로 카테고리, 액션, 라벨, 값의 매개변수가 등장합니다. 태그 관리자에서 설정한 것과 똑같이 입력해야 하므로 구글 태그 관리자로 이동합니다.

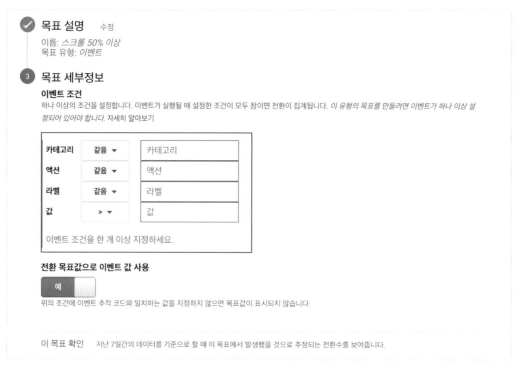

목표 설명 수정

이름: 스크롤 50% 이상
목표 유형: 이벤트

③ 목표 세부정보

이벤트 조건

하나 이상의 조건을 설정합니다. 이벤트가 실행될 때 설정한 조건이 모두 참이면 전환이 집계됩니다. *이 유형의 목표를 만들려면 이벤트가 하나 이상 설정되어 있어야 합니다. 자세히 알아보기*

카테고리	같음 ▼	카테고리
액션	같음 ▼	액션
라벨	같음 ▼	라벨
값	> ▼	값

이벤트 조건을 한 개 이상 지정하세요.

전환 목표값으로 이벤트 값 사용

예

위의 조건에 이벤트 추적 코드와 일치하는 값을 지정하지 않으면 목표값이 표시되지 않습니다.

이 목표 확인   지난 7일간의 데이터를 기준으로 할 때 이 목표에서 발생했을 것으로 추정되는 전환수를 보여줍니다.

그림 7.98 스크롤 목표 설정하기 5

구글 태그 관리자에서 스크롤 태그를 선택합니다.

그림 7.99 스크롤 목표 설정하기 6

태그를 보니 카테고리값에는 '웹 페이지'라는 문자를, 작업값에는 '스크롤'이라는 문자를 입력해 구글 애널리틱스에 전송하고, [값] 영역은 동적 변수로, '25, 50, 75, 99'라는 숫자 값이 상황에 따라 동적으로 구글 애널리틱스에 전송됩니다.

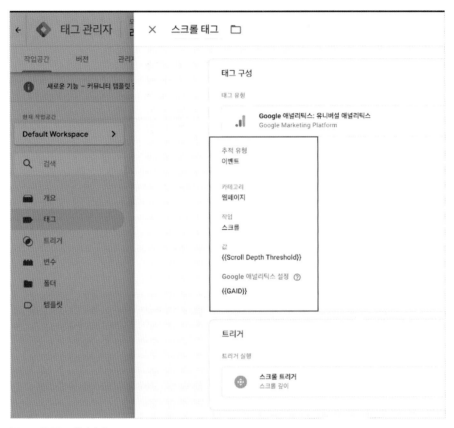

그림 7.100 스크롤 목표 설정하기 7

카테고리값과 액션 값을 일치시키고 나서 [값] 영역을 자세히 보면 부등호가 있습니다. 문자가 아닌 숫자 값을 보내는 영역이기 때문에 당연히 비교 연산자를 사용할 수 있게 해두었습니다.

그림 7.101 스크롤 목표 설정하기 8

50% 이상 스크롤한 사람을 트래킹하기 위해서는 [값] 영역에도 설정한 동적 변수를 보내야 합니다.

값 영역에는 49를 적습니다. 그렇게 하면 사용자가 50% 이상 스크롤할 때마다 전환 수를 집계합니다. 실제로 데이터를 보내는 것은 4번(25%, 50%, 75%, 99%)이지만, 목표에 기록되는 것은 매개변수 값 영역이 숫자 49 이상일 때뿐입니다.

이렇게 설정하고 나면 구글 애널리틱스에서 50% 이상 스크롤했던 사용자들의 전환율을 파악할 수 있습니다.

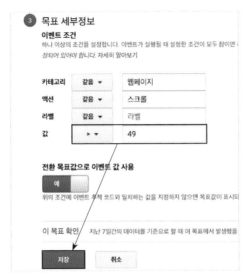

그림 7.102 스크롤 목표 설정하기 9

이로써 스크롤 트래킹까지 모두 마쳤습니다. 동적 변수와 정적 변수는 사실 처음 접하는 사람이 이해하기에는 쉽지 않은 영역입니다. 따라서 스크롤 트래킹의 경우 직접 실습하면서 반복 연습하는 것이 좋습니다.

그림 7.103 스크롤 목표 설정이 완료된 모습

이렇게 버튼 클릭 트래킹과 스크롤 트래킹을 살펴보면서 구글 태그 관리자와 구글 애널리틱스의 다양한 기능을 좀 더 깊게 알아봤습니다. 다음 장에서는 버튼 클릭이나 스크롤 말고도 사용자의 상호작용을 트래킹할 수 있는 유용한 트리거를 알아봅니다.

8

구글 태그 관리자
고급 활용법

7장에서 구글 태그 관리자의 이벤트 트래킹에 관해 자세히 살펴봤습니다. 이처럼 편리한 구글 태그 관리자는 사실 처음에 공부하기는 매우 쉽지만, 알면 알수록 더 어렵고 수준이 높아지기 때문에 많은 사람이 구글 애널리틱스를 쓰면서도 구글 태그 관리자를 제대로 활용하지 못합니다. 7장에서 배운 내용을 토대로 한 발 더 나아가 8장에서는 구글 태그 관리자 영상 조회 트래킹부터 리뷰 조회 트래킹까지 차근차근 실습을 진행하겠습니다.

8.1 유튜브 영상 조회 변수 설정

쇼핑몰에 상품을 설명하는 유튜브 영상이 임베디드 형태로 들어가 있다고 가정합시다. 하지만 실제 쇼핑몰 상세페이지에 방문한 사람들이 해당 영상을 얼마나 보는지에 대해서는 구글 태그 관리자를 사용하지 않고서는 데이터로 파악하기가 쉽지 않습니다. 이번 장에서는 구글 태그 관리자를 활용해 웹사이트에 들어오는 고객들이 유튜브 영상을 얼마나 조회하는지를 트래킹하기 위한 방법론을 소개합니다.

다음 이미지는 실습용 티스토리 블로그에 유튜브 영상을 업로드한 것입니다. 이 삽입된 유튜브 영상의 조회율을 트래킹하기 위해 구글 태그 관리자를 설정할 것입니다.

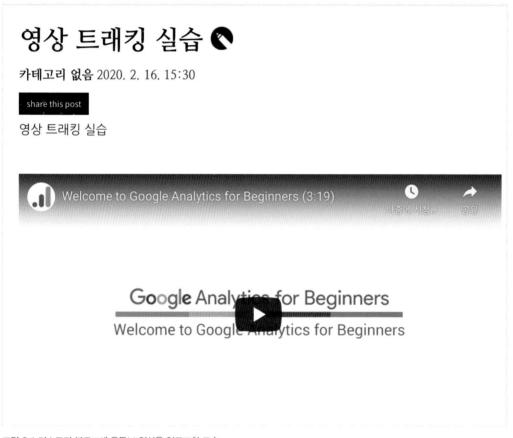

그림 8.1 티스토리 블로그에 유튜브 영상을 업로드한 모습

사용자 이벤트 클릭, 더블클릭, 스크롤, 영상 조회와 같은 일련의 활동들은 7장에서 강조한 바와 같이 변수 생성, 태그 생성, 트리거 생성 순으로 진행된다는 사실을 기억합시다.

우선 유튜브 영상 조회 관련 변수를 찾아보기 위해 구글 태그 관리자의 [변수]로 이동합니다.

그림 8.2 구글 태그 관리자의 [변수]로 이동

[변수]에서 영상 조회를 트래킹하는 기본 제공 변수를 찾아야 합니다. [기본 제공 변수] 영역에서 [구성]으로 이동합니다.

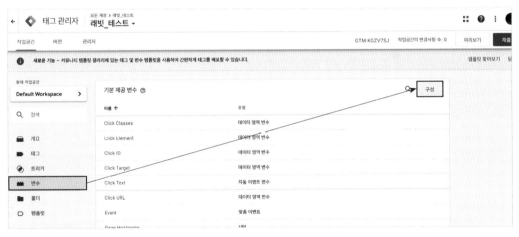

그림 8.3 기본 제공 변수 추가하기 1

[기본 제공 변수]에 있는 목록을 찾아보면 [동영상]이라는 카테고리에 직관적으로 영상 조회 이벤트를 트래킹하는 데 필요한 변수가 보입니다. 해당 변수를 모두 체크합니다. 이제부터 변수를 하나씩 살펴보겠습니다.

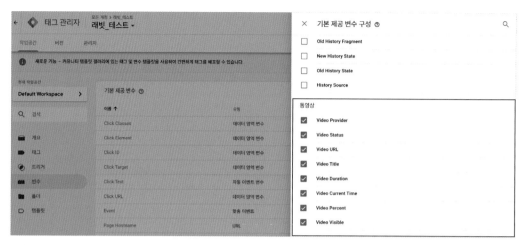

그림 8.4 기본 제공 변수 추가하기 2

a. **Video Provider**: 직역하면 비디오 공급자가 됩니다. 영상을 제공하는 회사를 의미합니다. 여기서는 유튜브 영상을 트래킹하므로 이 변수는 'YouTube'라는 문자 데이터를 반환합니다.

b. **Video Status**: 영상의 현재 상태를 반환합니다. '일시 정지', '시작', '영상 진행 중'과 같은 현재 영상의 상태를 문자 데이터로 반환합니다.

c. **Video URL**: 해당 영상이 가지고 있는 '영상의 URL'을 반환합니다.

d. **Video Title**: 해당 '영상의 제목'을 문자열 데이터로 반환합니다.

e. **Video Duration**: 해당 영상이 재생되기 시작한 시점부터 일시 정지되거나 영상이 끝날 때까지의 '영상이 돌아간 시간'을 숫자 데이터로 반환합니다.

f. **Video Current Time**: 영상의 '현재 시간'을 데이터로 반환합니다.

g. **Video Percent**: 구글 애널리틱스로 데이터를 보낼 때 중요한 '동적 변수'입니다. 영상을 조회할 때마다 '전체 영상 길이 대비 확인한 영상의 시점 비율'을 반환합니다. 예를 들어 1분짜리 영상이 재생됐는데, 사용자가 30초를 조회했다면 해당 영상의 Video Percent는 '50'입니다.

h. **Video Visible**: 비디오가 현재 화면에 보이는 것인지, 화면에는 안 보이지만 재생되고 있는지를 판단하는 변수입니다. 사용자가 보고 있는 화면에 영상이 나타나 있다면 'True'를, 화면에는 없지만 재생되고 있다면 'False'를 반환합니다.

8.2 유튜브 영상 조회 태그, 트리거 만들기

변수를 추가했다면 태그 쪽으로 이동해서 새로운 태그를 만듭니다. 태그의 이름을 알아보기 쉽게 [유튜브 영상 트래킹]으로 설정합니다. 그리고 이 유튜브 영상이 조회될 때마다 데이터를 구글 애널리틱스로 보내줄 것이므로 [Google 애널리틱스: 유니버설 애널리틱스] 태그 유형을 선택합니다.

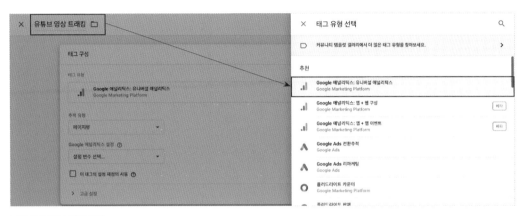

그림 8.5 태그 유형 선택

추적 유형은 사용자가 영상을 조회한다는 하나의 상호작용이기 때문에 [이벤트]로 정의합니다. 그리고 매개변수는 알아보기 쉽게 카테고리값에는 '유튜브 영상'이라는 문자를, 작업값에는 '조회'라는 문자를 입력합니다.

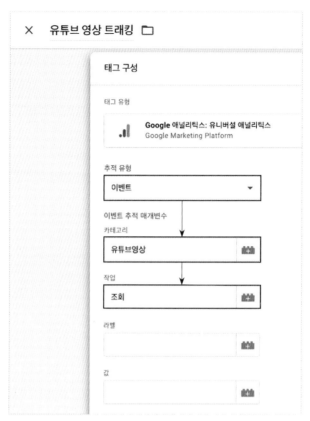

그림 8.6 태그 매개변수 설정

구글 애널리틱스 설정 영역에서는 만들었던 사용자 정의 변수 GAID를 넣어서 "우리 구글 애널리틱스 계정으로 데이터를 보내라."라는 명령어가 만들어졌습니다. 이제 트리거를 설정하기 위해 아래쪽 사각형의 빈 공간을 눌러봅시다.

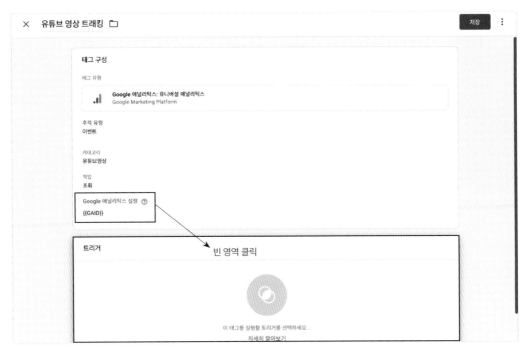

그림 8.7 트리거 설정하기 1

트리거를 선택하라는 안내가 있지만, 지금 보이는 목록에는 영상 트래킹 관련 트리거가 없습니다. 오른쪽 상단의 [+] 버튼을 눌러 새로운 트리거를 만듭니다.

그림 8.8 트리거 설정하기 2

그런 다음 '영상 조회 트리거'라고 새롭게 만들 트리거에 이름을 붙여줬습니다.

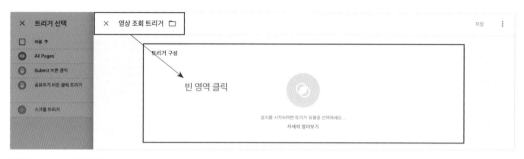

그림 8.9 트리거 설정하기 3

트리거 유형 선택을 누르면 [사용자 참여] 카테고리에서 [YouTube 동영상]이라는 메뉴가 보입니다. 예상할 수 있듯이 해당 트리거 유형은 유튜브 영상을 트래킹하는 트리거일 것입니다. [YouTube 동영상] 트리거 유형을 클릭합니다.

✕	트리거 유형 선택	🔍
◎	페이지뷰	
	클릭	
🔗	링크만	
🖱	모든 요소	
	사용자 참여	
▶	**YouTube 동영상**	
💠	스크롤 깊이	
☑	양식 제출	
◎	요소 공개 상태	

그림 8.10 트리거 설정하기 4

트리거 유형의 설정을 마치면 [YouTube 동영상] 트리거의 세부 설정 영역이 화면에 나타납니다. 하나씩 순차적으로 설명해보겠습니다.

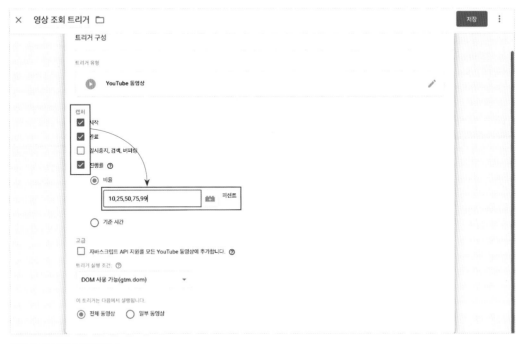

그림 8.11 트리거 설정하기 5

- **캡처**: 영상에 관한 사용자의 이벤트는 다양합니다. 재생도 하고, 영상을 끝까지 보기도 하고, 영상을 도중에 일시 중지하기도 합니다. 이렇게 다양한 행동 중 어떤 행위를 추적할 것인지 설정하는 영역입니다. [캡처] 설정 란에서 쉽게 트래킹할 수 있는 사용자 행위는 다음과 같습니다. 단순히 체크박스를 선택하기만 하면 바로 트래킹 가능합니다.

- **시작**: 영상 재생을 시작하는 순간 트리거 발동

- **완료**: 영상을 끝까지 본 순간 트리거 발동

- **일시 중지, 검색, 버퍼링**: 이름 그대로 발생하는 이벤트에 따라 트리거 발동

- **진행률**: 영상을 조회한 비율에 따라 트리거 발동

  진행률을 클릭하면 스크롤 트래킹과 같이 익숙한 인터페이스가 나타납니다. 말 그대로 '비율'과 '기준 시간'을 가지고 선택할 수 있습니다.

- **비율**: 실제 웹사이트 방문자가 영상을 조회할 때 전체 영상 길이에 대비해서 특정 비율로 영상을 조회할 때마다 트리거가 발동되게 설정할 수 있습니다. 예를 들어 1분짜리 영상이 있다면 사용자가 영상을 30초만큼 조회했을 때 전체 길이의 50%를 조회한 것이기 때문에 숫자 '50'을 반환하는 동시에 트리거가 발생합니다.

- **기준 시간**: 영상의 전체 길이에 상관없이 1분 길이의 영상 또는 2분 길이의 영상이라도 특정 시간이 지나면 트리거를 발동시킵니다.

그림 8.12 트리거 설정하기 6

'비율'로 트래킹할지, '기준 시간'으로 트래킹할지를 선택하는 것은 태그 관리자 사용자의 선택의 문제입니다. 어떤 데이터를 트래킹할 것인지에 따라 달라지기 때문입니다. 현재 실습 중인 티스토리 블로그는 영상이 여러 개일 수 있고 그 길이도 모두 다를 수 있습니다. 여러 개의 영상에 대한 사람들의 조회율을 전반적으로 알고 싶을 때는 '비율'로 설정하는 것이 좋습니다. 7장에서 배웠던 스크롤 트리거에서 '픽셀'과 '전체 세로 길이의 비율'로 트래킹하는 방식을 선택할 수 있는 것과 유사합니다.

우선 10, 25, 50, 75, 99의 5개 비율을 입력합니다. 이는 어떤 사용자가 1분짜리 영상을 본다면 6초를 봤을 때 트리거가 한 번 발생하고, 전체 대비 25%, 50%, 75%, 99%의 영상을 조회하는 순간 트리거가 발생하게 하는 설정으로, 총 5개의 트리거가 발생합니다. 그리고 앞에서 설정한 [캡처] 메뉴에서 체크해둔 '시작' 행위와 '완료' 행위까지 트래킹하면 총 7번의 트리거가 발생합니다.

그림 8.13 트리거 설정하기 7

마지막으로 [고급] 영역을 보면 [자바스크립트 API 지원을 모든 유튜브 동영상에 추가합니다.]라는 체크박스 항목이 있습니다.

이 부분은 사이트의 설계 방식에 따라 체크해야 할 때도 있고, 아닐 때도 있습니다. 개발 지식이 필요한 내용이기 때문에 자세히 설명하지는 않겠지만, 체크를 해제한 상태에서 유튜브 영상 트래킹이 안 되는 웹사이트라면 해당 메뉴를 체크하는 것이 좋습니다. 일단 예외 없이 트래킹을 구현하기 위해서 이 항목을 체크하고 트리거 설정을 마무리하겠습니다.

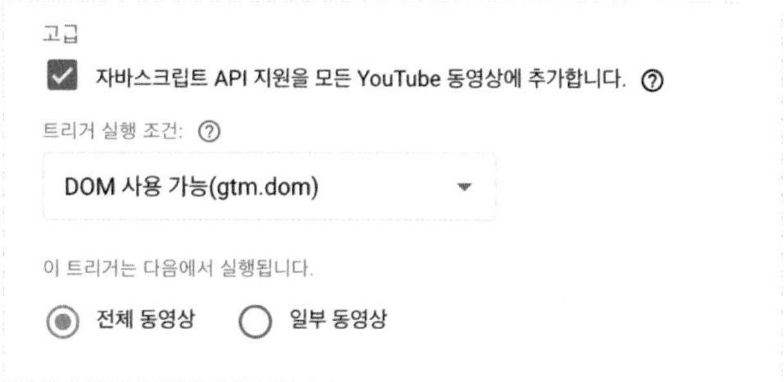

그림 8.14 트리거 설정하기 8

이렇게 하면 총 7번의 영상 조회 트리거가 발생할 때마다 설정해놓은 구글 애널리틱스 계정으로 카테고리값에는 '유튜브 영상'이라는 문자 데이터를, 작업값에는 '조회'라는 문자 데이터를 매개변수로 보내는 태그가 하나 만들어집니다. 하지만 스크롤 트래킹을 실습했을 때와 같은 이슈가 발생합니다.

현재 상태에서 데이터를 구글 애널리틱스로 그냥 보내면 영상의 재생이 시작돼서 트리거가 발동됐는지, 영상을 끝까지 봐서 트리거가 발동됐는지, 영상의 10%, 25%, 50%, 75%, 99%를 조회해서 트리거가 발동됐는지를 구분할 수 없습니다.

이 문제를 해결하기 위해 동적으로 사용자의 행동에 따라 움직이는 변수인 [동적 변수]를 활용합니다. 우선 티스토리 블로그에 있는 많은 유튜브 영상 중 어떤 영상을 많이 조회했는지 파악하기 위해서 '영상의 제목'을 반환하는 동적 변수를 문자 데이터를 동적으로 받아주는 매개변수인 [라벨] 값에 찾아 넣습니다.

[태그] 영역의 빈 곳을 클릭해서 태그 편집을 시작합니다.

그림 8.15 트리거 설정이 완료된 모습

[라벨] 영역의 벽돌 모양 아이콘을 눌러 [라벨]로 보낼 동적 변수를 찾아봅시다.

그림 8.16 태그 매개변수 설정하기 1

영상의 제목은 'Video Title'일 것입니다. 'Video Title'을 라벨의 동적 변수로 넣습니다.

그림 8.17 태그 매개변수 설정하기 2

두 번째는 [값 영역]입니다. 해당 트리거가 영상의 몇 % 시점에 발동됐는지 알기 위해 숫자를 담는 동적 매개변수인 [값] 영역에 영상의 조회율을 반환하는 동적 변수를 넣습니다. 앞에서와 마찬가지로 [값] 영역의 벽돌 모양 아이콘을 클릭합니다.

그림 8.18 태그 매개변수 설정하기 3

앞서 언급했듯이, 영상의 조회율을 반환하는 동적 변수는 'Video Percent'입니다. 'Video Percent'를
찾아서 [값] 영역에 넣어줍시다.

Scroll Depth Threshold		데이터 영역 변수
Scroll Depth Units		데이터 영역 변수
Scroll Direction		데이터 영역 변수
Video Current Time		데이터 영역 변수
Video Duration		데이터 영역 변수
Video Percent		데이터 영역 변수
Video Provider		데이터 영역 변수
Video Status		데이터 영역 변수
Video Title		데이터 영역 변수
Video URL		데이터 영역 변수
Video Visible		데이터 영역 변수

그림 8.19 태그 매개변수 설정하기 4

다음 이미지는 유튜브 영상 조회 트래킹을 위한 태그 설정을 모두 마친 모습입니다. 설정 과정을 정리
할 겸 해당 태그를 우리말로 바꿔보겠습니다.

"영상 조회 트리거가 발생하면 구글 애널리틱스 계정으로 카테고리값에는 '유튜브 영상'이라는 문자 데이터를, 작업값에는 '조회'라는 문자 데이터를, 라벨값에는 '해당 영상의 제목'을 동적 데이터로 보내고, 값에는 '영상의 조회 비율'을 보내라."

그림 8.20 태그 설정이 완료된 모습

모든 태그가 완성됐으면 티스토리 블로그로 가서 지금까지 만든 태그가 잘 발동되는지 테스트해 봐야 합니다. 오른쪽 상단 [제출] 버튼을 눌러 태그를 발행합시다.

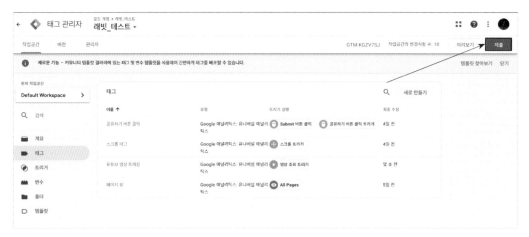

그림 8.21 제출 버튼 클릭

이번에도 태그를 발행하기 때문에 다른 사람이 잘 관측할 수 있게 변경 사항(= 버전)의 이름과 설명을 적어주고 [게시] 버튼을 누릅니다.

그림 8.22 버전 설명과 제목 입력하기

태그 발행이 완료되면 [미리보기] 버튼을 누른 후에 티스토리 블로그로 이동해 영상을 조회합니다.

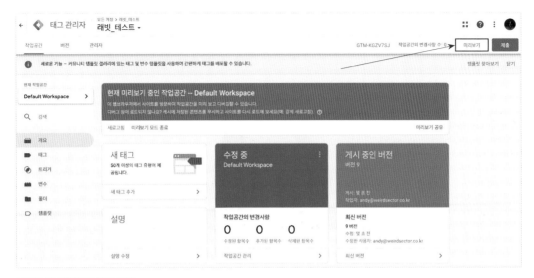

그림 8.23 미리보기 버튼 클릭

8.3 유튜브 영상 조회 전환율 관측

다음 이미지는 이제 막 블로그가 로딩된 모습입니다. 유튜브 영상 태그는 아직 재생 버튼을 누르지 않았기 때문에 [Tags Not Fired] 영역에 있습니다. 이제 영상을 재생해 봅시다.

그림 8.24 재생 전 유튜브 영상 조회 태그가 발행되지 않은 모습

영상을 재생하는 순간 'YouTube Video'라는 이름의 이벤트가 푸터바에 나타나면서 '유튜브 영상 조회' 태그가 위쪽으로 올라왔습니다. 태그가 발행됐음을 알려주고 있으니 영상 트래킹이 제대로 되는 것으로 보입니다.

그림 8.25 재생 후 유튜브 영상 조회 태그가 발행된 모습

지금 막 발동된 태그는 영상 재생 시작 이벤트를 트래킹했기 때문에 발동된 것입니다. 시작 이벤트 때 태그가 발동된 이유는 트리거 설정 영역의 [캡처] 메뉴에서 [시작]이라는 행위를 트래킹하겠다고 설정 했기 때문입니다.

그림 8.26 이전에 설정한 유튜브 영상 조회 트리거

태그 관리자 푸터바에서 이벤트로 발생한 '유튜브 영상 조회 태그'를 클릭해서 어떤 변수를 반환하고 있는지 자세히 살펴봅시다.

[YouTube Video] 이벤트를 클릭한 다음, 발생한 유튜브 영상 트래킹을 누릅니다.

그림 8.27 첫 번째로 발생한 [YouTube Video] 이벤트

태그를 클릭하면 해당 태그에 대한 상세 설명이 표시되는 것을 볼 수 있습니다. 여기서 주목할 것은 구글 애널리틱스의 매개변수로 전송하는 데이터입니다. 즉, 카테고리, 액션, 라벨, 값 영역이 각각 어떤 데이터를 전송하는지 조회할 수 있습니다. 대그 싱세 보기에서 [Show more] 버튼을 눌러 태그 상세 화면을 펼칩니다.

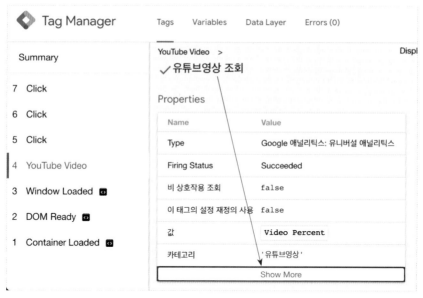

그림 8.28 첫 번째로 발생한 YouTube Video 이벤트의 매개변수 1

상세 화면을 자세히 보면 [카테고리] 영역과 [작업] 영역에는 각각 '유튜브 영상', '조회'라는 직접 입력한 문자 데이터가 전송되는 것을 확인할 수 있습니다. 그리고 [값] 영역과 [라벨] 영역에는 설정해준 동적 변수가 들어가 있는 것을 볼 수 있습니다.

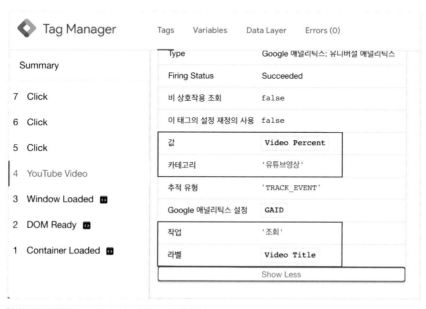

그림 8.29 첫 번째로 발생한 YouTube Video 이벤트의 매개변수 2

이 동적 변수들이 정확히 어떤 값을 전송하는지 알아보기 위해 다음 그림의 4번에 있는 'YouTube Video'의 [Variables] 메뉴를 눌러 자세히 살펴봅시다.

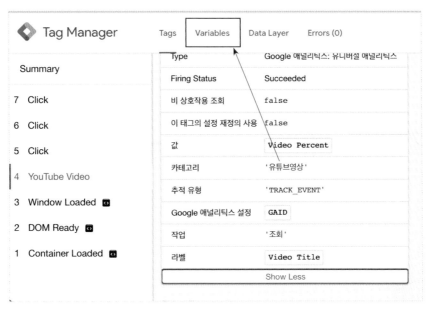

그림 8.30 Variables 메뉴로 이동하기

태그 관리자 설정 란에서는 라벨 영역에 'Video Title'을 동적 변수로 설정했고, 값 영역에는 'Video Percent'를 동적 변수로 설정했습니다.

그림 8.31 이전 태그 설정 시 설정해준 매개변수의 모습

그때를 떠올리면서 변수를 살펴보니 Video Title에는 해당 유튜브 영상의 제목이 들어간 것을 볼 수 있습니다. 또한 Video Percent는 '0'으로 나와 있습니다. 이는 전체 길이 대비 영상을 조회한 비율이 0퍼센트임을 의미합니다. 재생 버튼을 누른 시점에 발동된 태그를 클릭했기 때문에 Video Percent는 '0'이 맞습니다.

그림 8.32 YouTube Video 이벤트의 동적 변수

영상을 좀 더 조회해서 두 번째로 발생하는 이벤트의 데이터를 관측해봅시다. 영상을 23초 정도 조회했습니다.

share this post

영상 트래킹 실습

그림 8.33 23초 조회한 영상

23초 조회하는 순간 구글 태그 관리자 푸터바 영역의 'YouTube Video'라는 이벤트 이름이 한 개 더 발생합니다.

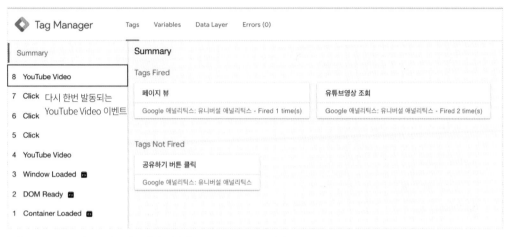

그림 8.34 23초 조회와 동시에 다시 한번 발생하는 YouTube Video 이벤트

앞에서와 마찬가지로 두 번째로 발생한 'YouTube Video' 이벤트를 클릭한 후 [유튜브 영상 조회] 태그를 클릭해봅시다.

그림 8.35 YouTube Video 이벤트 매개변수 확인

앞에서와 같은 방법으로 [Variables]로 이동합니다.

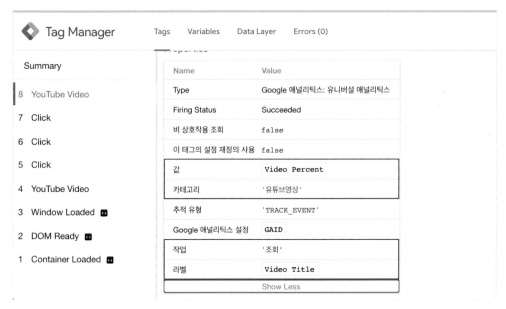

그림 8.36 YouTube Video 이벤트 매개변수 리스트

다양한 변수 리스트에서 아래로 스크롤하0니 Video와 관련된 변수들이 현재 구글 애널리틱스에 전송하는 데이터를 볼 수 있습니다. 같은 영상을 조회하고 있기 때문에 Video Title은 첫 번째로 발생한 'YouTube Video' 이벤트의 영상 제목과 같은 값입니다. 중요한 부분은 Video Percent가 '0'에서 '10'으로 바뀌었다는 점입니다. 첫 번째 이벤트는 재생 시점에 발생한 이벤트이기 때문에 Video Percent가 '0'이었지만, 이번에 발생한 두 번째 'YouTube Video' 이벤트는 Video Percent가 '10'일 때 발생한 태그임을 알 수 있습니다. 현재 이 이벤트는 구글 애널리틱스에 값 영역 매개변수로 '10'을 보내고 있음을 의미합니다.

그림 8.37 YouTube Video 이벤트의 다양한 동적 변수

세 번째로 발생한 이벤트의 Video Percent 값은 '25'입니다. 영상 전체 길이의 25%를 조회한 순간 태그가 발동하면서 구글 애널리틱스로 데이터를 보냈다는 것을 알 수 있습니다.

구글 애널리틱스 실시간 보고서에서도 카테고리 매개변수로 넣어두었던 [유튜브 영상]과 작업 매개변수로 넣어두었던 [조회]가 보입니다. 하지만 여기서 끝이 아닙니다. 스크롤 트래킹과 버튼 클릭 트래킹 실습에서와 마찬가지로 다양한 측정기준으로 영상을 조회하는 사람들의 전환율을 파악하려면 목표를 설정해야 합니다.

그림 8.38 YouTube Video 이벤트 데이터를 받아 적용된 실시간 보고서

[관리] 부분을 눌러 [목표] 쪽으로 이동해 새 목표를 만들어줍시다.

그림 8.39 YouTube Video 이벤트 목표 설정하기 1

붉은색의 [새 목표] 버튼을 클릭합니다.

그림 8.40 YouTube Video 이벤트 목표 설정하기 2

이번에도 [맞춤 설정]을 클릭합니다.

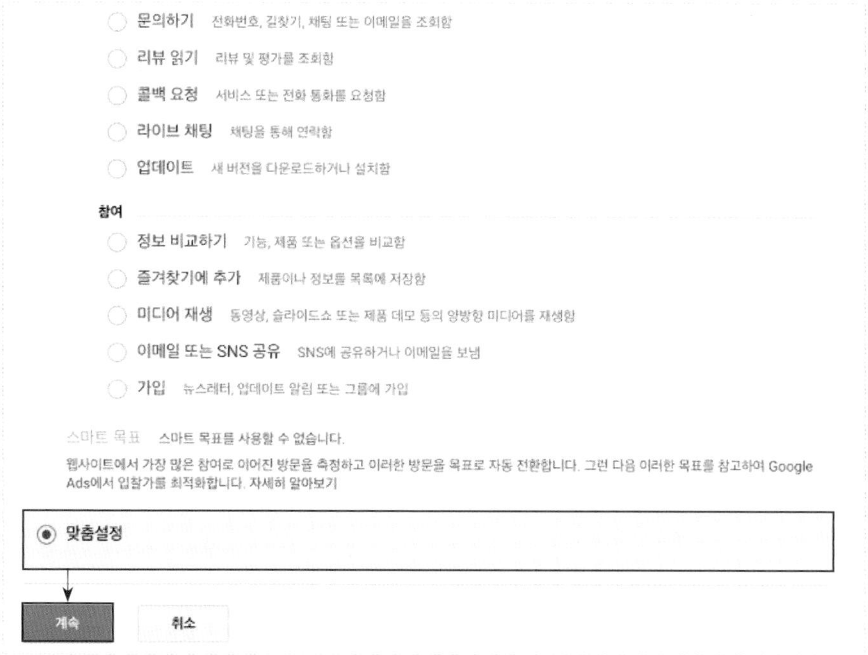

그림 8.41 YouTube Video 이벤트 목표 설정하기 3

여기서는 목표의 이름을 '유튜브 영상 50% 이상 조회'로 설정했습니다. 50% 이상 유튜브 영상이 조회될 때마다 트리거를 발동시켜 목표의 전환 수를 집계할 예정입니다. 목표의 유형은 [이벤트]입니다.

그림 8.42 YouTube Video 이벤트 목표 설정하기 4

카테고리 매개변수와 작업 매개변수를 다시 한번 확인하고, 해당 값들을 기억하거나 저장합니다.

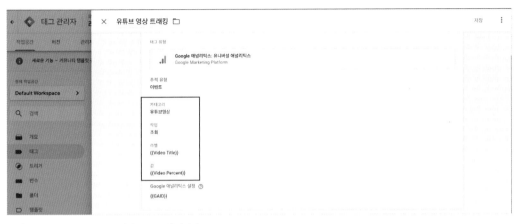

그림 8.43 YouTube Video 이벤트 목표 설정하기 5

카테고리 매개변수에는 [유튜브 영상]을, 액션 매개변수에는 [조회]를 입력합니다. 그리고 숫자로 반환하는 값에는 Video Percent를 넣습니다. 50% 이상의 사용자를 목표로 잡고, 해당 이벤트의 값 매개변수가 49보다 크다는 조건으로 목표를 설정했습니다. 이벤트 라벨은 비워 두면 영상의 이름을 자동으로 가져옵니다.

③ 목표 세부정보

이벤트 조건

하나 이상의 조건을 설정합니다. 이벤트가 실행될 때 설정한 조건이 모두 참이면 전환이 집계됩니다. *이 유형의 목표를 만들려면 이벤트가 하나 이상 설정되어 있어야 합니다. 자세히 알아보기*

카테고리	같음 ▾	유튜브영상
액션	같음 ▾	조회
라벨	같음 ▾	라벨
값	> ▾	49

전환 목표값으로 이벤트 값 사용

[예 ◯]

위의 조건에 이벤트 추적 코드와 일치하는 값을 지정하지 않으면 목표값이 표시되지 않습니다.

이 목표 확인   지난 7일간의 데이터를 기준으로 할 때 이 목표에서 발생했을 것으로 추정되는 전환수를 보여줍니다.

[저장]   [취소]

그림 8.44 YouTube Video 이벤트 목표 설정하기 6

마지막으로 저장 버튼을 누르면 목표 생성이 완료되면서 앞으로 유튜브를 조회하는 사용자들이 해당 영상에 얼마나 관심이 있는지, 주로 누가 보는지, 주로 어디서 들어와서 유튜브 영상을 조회하는지 등의 다양한 측정기준을 가지고 영상 조회율을 트래킹할 수 있습니다.

그림 8.45 YouTube Video 이벤트 목표 설정하기 7

8.4 리뷰 조회 변수 설정

유튜브 영상 트래킹, 스크롤 트래킹, 클릭 트래킹 등의 이벤트는 무엇을 트래킹하는지를 직관적으로 알 수 있습니다. 클릭 트래킹은 사용자가 웹사이트에 있는 특정 요소를 클릭하는 것, 유튜브 영상 트래킹은 영상을 조회하는 행동을 트래킹하는 것이며, 스크롤 트래킹은 사용자가 스크롤하는 행위를 데이터로 트래킹하는 것입니다. 하지만 이번에 배울 '요소 공개 트래킹'은 도대체 무엇을 트래킹하는 것인지 직관적으로 이해하기가 어렵습니다.

어떤 온라인 쇼핑몰이 있다고 합시다. 온라인 슈핑몰을 들어가 보면 알 수 있지만, 대부분 쇼핑몰 제품 상세페이지의 맨 아래에는 실제로 해당 상품을 구매했던 사람들이 남겨놓은 후기 게시판이 있습니다. 사용자가 [리뷰 보기]라는 버튼을 클릭해서 리뷰를 조회하겠지만, 과연 버튼을 클릭했다고 해서 리뷰에 있는 내용을 조회했다고 확신할 수 있을까요?

버튼을 클릭했을 뿐 실제 리뷰에 있는 내용을 얼마나 읽었는지는 판단하기가 어렵습니다. 하지만 쇼핑몰에서 '구매 후기'는 사람들이 구매 결정을 내리는 데 있어 매우 중요한 요소입니다. 그래서 리뷰를 얼마나 보는지에 대한 데이터를 트래킹하는 것은 필수적입니다.

여기서는 리뷰 영역이 몇 초 이상 화면에 표시됐을 때 트리거를 발동시키는 '요소 공개 트리거' 트래킹에 대해 알아봅니다. 사실 한국어로 직역해서 '요소 공개 트리거'라는 표현이 직관적으로 와닿지는 않지만, '화면에 우리가 지정한 특정 요소가 노출됐을 때 트리거를 발동시키는 것'이라고 이해하면 됩니다.

실습용 티스토리 블로그 글에 "리뷰입니다."라고 리뷰를 1개 등록했습니다. 티스토리 블로거라면 블로그를 운영하면서 사람들이 실제로 각 글에 달린 리뷰를 얼마나 조회하는지 궁금할 것입니다. 그래서 리뷰 페이지가 5초 이상 열려 있는 경우 리뷰를 봤다고 블로거 임의로 가정하고, 해당 리뷰를 5초 이상본 경우 태그를 발동시키는 [요소 공개 트리거]를 만들어 보겠습니다.

요소 공개 트리거도 스크롤, 클릭, 영상 조회와 같은 '사용자 이벤트'에 속합니다. 7장부터 계속 강조해왔듯이, 사용자 이벤트를 트래킹하기 위해서는 가장 첫 단계로 먼저 변수부터 만들어야 합니다.

그림 8.46 티스토리 블로그 하단에 작성된 리뷰 영역

구글 태그 관리자의 변수 쪽으로 이동하겠습니다. 우선 [요소 공개 트리거]와 관련된 변수를 생성하기 위해 [변수] 영역에서 [구성]으로 이동합니다.

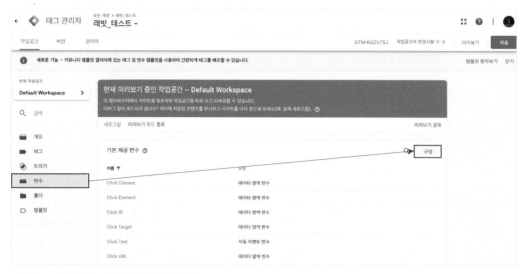

그림 8.47 요소 공개 트리거 관련 변수 추가하기 1

[공개 상태] 영역에 Percent Visible과 On-Screen Duration 변수가 있습니다. 이 두 변수를 추가합니다. 각 변수에 대해서는 그림에 이어 설명합니다.

✓	**Video Status**
✓	**Video URL**
✓	**Video Title**
✓	**Video Duration**
✓	**Video Current Time**
✓	**Video Percent**
✓	**Video Visible**

스크롤

✓	**Scroll Depth Threshold**
✓	**Scroll Depth Units**
✓	**Scroll Direction**

공개 상태

✓	**Percent Visible**
✓	**On-Screen Duration**

그림 8.48 요소 공개 트리거 관련 변수 추가하기 2

a. Percent Visible: 리뷰 영역은 현재 특정 사용자가 보고 있는 전체 화면에 비해 50%가 노출될 수도 있고, 100% 모두 노출된 상태일 수도 있습니다. 해당 요소의 원래 크기 대비 현재 화면에 해당 요소가 보이는 정도를 비율로 반환하는 변수가 Percent Visible 변수입니다.

예를 들어, 다음 이미지와 같이 리뷰 영역이 전체의 절반만 노출됐다면 Percent Visible의 값은 '50'입니다.

그림 8.49 Percent Visible 값이 '50'인 경우

하지만 리뷰 영역이 사용자의 화면에 전체 노출돼 있다면 Percent Visible의 값은 '100'입니다.

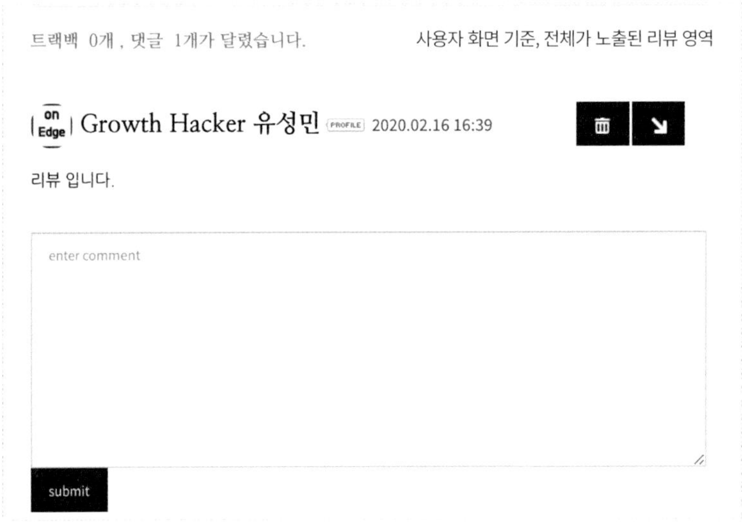

트랙백 0개 , 댓글 1개가 달렸습니다.　　　　　사용자 화면 기준, 전체가 노출된 리뷰 영역

[on Edge] **Growth Hacker 유성민** (PROFILE) 2020.02.16 16:39　　🗑 ↘

리뷰 입니다.

enter comment

submit

그림 8.50 Percent Visible 값이 '100'인 경우

b. On-Screen Duration: 특정 요소가 노출된 시점으로부터의 시간입니다. 단위는 미리 세컨드로, 1초는 1,000ms입니다. 이 변수를 통해 5초 이상 화면에 나타난 시점을 트리거로 정의할 수 있습니다. 변수를 추가하고 태그 쪽으로 넘어갑시다.

8.5 리뷰 조회 ID 값으로 트리거 설정

이제 변수를 추가했으니 구글 애널리틱스로 데이터를 전송하는 태그를 만들기 위해 [태그] 메뉴에서 [새로 만들기] 버튼을 추가합니다.

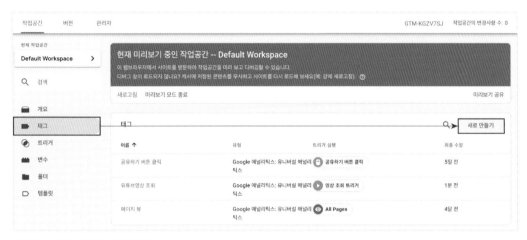

그림 8.51 리뷰 조회 태그 설정하기 1

[리뷰 조회]라는 새로운 태그 이름을 만들어준 다음, 리뷰를 5초 이상 조회한 사람을 구글 애널리틱스 데이터로 보낼 것이므로 태그의 유형을 [Google 애널리틱스: 유니버설 애널리틱스]로 선택합니다.

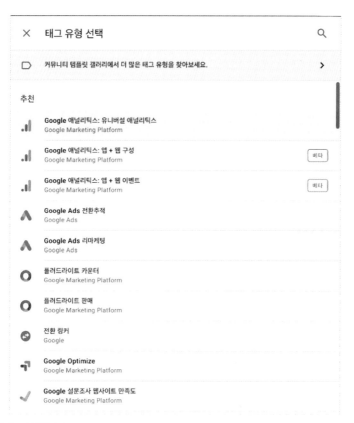

그림 8.52 리뷰 조회 태그 설정하기 2

리뷰 조회 역시 사용자 이벤트의 일종이기 때문에 추적 유형을 [이벤트]로 선택합니다.

그림 8.53 리뷰 조회 태그 설정하기 3

구글 애널리틱스와 연동하는 매개변수를 알아보기 쉽게 카테고리 매개변수에는 '리뷰 영역'이라는 문자 데이터를, 작업 매개변수에는 '조회'라는 문자 데이터를 넣었습니다.

그림 8.54 리뷰 조회 태그 설정하기 4

마지막으로 현재 사용하는 구글 애널리틱스 계정으로 데이터를 보내기 위해 사용자 정의 변수에서 만든 GAID를 선택합니다. 이렇게 해서 태그에서의 설정은 모두 끝났습니다. 이미 여러 번 반복한 내용이기 때문에 어느 정도 익숙할 것으로 생각합니다.

다음은 태그 설정이 완료된 모습입니다.

그림 8.55 리뷰 조회 태그 설정하기 5

그다음은 트리거를 만들 차례입니다.

이제 화면 아래쪽 빈 곳을 클릭해 트리거 설정으로 이동합니다.

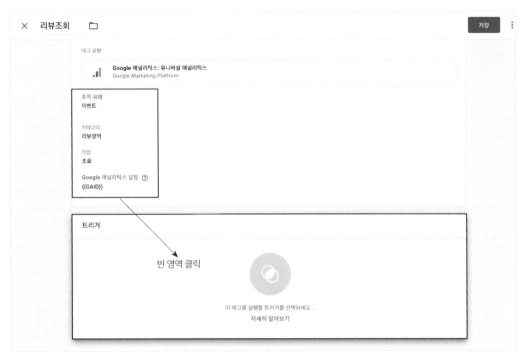

그림 8.56 리뷰 조회 트리거 설정하기 1

[요소 공개 트리거]는 아직 만든 적이 없기 때문에 오른쪽 상단 [+] 버튼을 눌러 새로운 트리거를 만듭니다.

그림 8.57 리뷰 조회 트리거 설정하기 2

트리거의 이름을 '리뷰 조회 트리거'라고 지정합니다. 빈 영역을 클릭해 요소 공개 트리거를 추가합시다.

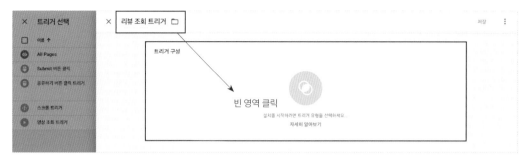

그림 8.58 리뷰 조회 트리거 설정하기 3

트리거 유형을 설정하는 영역에서 아래로 스크롤하면 [사용자 참여] 카테고리에 [요소 공개 상태] 트리거가 있는 것을 확인할 수 있습니다. 해당 트리거를 클릭합니다.

그림 8.59 리뷰 조회 트리거 설정하기 4

요소 공개 상태를 만들고 나면 [선택 방법]이라는 요소가 나옵니다. 선택 방법은 2가지가 있습니다. ID로 특정 요소를 선택하는 방법과 CSS 선택 도구로 특정 요소를 선택하는 방법입니다. ID는 추적하고자 하는 요소(현재는 리뷰 영역)의 이름표라는 것을 7장에서 이미 언급했습니다. ID가 있으면 그대로 ID 값을 넣습니다.

그림 8.60 리뷰 조회 트리거 설정하기 5

리뷰 영역이 ID 값을 가졌는지 확인하기 위해 티스토리 블로그로 넘어와 추적하고자 하는 리뷰 영역에서 마우스 오른쪽 버튼을 누른 뒤 [검사] 버튼을 눌러봅시다.

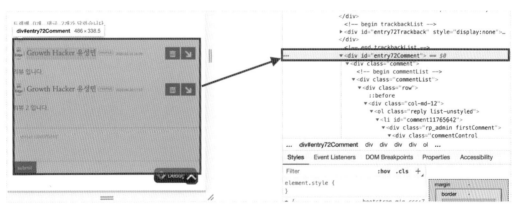

그림 8.61 리뷰 조회 트리거 설정하기 6

위 이미지와 같이 리뷰 영역을 모두 커서로 잡고 있는 DIV 태그에 'entry72 Comment'라는 ID 값이 있는 것을 확인했습니다. 이 ID를 복사한 후 구글 태그 관리자로 돌아가 붙여넣기 해서 ID를 기반으로 트래킹할 수 있게 합니다.

그림 8.62 리뷰 조회 트리거 설정하기 7

그다음, 설정 란을 보겠습니다. 총 3가지 옵션이 다음 이미지와 같이 나타납니다.

그림 8.63 리뷰 조회 트리거 설정하기 8

a. 페이지당 한 번: URL이 바뀔 때마다 리뷰 영역이 노출되면 트리거를 발동시키는 옵션입니다.

b. 요소당 한 번: URL이 바뀌어도 리뷰 영역이 한 번 노출됐으면 그 이후에는 트리거를 발동시키지 않는 옵션입니다.

c. 요소가 화면에 표시될 때마다: 같은 URL이면서 리뷰 영역이 여러 번 화면에 나타났다가 없어져도 나타날 때마다 트리거를 발동시키는 옵션입니다.

이 옵션은 취향대로 선택하면 됩니다. 3번 옵션을 선택하면 아무래도 트리거가 너무 많이 발동될 것이고, 2번 옵션을 선택하면 너무 적게 발동될 것입니다. 적정한 전환율을 관측하기 위해 이번 실습에서는 1번 [페이지당 한 번] 옵션을 선택하겠습니다.

해당 설정이 끝나면 [고급] 영역의 최소 비율 표시가 나타납니다. 최소 비율 표시는 앞에서 언급한 [요소 공개]와 관련된 기본 제공 변수 중 [Percent Visible] 변수에 해당하는 부분입니다. 추적하고자 하는 요소가 요소의 전체 크기 대비 몇 % 노출됐을 때 트리거를 발생시킬 것인지 설정하는 영역입니다.

티스토리 블로그에 있는 리뷰 영역은 전체 크기 대비 10%만 사용자 화면에 노출돼도 리뷰에 있는 글을 쉽게 조회할 수 있어서 최소 비율 표시란에 '10'을 입력했습니다. 이렇게 설정하면 전체 리뷰 영역 대비 10%만 노출돼도 트리거가 발동합니다.

그림 8.64 리뷰 조회 트리거 설정하기 9

마지막으로 아래쪽에 [화면 표시 최소 시간 설정] 영역이 있습니다. 리뷰 영역이 단순히 10% 노출됐다고 해서 사용자가 리뷰를 봤다고 판단하기는 다소 애매합니다.

그러므로 "내가 추적을 원하는 리뷰 영역이 5초 이상 지속해서 노출됐다면 트리거를 발동시켜라."라는 명령어를 설정하기 위해 [화면 표시 최소 시간 설정] 영역을 설정합니다. 현재 실습에서는 5초 이상 리뷰 화면을 보고 있으면 구글 애널리틱스로 데이터를 전송하는 태그를 발동시키기 때문에 빈칸에 '5000'이라고 값을 넣습니다.

해당 영역은 위에서도 언급했듯이, 밀리세컨드 단위이기 때문에 5초를 설정한다면 '5000'이라고 입력해야 합니다.

그림 8.65 리뷰 조회 트리거 설정하기 10

나머지 설정은 개발적인 내용이기 때문에 설명을 생략하고 트리거를 만듭니다. 다음 이미지처럼 모든 과정을 끝마치면, 태그 설정이 모두 끝난 것입니다.

그림 8.66 리뷰 조회 트리거 설정이 끝난 모습

이 태그를 우리말로 바꿔 표현하면 다음과 같습니다.

"ID가 entry72 Comment라는 밸류 값을 가지고 있는 영역이 사용자 화면에 10% 노출된 시점으로부터 5초가 지나면 구글 애널리틱스 계정으로 카테고리 매개변수로 '리뷰 영역'이라는 문자 데이터를, 작업 매개변수로 '조회'라는 문자 데이터를 설정해서 함께 전송하라."

이렇게 풀어서 쓴 문장이 이해되지 않는다면 다시 처음부터 복습해봅시다. 이해했다면 저장 버튼을 눌러 태그를 발행합니다.

오른쪽 상단의 [제출] 버튼을 클릭합니다.

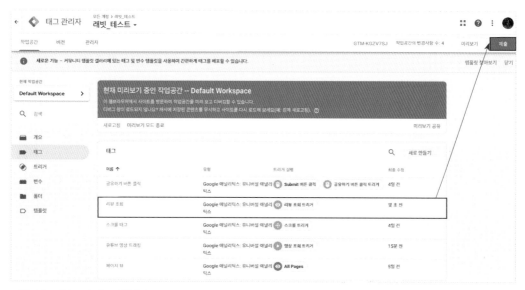

그림 8.67 리뷰 조회 태그 발행하기

여기서도 태그를 발행할 때 변경 사항(버전)의 이름과 간단한 설명을 기입합니다.

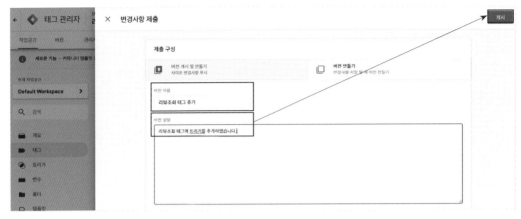

그림 8.68 리뷰 조회 태그 버전 제목과 설명 입력

이렇게 해서 리뷰 영역을 5초 이상 조회했을 때 발동되는 트리거를 생성했습니다. 미리 보기 모드로 설정한 뒤, 다시 티스토리 블로그로 돌아가서 리뷰 영역이 노출된 상태에서 5초 후에 트리거가 발동하는지 살펴보겠습니다.

일단 스크롤을 리뷰 영역 맨 아래까지 이동했을 때는 리뷰 영역이 100% 노출됐음에도 불구하고 지금 만든 [리뷰 조회] 태그가 [Tags Not Fired On This Page] 영역에 있는 것을 볼 수 있습니다. 아직 5초가 지나지 않았기 때문입니다.

그림 8.69 아직 발동하지 않은 리뷰 조회 태그

하지만 5초가 지나자 [Element Visibility] 이벤트가 발생하면서 [리뷰 조회]라는 태그가 발동되는 것을 알 수 있습니다. 이 경우 화면에 노출된 시간이 있으니 사용자가 리뷰에 있는 내용을 조회했다고 예상할 수 있습니다.

그림 8.70 5초 후 발동된 Element Visibility 이벤트

8.6 리뷰 조회 전환율 관측

구글 애널리틱스 실시간 보고서에서는 항상 카테고리 매개변수와 액션 매개변수가 나타납니다. 하지만 여기에 데이터가 잡힌다고 끝이 아닙니다. 목표를 설정해야 추후 다양한 측정기준을 기반으로 리뷰를 보는 행위에 대한 전환율을 파악할 수 있습니다. 목표 설정으로 이동해보겠습니다.

그림 8.71 Element Visibility 이벤트 데이터가 실시간 보고서에 반영된 모습

설정에서 [목표] 쪽으로 이동합니다.

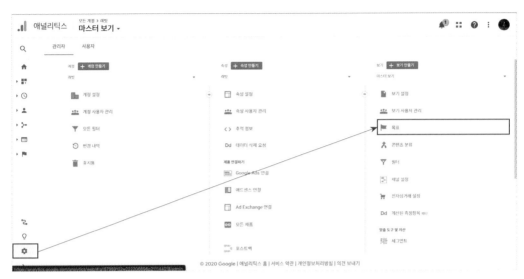

그림 8.72 리뷰 조회 이벤트 목표 설정하기 1

빨간색의 [새 목표] 버튼을 클릭합니다.

그림 8.73 리뷰 조회 이벤트 목표 설정하기 2

맞춤 설정으로 설정합니다.

그림 8.74 리뷰 조회 이벤트 목표 설정하기 3

목표의 이름을 '리뷰 영역 5초 이상 조회'로 설정하고, 목표의 유형은 [이벤트]로 설정합니다.

그림 8.75 리뷰 조회 이벤트 목표 설정하기 4

그리고 구글 태그 관리자에서 정의한 카테고리 매개변수와 액션 매개변수를 그대로 적으면 목표 설정
이 마무리됩니다.

그림 8.76 리뷰 조회 이벤트 목표 설정하기 5

목표가 성공적으로 설정됐습니다. 이제 시간이 지나면 연령별/성별/소스/매체별로 사용자가 리뷰를
얼마나 조회하는지에 대한 전환율을 관측할 수 있을 것입니다.

그림 8.77 리뷰 조회 이벤트 목표 설정하기 6

8.7 리뷰 조회 ID가 없는 경우를 대비한 트리거 설정

8.5절에서 리뷰 영역을 요소 공개 트리거에 정의하기 위해 ID를 설정에 사용했습니다. 다음 이미지가 ID를 기반으로 리뷰 영역을 설정한 모습입니다.

그림 8.78 ID를 이용해 정의한 리뷰 영역

그렇다면 ID가 없는 경우에는 이 문제를 어떻게 해결할 수 있을까요? 방법은 크게 2가지가 있습니다.

- **a.** 직접 HTML 파일을 수정해 해당 요소에 ID를 적어준다.
- **b.** CSS 선택 도구를 활용한다.

1번 방법은 HTML 지식만 조금 있다면 쉽게 구현할 수 있지만, 이 책은 입문자용 구글 애널리틱스 활용법을 다루고 있으므로 2번 방법을 공유하겠습니다. 2번 방법은 'CSS 선택 도구'라는 방법입니다.

그림 8.79 CSS 선택 도구로 리뷰 영역 정의하기 1

이 CSS 선택 도구를 활용하면 리뷰 영역을 정의할 수 있습니다. CSS 선택 도구란 말 그대로 HTML에 있는 어떤 요소를 '선택'할 수 있게 도와주는 컴퓨터가 알아볼 수 있는 문법을 말합니다. 여기서는 간단한 예시를 통해 지금 필요한 문법만 살펴보겠습니다.

다시 한번 티스토리 블로그로 이동합니다. 그런 다음 리뷰 영역에 마우스를 놓고, 마우스의 오른쪽 버튼을 클릭해 [검사] 메뉴를 불러옵니다.

그림 8.80 CSS 선택 도구로 리뷰 영역 정의하기 2

다음 이미지처럼 ID가 없는 DIV 태그 하나가 커서로 잡혀있는 것을 볼 수 있습니다.

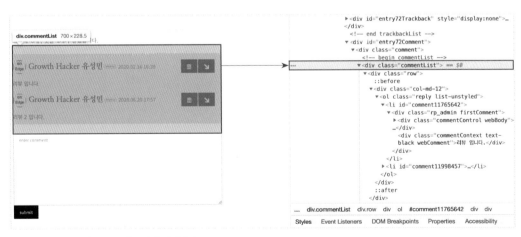

그림 8.81 CSS 선택 도구로 리뷰 영역 정의하기 3

이 상태에서 커서가 잡혀 있는 부분에서 다시 한번 마우스 오른쪽 버튼을 눌러 [Copy] → [Copy selector] 메뉴를 클릭합니다.

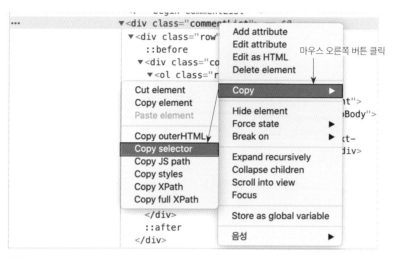

그림 8.82 CSS 선택 도구로 리뷰 영역 정의하기 4

[Copy selector]를 누르면 지금 커서가 표시된 DIV 태그의 HTML 파일에서의 현재 위칫값이 복사됩니다. 위칫값을 자세히 살펴보기 위해 메모장에 붙여넣기를 해봅시다. 그럼 다음과 같은 위칫값을 나타내는 코드가 나타납니다.

```
#entry72 Comment > div > div
```

이 코드를 그대로 우리말로 풀이하면 다음과 같습니다.

"ID가 'entry72 Comment'인 요소에 포함된 DIV 태그에 포함된 DIV 태그"

여기서 '#'은 특정 요소의 ID를 표기할 때 쓰는 기호이며, '>'는 특정 요소에 포함돼 있음을 나타내는 기호입니다. CSS를 처음 접한다면 지금 설명한 내용이 익숙하지 않을 것입니다. 일단 [Copy selector]를 선택하면 현재 커서에 잡혀 있는 요소의 위칫값을 코드로 보여준다는 사실만 기억하고 넘어갑시다. 이처럼 위칫값을 코드로 나타낸 것을 'CSS 선택자'라고 부릅니다.

이 선택자를 그대로 구글 태그 관리자 트리거 설정 란에 붙여넣으면 해당 요소를 인식할 수 있습니다. 이와 같은 방법으로 선택자를 통해서도 리뷰 영역을 정의할 수 있다는 사실을 알아봤습니다. 나머지 설정은 다른 경우와 모두 같습니다.

그림 8.83 CSS 선택 도구로 리뷰 영역 정의하기 5

하지만 이 방법을 사용할 때는 주의해야 할 점이 있습니다. CSS 선택자를 통해 설정할 경우, 특정 요소 A의 위칫값이 모바일 디바이스와 PC 디바이스에서 각각 다를 수 있다는 점입니다. 그럴 경우에는 OR 조건을 사용해 CSS 선택자를 활용해야 합니다.

또한 HTML의 어떤 요소가 바뀌면 모든 위칫값에 영향을 줄 수 있어 디자인 수정이 적용된 사이트의 경우 제대로 트래킹이 안 될 수 있습니다. 따라서 웬만하면 ID 값을 사용하는 것이 가장 정확하며 불가피한 경우에만 CSS 선택자 방법을 사용하기를 권합니다.

지금까지 유튜브 조회 트래킹과 리뷰 조회 트래킹에 관해 자세히 살펴봤습니다. 개발 지식이 없는 상태에서 이 정도의 태그 관리자를 다룰 수 있는 능력이 된다면 유용한 인사이트를 많이 얻을 수 있을 것입니다.

안녕하세요. 저자 유성민입니다. 길고 어려운 내용을 읽느라 참 고생 많으셨습니다. 먼저 이 책에 관심을 가져주셔서 감사하다는 말을 꼭 전하고 싶습니다.

저는 그로스 해킹 에이전시, LABBIT이라는 곳에서 디지털 마케팅업을 하는 마케터입니다. 실제로 지금도 구글 애널리틱스 실무를 다루고 있고 다양한 고객사의 데이터 분석을 도와드리면서 교육도 진행하고 있습니다.

구글 애널리틱스가 주요한 트렌드가 되고 있다는 것을 알고 있음에도 불구하고, 구글 애널리틱스를 혼자 공부하는 데 어려움을 느끼는 분들을 많이 만났습니다. 이 책은 구글 애널리틱스의 모든 기능을 다루는 책은 아닙니다. 이 책에서 다루는 내용은 구글 애널리틱스에서 제공하는 기능의 약 20%에 지나지 않습니다.

그럼에도 불구하고 이 책이 중요한 이유는 '스스로 구글 애널리틱스를 공부할 수 있는 기반'을 다져준다는 점입니다. 이 책을 읽고 나면 구글 애널리틱스와 구글 태그 관리자의 기본 기능과 원리를 숙지하게 됩니다. 그렇다면 어떻게 하면 구글 애널리틱스를 좀 더 깊이 있게 공부할 수 있을까요?

구글 애널리틱스를 혼자 공부하는 방법

구글 애널리틱스를 제대로 활용하기 위해 공부하는 분을 많이 만났습니다. 하지만 안타깝게도 구글 애널리틱스를 공부하기 위해 GAIQ 자격증을 딴다거나 기능 설명서를 읽는 분들이 많았습니다. 사실 구글 애널리틱스는 대학에서 이론을 공부하듯이 숙지할 수 있는 툴은 아닙니다. 이 툴과 친숙해지기 위해서는 실무와 밀접하게 관련시켜야 합니다. 예를 들어, "어떤 블로그에서 사람들이 공유하기 버튼을 얼마나 누르는지 보고 싶다.", "내가 운영하는 쇼핑몰 상세페이지에서 사람들이 스크롤을 얼마나 할까?"와 같은 것입니다. 구글 애널리틱스를 본격적으로 사용하기 위해서는 우선 '어떤 데이터를 보고 싶은가'를 실무에서 찾아보세요. 그러면 그 데이터를 보기 위해 구글 애널리틱스의 어떤 기능을 숙지해야 할지 자연스레 알게 될 것입니다.

구글 애널리틱스를 공부할 수 있는 곳

구글 애널리틱스는 현재 대기업과 중소기업, 스타트업 등 비즈니스 전반에 매우 필수적인 툴이 되었습니다. 그에 따라 구글 애널리틱스에 관한 시장 수요도 많습니다. 시장 수요가 많으니 다양한 강의도 생기고 있습니다. 하지만 여전히 구글 애널리틱스 실무 강의는 지나치게 비싸거나 저렴하더라도 강의의 질이 떨어지는 경우가 허다합니다. 여기서는 큰 비용을 투자하지 않고도 구글 애널리틱스를 공부할 방법을 소개합니다.

유튜브 채널: Measure School[1]

Measure School에서는 구글 애널리틱스의 A to Z, 즉 전 분야를 무료 영상으로 제공합니다. 또한 구글 애널리틱스뿐만 아니라 구글 태그 관리자, 구글 데이터 스튜디오와 같은 다양한 소프트웨어도 무료로 제공합니다. 영어로 강의를 한다는 점에서 불편함이 있으나, 이 책을 읽은 독자분이라면 이미 어느 정도 배경지식을 가지고 있기 때문에 이해하는 데 큰 어려움이 없으리라 생각합니다.

교육 센터: 그로스 마켓(Growth Market)

그로스 마켓은 구글 애널리틱스뿐만 아니라 디지털 마케팅 전 분야에 걸친 강의를 진행합니다. 온라인에서는 기본 실무 스킬을 가르치고, 신촌에 있는 오프라인 강의장에서는 실제 프로젝트를 진행하면서 실무 경험을 제공합니다.

그로스 해킹 에이전시, LABBIT[2]

저자가 소속된 그로스 해킹 에이전시, LABBIT에서는 기업 출강 교육 및 컨설팅을 제공합니다. 구글 애널리틱스를 어느 정도 할 줄 알거나 무엇부터 공부해야 할지 모르겠다면 LABBIT에서 컨설팅을 받아보는 것을 추천합니다.

---

1 링크: https://www.youtube.com/channel/UCIgihdkPzNDtuoQy4xDw5mA
2 링크: https://labbit.kr/

이 책을 통해 살펴봤듯이, 구글 애널리틱스는 웹에서의 사용자 행동을 자세히 파악할 수 있는 매우 강력한 데이터 분석 툴입니다. 구글 애널리틱스를 배우는 많은 마케터가 데이터의 중요성을 강조합니다. 안타깝게도 이 중요성이 누군가에게는 독이 될 때도 있습니다. 그래서 한 가지 당부 말씀을 드리려고 합니다.

인간의 뇌는 '생존'이라는 목표에 따라 가장 효율적으로 움직이기 때문에 다소 게으릅니다. '3 더하기 3'의 수식이 '123 곱하기 23'이라는 수식보다 더 편하게 느껴지는 것은 자연스러운 일입니다. 그렇다 보니 사람은 본질적으로 어떤 추상적인 개념을 이해하기 쉽게 이분법적으로 나누어 이해하는 경우가 많습니다. 데이터에 대해 사람들이 바라보는 시각도 이와 마찬가지입니다. 아쉽게도 데이터의 중요성을 시장에서 지나치게 강조하다 보니 데이터로 치환할 수 없는 정성적인 것에 대한 중요성을 간과하는 경우가 발생하고는 합니다.

예를 들어, 미국 어느 레스토랑의 지점장이 있다고 합시다. 지점장이라면 손님들이 레스토랑에서 제공하는 음식의 맛에 만족하는지 궁금할 것입니다. 하지만 데이터로 치환할 수 있는 것은 '매출액', '결제 전환율', '손님의 방문 수'와 같은 지표입니다. 단순히 매출을 안다고 해서 손님들이 음식에 만족하는지 알 수 있을까요? 아마 알기 어려울 것입니다. 손님들이 얼마나 팁을 남기고 갔는지, 손님들이 얼마나 미소를 지으며 음식을 먹었는지와 같은, 데이터로 치환하기가 다소 어려운 요소도 관찰할 필요가 있습니다.

여기서 하고 싶은 말은 사실 한마디입니다. '**데이터가 모든 것을 해결해주지는 않는다**'는 것입니다.

사람들에게 데이터는 굉장히 매력적으로 다가옵니다. 데이터는 어떤 현상에 정답이 있을 것처럼 환상을 심어줍니다. 하지만 데이터 분석 툴인 구글 애널리틱스를 제대로 배우는 것이 비즈니스를 성공시키는 데 있어 필요조건은 아닙니다. '사업자의 직감', '마케터의 가슴속에 담아둔 브랜드', '소비자를 감정적으로 설득시킬 수 있는 방법론', '불현듯 떠오르는 영감'과 같이 숫자로 바꿀 수 없는 것들이 데이터보다 더 중요할 수 있습니다. 데이터 분석을 잘한다고 해서 데이터를 맹신하면 안 됩니다. 숫자로 바꿀 수 없는 것과 숫자로 바꿀 수 있는 것 사이의 어느 중간 지점에 여러분이 찾는 해답이 있을 것입니다.

마지막으로 영국의 경제학자, 찰스 굿하트(Charles Goodhart)의 격언으로 이 글을 마칩니다.

"측정이 목표가 되면 잘 측정하지 못한다."

감사합니다.

A - Z